中国文联晚霞文库
CHINA FEDERATION OF LITERARY AND ART CIRCLES EVENING GLOW LIBRARY

阅策四语

李金旺 著

中国文联出版社

图书在版编目（CIP）数据

阅策四语 / 李金旺著. -- 北京：中国文联出版社，2021.7
ISBN 978-7-5190-4624-8

Ⅰ.①阅… Ⅱ.①李… Ⅲ.①中国历史－战国时代－史籍 ②《战国策》－研究 Ⅳ.①K231.04

中国版本图书馆 CIP 数据核字(2021)第 132677 号

著　　者	李金旺
责任编辑	刘丰　褚雅越
责任校对	鹿丹　王维
封面设计	王堃　杰瑞设计

出版发行	中国文联出版社有限公司
社　　址	北京市朝阳区农展馆南里 10 号　　邮编　100125
电　　话	010-85923025（发行部）　010-85923091（总编室）
经　　销	全国新华书店等
印　　刷	北京虎彩文化传播有限公司

开　　本	710毫米 x 1000毫米　1/16
印　　张	29.25
字　　数	430 千字
版　　次	2021 年 7 月第 1 版第 1 次印刷
定　　价	90.00 元

版权所有·侵权必究
如有印装质量问题，请与本社发行部联系调换

目 录

语前概说 /001

阅前语 /001

简散语和感思语

第一章　东周策

001. 秦兴师临周而求九鼎 …………………………………………… 011
002. 秦攻宜阳 …………………………………………………………… 012
003. 东周与西周战 ……………………………………………………… 013
004. 东周与西周争 ……………………………………………………… 013
005. 东周欲为稻 ………………………………………………………… 014
006. 昭献在阳翟 ………………………………………………………… 015
007. 秦假道于周以伐韩 ………………………………………………… 016
008. 楚攻雍氏 …………………………………………………………… 016
009. 周最谓吕礼 ………………………………………………………… 017
010. 周相吕仓见客于周君 ……………………………………………… 017
011. 周文君免工师籍 …………………………………………………… 018
012. 温人之周 …………………………………………………………… 018
013. 或为周最谓金投 …………………………………………………… 019

014. 周最谓金投 ······················· 020

015. 右行秦谓大梁造 ··················· 020

016. 谓薛公 ························· 021

017. 齐听祝弗 ······················· 022

018. 苏厉为周最谓苏秦 ················· 022

019. 谓周最曰仇赫之相宋 ··············· 023

020. 为周最谓魏王 ···················· 023

021. 谓周最曰魏王以国与先生 ············ 024

022. 赵取周之祭地 ···················· 024

023. 杜赫欲重景翠于周 ················· 025

024. 周共太子死 ····················· 025

025. 三国隘秦 ······················· 026

026. 宫他亡西周之东周 ················· 027

027. 昭翦与东周恶 ···················· 027

028. 严氏为贼 ······················· 028

第二章　西周策

029. 薛公以齐为韩、魏攻楚 ············· 029

030. 秦攻魏将犀武军于伊阙 ············· 030

031. 秦令樗里疾以车百乘入周 ············ 030

032. 雍氏之役 ······················· 031

033. 周君之秦 ······················· 032

034. 苏厉谓周君 ····················· 032

035. 楚兵在山南 ····················· 033

036. 楚请道于二周之间 ················· 033

037. 司寇布为周最谓周君 ··············· 034

038. 秦召周君 ······················· 035

039. 犀武败于伊阙 ···················· 035

040. 韩、魏易地 ····················· 036

041. 秦欲攻周 …………………………………………… 036

042. 宫他谓周君 ………………………………………… 037

043. 谓齐王 ……………………………………………… 038

044. 三国攻秦反 ………………………………………… 038

045. 犀武败 ……………………………………………… 039

第三章　秦策（一）

046. 卫鞅亡魏入秦 ……………………………………… 040

047. 苏秦始将连横 ……………………………………… 041

048. 秦惠王谓寒泉子 …………………………………… 042

049. 泠向谓秦王 ………………………………………… 043

050. 张仪说秦王 ………………………………………… 043

051. 张仪欲假秦兵以救魏 ……………………………… 045

052. 司马错与张仪争论于秦惠王前 …………………… 045

053. 张仪之残樗里疾 …………………………………… 047

054. 张仪欲以汉中与楚 ………………………………… 047

055. 楚攻魏张仪谓秦王 ………………………………… 048

056. 田莘之为陈轸说秦惠王 …………………………… 048

057. 张仪又恶陈轸于秦王 ……………………………… 049

058. 陈轸去楚之秦 ……………………………………… 050

第四章　秦策（二）

059. 齐助楚攻秦 ………………………………………… 051

060. 楚绝齐 ……………………………………………… 052

061. 秦惠王死 …………………………………………… 053

062. 义渠君之魏 ………………………………………… 053

063. 医扁鹊见秦王 ……………………………………… 054

064. 秦武王谓甘茂 ……………………………………… 055

065. 宜阳之役冯章谓秦王 ……………………………… 056

066. 甘茂攻宜阳 ··· 057

067. 宜阳未得 ··· 057

068. 宜阳之役楚叛秦而合于韩 ··· 058

069. 秦王谓甘茂 ··· 059

070. 甘茂亡秦 ··· 059

071. 甘茂相秦 ··· 061

072. 甘茂约秦、魏而攻楚 ·· 061

073. 陉山之事 ··· 062

074. 秦宣太后爱魏丑夫 ·· 063

第五章　秦策（三）

075. 薛公为魏谓魏冉 ··· 064

076. 秦客卿造谓穰侯 ··· 065

077. 魏谓魏冉 ··· 066

078. 谓魏冉曰和不成 ··· 067

079. 谓穰侯 ·· 067

080. 谓魏冉曰楚破 ··· 068

081. 五国罢成皋 ··· 068

082. 范子因王稽入秦 ··· 069

083. 范雎至秦王庭迎 ··· 070

084. 应侯谓昭王 ··· 074

085. 秦攻韩 ·· 075

086. 应侯曰 ·· 075

087. 天下之士合纵相聚于赵 ·· 076

088. 谓应侯曰 ··· 077

089. 应侯失韩之汝南 ··· 078

090. 秦攻邯郸 ··· 079

091. 蔡泽见逐于赵 ··· 081

第六章　秦策（四）

092. 秦取楚汉中 …………………………… 083
093. 薛公入魏而出齐女 …………………… 084
094. 三国攻秦 ……………………………… 084
095. 秦昭王谓左右 ………………………… 085
096. 楚、魏战于陉山 ……………………… 086
097. 楚使者景鲤在秦 ……………………… 086
098. 楚王使景鲤如秦 ……………………… 087
099. 秦王欲见顿弱 ………………………… 088
100. 顷襄王二十年 ………………………… 090
101. 或为六国说秦王 ……………………… 092

第七章　秦策（五）

102. 谓秦王曰 ……………………………… 093
103. 秦王与中期争论 ……………………… 094
104. 献则谓公孙消 ………………………… 095
105. 楼梧约秦魏 …………………………… 095
106. 濮阳人吕不韦贾于邯郸 ……………… 096
107. 文信侯欲攻赵 ………………………… 097
108. 文信侯出走 …………………………… 098
109. 四国为一 ……………………………… 099

第八章　齐策（一）

110. 楚威王战胜于徐州 …………………… 101
111. 齐封田婴于薛 ………………………… 101
112. 靖郭君将城薛 ………………………… 102
113. 靖郭君谓齐王 ………………………… 103
114. 靖郭君善齐貌辨 ……………………… 103

115. 邯郸之难 …… 104
116. 南梁之难 …… 105
117. 成侯邹忌为齐相 …… 106
118. 田忌为齐将 …… 107
119. 田忌亡齐而之楚 …… 108
120. 邹忌事宣王 …… 108
121. 邹忌修八尺余 …… 109
122. 秦假道韩魏以攻齐 …… 110
123. 楚将伐齐 …… 111
124. 秦伐魏 …… 112
125. 苏秦为赵合纵 …… 113
126. 张仪为秦连横说齐王 …… 114

第九章　齐策（二）

127. 韩齐为与国 …… 116
128. 张仪侍秦惠王 …… 117
129. 犀首以梁为齐战于承匡而不胜 …… 118
130. 昭阳为楚伐魏 …… 119
131. 秦攻赵 …… 120
132. 权之难 …… 120
133. 秦攻赵长平 …… 121
134. 或谓齐王 …… 122

第十章　齐策（三）

135. 楚王死 …… 123
136. 齐王夫人死 …… 124
137. 孟尝君将入秦 …… 125
138. 孟尝君在薛 …… 126
139. 孟尝君奉夏侯章 …… 126

140. 孟尝君燕坐 ……………………………………………… 127
141. 孟尝君有舍人弗悦 ………………………………………… 128
142. 孟尝君出行国 ……………………………………………… 128
143. 淳于髡一日而见七人于宣王 …………………………… 129
144. 齐欲伐魏 …………………………………………………… 130
145. 国子曰 ……………………………………………………… 131

第十一章　齐策（四）

146. 齐人有冯谖者 ……………………………………………… 132
147. 孟尝君为从 ………………………………………………… 133
148. 鲁仲连谓孟尝 ……………………………………………… 134
149. 孟尝君逐于齐而复反 …………………………………… 135
150. 齐宣王见颜斶 ……………………………………………… 136
151. 先生王斗造门而欲见齐宣王 …………………………… 138
152. 齐王使使者问赵威后 …………………………………… 139
153. 齐人见田骈 ………………………………………………… 140
154. 管燕得罪齐王 ……………………………………………… 140
155. 苏秦自燕之齐 ……………………………………………… 141
156. 苏秦谓齐王 ………………………………………………… 142

第十二章　齐策（五）

157. 苏秦说齐闵王 ……………………………………………… 143

第十三章　齐策（六）

158. 齐负郭之民有狐咺者 …………………………………… 145
159. 王孙贾年十五 ……………………………………………… 145
160. 燕攻齐 ……………………………………………………… 146
161. 燕攻齐齐破 ………………………………………………… 147
162. 貂勃常恶田单 ……………………………………………… 147

163. 田单将攻狄 ………………………………………… 149

164. 濮上之事 …………………………………………… 150

165. 齐湣王之遇杀 ……………………………………… 150

166. 齐王建入朝于秦 …………………………………… 151

167. 齐以淖君之乱秦 …………………………………… 152

第十四章　楚策（一）

168. 齐楚构难 …………………………………………… 153

169. 五国约以伐齐 ……………………………………… 153

170. 荆宣王问群臣 ……………………………………… 154

171. 昭奚恤与彭城君议于王前 ………………………… 155

172. 邯郸之难 …………………………………………… 155

173. 江乙欲恶昭奚恤于楚王 …………………………… 156

174. 魏氏恶昭奚恤于楚王 ……………………………… 156

175. 江乙恶昭奚恤 ……………………………………… 157

176. 江乙欲恶昭奚恤于楚 ……………………………… 157

177. 江乙说于安陵君 …………………………………… 158

178. 江乙为魏使于楚 …………………………………… 159

179. 郢人有狱三年不决者 ……………………………… 159

180. 城浑出周 …………………………………………… 160

181. 韩公叔有齐魏 ……………………………………… 160

182. 楚杜赫说楚王以取赵 ……………………………… 161

183. 楚王问于范环 ……………………………………… 162

184. 苏秦为赵合纵 ……………………………………… 162

185. 张仪为秦破纵连横 ………………………………… 163

186. 张仪相秦 …………………………………………… 165

187. 威王问于莫敖子华 ………………………………… 165

第十五章 楚策（二）

- 188. 魏相翟强死 …… 167
- 189. 齐秦约攻楚 …… 168
- 190. 术视伐楚 …… 168
- 191. 四国伐楚 …… 169
- 192. 楚怀王拘张仪 …… 170
- 193. 楚王将出张子 …… 171
- 194. 秦败楚汉中 …… 171
- 195. 楚襄王为太子之时 …… 172
- 196. 女阿谓苏子 …… 173

第十六章 楚策（三）

- 197. 苏子谓楚王 …… 174
- 198. 苏秦之楚 …… 175
- 199. 楚王逐张仪于魏 …… 176
- 200. 张仪之楚 …… 176
- 201. 楚王令昭雎之秦重张仪 …… 177
- 202. 张仪逐惠施于魏 …… 178
- 203. 五国伐秦 …… 179
- 204. 陈轸告楚之魏 …… 179
- 205. 秦伐宜阳 …… 180
- 206. 唐且见春申君 …… 181

第十七章 楚策（四）

- 207. 或谓楚王 …… 182
- 208. 魏王遗楚王美人 …… 183
- 209. 楚王后死 …… 183
- 210. 庄辛谓楚襄王 …… 184

211. 齐明说卓滑以伐秦	185
212. 或谓黄齐	186
213. 长沙之难	186
214. 有献不死之药于荆王者	187
215. 客说春申君	187
216. 天下合纵	188
217. 汗明见春申君	189
218. 楚考烈王无子	190
219. 虞卿谓春申君	191

第十八章　赵策（一）

220. 知伯诱韩魏兵以攻赵	193
221. 智伯帅赵、韩、魏而伐范中行氏	194
222. 张孟谈既固赵宗	196
223. 晋毕阳之孙豫让	196
224. 魏文侯借道于赵攻中山	198
225. 秦韩围梁	199
226. 腹击为室而钜	199
227. 苏秦说李兑	200
228. 赵收天下	201
229. 齐攻宋	201
230. 秦王谓公子他	202
231. 苏秦为赵王使于秦	203
232. 甘茂为秦约魏	204
233. 谓皮相国	204
234. 或谓皮相国	205
235. 赵王封孟尝君以武城	205
236. 谓赵王	206

第十九章 赵策（二）

- 237. 苏秦从燕之赵 …… 207
- 238. 秦攻赵 …… 208
- 239. 张仪为秦连横 …… 209
- 240. 武灵王平昼闲居 …… 210
- 241. 王立周绍为傅 …… 212
- 242. 赵燕后胡服 …… 213
- 243. 王破原阳 …… 213

第二十章 赵策（三）

- 244. 赵惠文王三十年 …… 215
- 245. 赵使仇郝之秦 …… 216
- 246. 齐破燕 …… 217
- 247. 秦攻赵 …… 217
- 248. 富丁欲以赵合齐魏 …… 218
- 249. 魏因富丁且合于秦 …… 218
- 250. 魏使人因平原君请从于赵 …… 219
- 251. 平原君请冯忌 …… 220
- 252. 平原君谓平阳君 …… 220
- 253. 秦攻赵于长平 …… 221
- 254. 秦攻赵平原君使人请救于魏 …… 222
- 255. 秦赵战于长平 …… 223
- 256. 秦围赵之邯郸 …… 223
- 257. 说张相国 …… 224
- 258. 郑同北见赵王 …… 225
- 259. 建信君贵于赵 …… 225
- 260. 卫灵公近雍疽弥子瑕 …… 226
- 261. 或谓建信君 …… 227

262. 苦成常谓建信君 ········· 228

263. 希写见建信君 ········· 228

264. 魏勉谓建信君 ········· 229

265. 秦攻赵鼓铎之音闻于北堂 ········· 229

266. 齐人李伯见孝成王 ········· 230

第二十一章　赵策（四）

267. 为齐献书赵王 ········· 231

268. 齐欲攻宋 ········· 232

269. 齐将攻宋 ········· 233

270. 五国伐秦 ········· 234

271. 楼缓将使 ········· 235

272. 虞卿请赵王 ········· 236

273. 燕封宋人荣蚠为高阳君 ········· 237

274. 三国攻秦 ········· 238

275. 赵使赵庄合纵 ········· 238

276. 翟章从梁来 ········· 239

277. 冯忌为庐陵君谓赵王 ········· 240

278. 冯忌请见赵王 ········· 240

279. 客见赵王 ········· 241

280. 秦攻魏 ········· 242

281. 赵使姚贾约韩魏 ········· 243

282. 魏败楚于陉山 ········· 243

283. 秦召春平侯 ········· 244

284. 赵太后新用事 ········· 244

285. 秦使王翦攻赵 ········· 245

第二十二章　魏策（一）

286. 智伯索地于魏桓子 ········· 247

287. 韩赵相难 …… 248

288. 乐羊为魏将 …… 248

289. 西门豹为邺令 …… 249

290. 文侯与虞人期猎 …… 249

291. 魏文侯与田子方饮酒 …… 250

292. 魏武侯与诸大夫浮于西河 …… 251

293. 魏公叔痤为魏将 …… 252

294. 魏公叔痤病 …… 252

295. 苏子为赵合纵 …… 253

296. 张仪为秦连横 …… 254

297. 齐魏约而伐楚 …… 255

298. 苏秦拘于魏 …… 256

299. 陈轸为秦使于齐 …… 256

300. 张仪恶陈轸于魏王 …… 258

301. 张仪欲穷陈轸 …… 258

302. 张仪走之魏 …… 259

303. 张仪欲以魏合于秦韩 …… 259

304. 张仪以秦相魏 …… 260

305. 张仪欲并相秦魏 …… 261

306. 魏王将相张仪 …… 261

307. 楚许魏六城 …… 262

308. 张仪告公仲 …… 263

309. 徐州之役犀首谓梁王 …… 263

310. 秦败东周 …… 264

311. 齐王将见燕赵楚之相于卫 …… 264

312. 魏令公孙衍请和于秦 …… 265

313. 公孙衍为魏将 …… 266

第二十三章　魏策（二）

- 314. 犀首田盼欲得齐魏之兵以伐赵 …… 267
- 315. 犀首见梁君 …… 268
- 316. 苏代为田需说魏王 …… 268
- 317. 史举非犀首于王 …… 269
- 318. 楚王攻梁南 …… 270
- 319. 魏惠王死 …… 270
- 320. 五国伐秦 …… 271
- 321. 魏文子田需周宵相善 …… 272
- 322. 魏王令惠施之楚 …… 273
- 323. 魏惠王起境内众 …… 273
- 324. 齐魏战于马陵 …… 274
- 325. 惠施为韩魏交 …… 275
- 326. 田需贵于魏王 …… 276
- 327. 田需死 …… 276
- 328. 秦召魏相信安君 …… 277
- 329. 秦楚攻魏 …… 278
- 330. 庞葱与太子质于邯郸 …… 279
- 331. 梁王魏婴觞诸侯于范台 …… 279

第二十四章　魏策（三）

- 332. 秦赵约而伐魏 …… 281
- 333. 芒卯谓秦王 …… 282
- 334. 秦败魏于华 …… 283
- 335. 秦败魏于华魏王且入朝于秦 …… 284
- 336. 华阳之战 …… 285
- 337. 齐欲伐魏 …… 286
- 338. 秦将伐魏 …… 287

339. 魏将与秦攻韩 …… 288

340. 叶阳君约魏 …… 289

341. 秦使赵攻魏 …… 290

342. 魏太子在楚 …… 291

第二十五章 魏策（四）

343. 献书秦王 …… 293

344. 八年谓魏王 …… 294

345. 魏王问张旄 …… 295

346. 客谓司马食其 …… 295

347. 魏秦伐楚 …… 296

348. 穰侯攻大梁 …… 296

349. 白珪谓新城君 …… 297

350. 秦攻韩之管 …… 297

351. 秦赵构难而战 …… 298

352. 长平之役 …… 299

353. 楼梧约秦魏 …… 300

354. 芮宋欲绝秦赵之交 …… 300

355. 为魏谓楚王 …… 301

356. 管鼻之令翟强与秦事 …… 301

357. 成阳君欲以韩魏听秦 …… 302

358. 秦拔宁邑 …… 302

359. 秦罢邯郸 …… 303

360. 魏王欲攻邯郸 …… 303

361. 周宵谓宫他 …… 304

362. 周最善齐 …… 304

363. 周最入齐 …… 305

364. 秦魏为与国 …… 306

365. 信陵君杀晋鄙 …… 307

366. 魏攻管而不下 ············ 307

367. 魏王与龙阳君共船而钓 ············ 308

368. 秦攻魏急 ············ 309

369. 秦王使人谓安陵君 ············ 310

第二十六章 韩策（一）

370. 三晋已破智氏 ············ 312

371. 大成午从赵来 ············ 312

372. 魏之围邯郸 ············ 313

373. 申子请仕其从兄官 ············ 313

374. 苏秦为楚合纵说韩王 ············ 314

375. 张仪为秦连横说韩王 ············ 315

376. 宣王谓摎留 ············ 316

377. 客说齐王 ············ 317

378. 楚昭献相韩 ············ 317

379. 秦攻陉 ············ 318

380. 五国约而攻秦 ············ 319

381. 郑强载八百金入秦 ············ 319

382. 郑强之走张仪于秦 ············ 320

383. 宜阳之役 ············ 321

384. 秦围宜阳 ············ 321

385. 公仲以宜阳之故仇甘茂 ············ 322

386. 秦韩战于浊泽 ············ 323

387. 颜率见公仲 ············ 324

388. 韩公仲谓向寿 ············ 324

389. 或谓公仲 ············ 325

390. 韩公仲相 ············ 326

391. 王曰向也子曰 ············ 327

392. 或谓魏王 ············ 327

393. 观鞅谓春申 …… 328

394. 公仲数不信于诸侯 …… 328

第二十七章　韩策（二）

395. 楚围雍氏五月 …… 330

396. 楚围雍氏韩令冷向借救于秦 …… 331

397. 公仲为韩魏易地 …… 332

398. 锜宣之教韩王联秦 …… 332

399. 襄陵之役 …… 333

400. 公叔使冯君于秦 …… 333

401. 谓公叔 …… 334

402. 谓公叔曰乘舟 …… 334

403. 齐令周最使郑 …… 335

404. 韩公叔与几瑟争国 …… 336

405. 韩公叔与几瑟争国中庶子强谓太子 …… 336

406. 齐明谓公叔 …… 337

407. 公叔将杀几瑟 …… 337

408. 公叔且杀几瑟 …… 338

409. 谓新城君 …… 339

410. 胡衍之出几瑟于楚 …… 339

411. 几瑟亡之楚 …… 340

412. 冷向谓韩咎 …… 341

413. 楚令景鲤入韩 …… 342

414. 韩咎立为君 …… 342

415. 史疾为韩使楚 …… 343

416. 韩傀相韩 …… 343

第二十八章　韩策（三）

417. 或谓韩公仲 …… 346

418. 或谓公仲 ………………………………………… 347

419. 韩人攻宋 ………………………………………… 347

420. 或谓韩王 ………………………………………… 348

421. 谓韩王 …………………………………………… 349

422. 韩阳役于三川而欲归 …………………………… 350

423. 秦大国也 ………………………………………… 351

424. 张丑之合齐楚 …………………………………… 352

425. 或谓韩相国 ……………………………………… 352

426. 公仲使韩珉之秦求武遂 ………………………… 353

427. 韩相公仲珉使韩侈之秦 ………………………… 353

428. 客卿为韩谓秦王 ………………………………… 354

429. 韩珉相齐 ………………………………………… 355

430. 或谓山阳君 ……………………………………… 355

431. 赵魏攻华阳 ……………………………………… 356

432. 秦招楚而伐齐 …………………………………… 357

433. 韩氏逐向晋于周 ………………………………… 357

434. 张登请费缧 ……………………………………… 358

435. 安邑之御史死 …………………………………… 358

436. 魏王为九里之盟 ………………………………… 359

437. 建信君轻韩熙 …………………………………… 359

438. 段产谓新城君 …………………………………… 360

439. 段干越人谓新城君 ……………………………… 360

第二十九章　燕策（一）

440. 苏秦将为纵 ……………………………………… 362

441. 奉阳君李兑甚不取于苏秦 ……………………… 363

442. 权之难 …………………………………………… 363

443. 燕文公时 ………………………………………… 364

444. 人有恶苏秦于燕王者 …………………………… 364

445. 张仪为秦破纵连横 ………………………………………… 366
446. 宫他为燕使魏 …………………………………………… 367
447. 苏秦死 …………………………………………………… 367
448. 燕王哙既立 ……………………………………………… 368
449. 初苏秦弟厉因燕质子而求见齐王 ……………………… 370
450. 苏代过魏 ………………………………………………… 370
451. 燕昭王收破燕后即位 …………………………………… 371
452. 齐伐宋 …………………………………………………… 372
453. 苏代谓燕昭王 …………………………………………… 373
454. 燕王谓苏代 ……………………………………………… 374

第三十章　燕策（二）

455. 秦召燕王 ………………………………………………… 376
456. 苏代为奉阳君说燕 ……………………………………… 377
457. 苏代为燕说齐 …………………………………………… 378
458. 苏代自齐使人谓燕昭王 ………………………………… 379
459. 苏代自齐献书于燕王 …………………………………… 380
460. 陈翠合齐燕 ……………………………………………… 381
461. 燕昭王且与天下伐齐 …………………………………… 382
462. 燕饥 ……………………………………………………… 382
463. 昌国君乐毅为燕昭王合五国之兵 ……………………… 383
464. 或献书燕王 ……………………………………………… 384
465. 客谓燕王 ………………………………………………… 385
466. 赵且伐燕 ………………………………………………… 386
467. 齐魏争燕 ………………………………………………… 387

第三十一章　燕策（三）

468. 齐韩魏共攻燕 …………………………………………… 388
469. 张丑为质于燕 …………………………………………… 389

470. 燕王喜使栗腹以百金为赵孝成王寿 ⋯⋯⋯⋯⋯⋯⋯⋯⋯ 389

471. 秦并赵 ⋯⋯⋯⋯⋯⋯⋯⋯⋯⋯⋯⋯⋯⋯⋯⋯⋯⋯⋯⋯⋯⋯⋯⋯ 390

472. 燕太子丹质于秦 ⋯⋯⋯⋯⋯⋯⋯⋯⋯⋯⋯⋯⋯⋯⋯⋯⋯⋯ 391

第三十二章　宋卫策

473. 齐攻宋 ⋯⋯⋯⋯⋯⋯⋯⋯⋯⋯⋯⋯⋯⋯⋯⋯⋯⋯⋯⋯⋯⋯⋯ 396

474. 公输般为楚设机 ⋯⋯⋯⋯⋯⋯⋯⋯⋯⋯⋯⋯⋯⋯⋯⋯⋯⋯ 396

475. 犀首伐黄 ⋯⋯⋯⋯⋯⋯⋯⋯⋯⋯⋯⋯⋯⋯⋯⋯⋯⋯⋯⋯⋯⋯ 397

476. 梁王伐邯郸 ⋯⋯⋯⋯⋯⋯⋯⋯⋯⋯⋯⋯⋯⋯⋯⋯⋯⋯⋯⋯ 398

477. 谓大尹 ⋯⋯⋯⋯⋯⋯⋯⋯⋯⋯⋯⋯⋯⋯⋯⋯⋯⋯⋯⋯⋯⋯⋯ 398

478. 宋与楚为兄弟 ⋯⋯⋯⋯⋯⋯⋯⋯⋯⋯⋯⋯⋯⋯⋯⋯⋯⋯⋯ 399

479. 魏太子自将 ⋯⋯⋯⋯⋯⋯⋯⋯⋯⋯⋯⋯⋯⋯⋯⋯⋯⋯⋯⋯ 400

480. 宋康王之时 ⋯⋯⋯⋯⋯⋯⋯⋯⋯⋯⋯⋯⋯⋯⋯⋯⋯⋯⋯⋯ 401

481. 智伯欲伐卫 ⋯⋯⋯⋯⋯⋯⋯⋯⋯⋯⋯⋯⋯⋯⋯⋯⋯⋯⋯⋯ 402

482. 智伯欲袭卫 ⋯⋯⋯⋯⋯⋯⋯⋯⋯⋯⋯⋯⋯⋯⋯⋯⋯⋯⋯⋯ 402

483. 秦攻卫之蒲 ⋯⋯⋯⋯⋯⋯⋯⋯⋯⋯⋯⋯⋯⋯⋯⋯⋯⋯⋯⋯ 403

484. 卫使客事魏 ⋯⋯⋯⋯⋯⋯⋯⋯⋯⋯⋯⋯⋯⋯⋯⋯⋯⋯⋯⋯ 403

485. 卫嗣君病 ⋯⋯⋯⋯⋯⋯⋯⋯⋯⋯⋯⋯⋯⋯⋯⋯⋯⋯⋯⋯⋯⋯ 404

486. 卫嗣君时 ⋯⋯⋯⋯⋯⋯⋯⋯⋯⋯⋯⋯⋯⋯⋯⋯⋯⋯⋯⋯⋯⋯ 405

487. 卫人迎新妇 ⋯⋯⋯⋯⋯⋯⋯⋯⋯⋯⋯⋯⋯⋯⋯⋯⋯⋯⋯⋯ 405

第三十三章　中山策

488. 魏文侯欲残中山 ⋯⋯⋯⋯⋯⋯⋯⋯⋯⋯⋯⋯⋯⋯⋯⋯⋯⋯ 407

489. 犀首立五王 ⋯⋯⋯⋯⋯⋯⋯⋯⋯⋯⋯⋯⋯⋯⋯⋯⋯⋯⋯⋯ 407

490. 中山与燕赵为王 ⋯⋯⋯⋯⋯⋯⋯⋯⋯⋯⋯⋯⋯⋯⋯⋯⋯⋯ 409

491. 司马憙使赵 ⋯⋯⋯⋯⋯⋯⋯⋯⋯⋯⋯⋯⋯⋯⋯⋯⋯⋯⋯⋯ 410

492. 司马憙三相中山 ⋯⋯⋯⋯⋯⋯⋯⋯⋯⋯⋯⋯⋯⋯⋯⋯⋯⋯ 411

493. 阴姬与江姬争为后 ⋯⋯⋯⋯⋯⋯⋯⋯⋯⋯⋯⋯⋯⋯⋯⋯ 411

494. 主父欲伐中山 ⋯⋯⋯⋯⋯⋯⋯⋯⋯⋯⋯⋯⋯⋯⋯⋯⋯⋯⋯ 413

495. 中山君飨都士大夫 …………………………… 414

496. 乐羊为魏将 …………………………………… 415

497. 昭王既息民缮兵 ……………………………… 416

阅后语

（一）勤学善思，立志为先 ……………………… 421

（二）勤学善思，以勤为贵 ……………………… 424

（三）勤学善思，重在苦学 ……………………… 424

（四）勤学善思，深思熟虑 ……………………… 428

（五）勤学善思，容短用长 ……………………… 429

（六）勤学善思，神交心灵 ……………………… 430

（七）勤学善思，力戒骄傲 ……………………… 432

（八）勤学善思，亲脉因果 ……………………… 435

（九）勤学善思，语史说人 ……………………… 438

（十）勤学善思，尊重人才 ……………………… 438

（十一）勤学善思，审慎防愚 …………………… 439

（十二）勤学善思，均衡稳进 …………………… 440

语前概说

"策"是《战国策》的省略语。"阅策"就是阅读《战国策》。下分三部分。

第一部分为"阅前语",是阅读《战国策》之前准备活动的简记。《战国策》的版本比较多。此次阅读的主要是吉林人民出版社1996年5月出版的36开绿皮文言文本。文言文比白话文难读难懂,为了加深理解,在阅读原著之前,搜集了一些相关材料。通过阅读这些材料,了解相关知识,作为学习、欣赏的导进措施。在阅读这些材料时,随手作了一些简摘和感记,把它们整理抄存备忘。这些活动,都是在阅读正文前进行的,所以叫"阅前语"。

第二部分是在通读《战国策》原著时,将感想信手写在书眉或书的边沿及行缝间,作为眉批、旁记。由于铅字墨粉的脱落,有些字的字迹已经模糊,致使批记看不清字,念不成句。于是,对照原文,整合厘定,抄录下来,充作读书笔记,共497篇。每篇都是两部分组成,其一是散摘漫记,定名为"简散语";其二是根据各篇的内容编的顺口溜,定名为"感思语"。这两部分文体虽然有散韵之异,内容却是互补的,把两部分视为一体,便是一部完整成功的战策论。采用这种方式行文,是受《韩诗外传》以诗注文的方法启迪而为。"简散语"和"感思语"是全书的核心,如果没有这一部分,第一和第三部分便成了无源之水、无本之木,生存无理,喜叹无由,赞不知谓谁,贬亦无据。这里是它们光辉或雾霾生发之因,全书的一切尽根于此。

第三部分"阅后语",是通读《战国策》后,引起的联想感念。这样便构成了"三部""四语",即"阅策四语"了。

另外,对一些理深词奥或感觉瘪涩难读的语句,做了一点俗注。

阅前语

当人们看到《战国策》这本书的书名时，就想知道何者是《战国策》。要想比较深刻地了解《战国策》，就应该知道何者为战国。什么是战国呢？学者们的回答是，战国是我国历史上的一个时代的名称。它大致是上接春秋，下为秦朝。周元王在公元前475年即位，即周元王元年，就进入了战国时期，到秦国统一中原（公元前221年），这段时间，大约是二百五十余年，史称战国时代。战国时期社会的主要特点是，各诸侯国之间争战不断。强国用军事、政治、外交等手段，夺得人、地、物等。秦、楚、齐、燕、韩、赵、魏七国曾各雄霸一时，史称战国七雄。由于连年战争，社会混乱，老百姓深受战乱之害。战争是政治的继续，政治是不流血的战争。政治是全局，军事和外交是为政治服务的工具和手段。当时，各诸侯国虽然名义上都算是周朝的侯国，都属于周朝管辖，实际上都是相对独立的实体，各自为政，政治、军事、文化等，各行其是。以实体为基础，社会开放，政治思想多元，各诸侯国能互相交往，思想文化、理论交流频繁，形成了百家争鸣的繁盛局面，对于思想文化的发展繁荣有很大的促进。百家主要是儒、道、法、墨、名、阴阳、纵横、杂、农、医等各家。这里的"百"不是绝对数，而是"多"或"各"的意思。超过"三"便可称多，千以下都是百位，百的量级比较宽。百家争鸣在春秋时期就开始了，到了汉代，仍有余续存在。历史的发展、断代，不像豆腐，特别是由春秋到战国的继续，犬牙交错，不是一刀能齐断的，断中有连，续中有断。思想、政治、文化、科学的断代，复杂更甚。对于这段历史，《三字经》里有很通俗、形象、明快的表述："周道衰，王纲坠，逞干戈，尚游说。"各国都欲显示威力，并推崇游说，外交活跃，这就是战国。那么，什么是《战国策》呢？回答是：它是一部关于战国时期中华各国历史情况的重要实录，主要内容是战国游说之士、纵横家的策谋和传说。战国末期至西汉初，纵横家们曾按照当时政治斗争的需要，把历史上的权变和游说故事以及说客们的书信及游说辞，汇集起来，编成各种小册子，供学习、模仿。到西汉末年，刘向对这些流传下来的小册子，进行了全面的校订和整理，"哀合诸记，并为一编"，书成三十三篇，以国别为基础，以时间为顺序排刊。因为内容主要是记录战国时游说之士辅其所在国的策谋活动，所以定名为《战国策》。东汉末年，高诱为其作注，此后，集本和注本同时流行。北宋时二本均散佚，集本尚存二十一篇，注本仅存八卷。唐宋八大家之一的著名学者曾巩多方收集、补充、编订完书。今世的《战国策》三十三篇传本，都是由曾巩本蜕变而来。流传本主要有二：一是南宋剡川姚宏校本；一是缙云鲍彪注本。鲍彪改易原文，离合篇章，重新编次，释疑解滞，详加注释和补正。元朝吴师道为鲍彪本作补，使其流传较广。清朝嘉庆年间，吴县黄丕烈得宋椠姚宏本，他参照吴师道本，详审考定，撰札记三卷，为世所重。

《战国策》从西汉成书，传之东汉、唐、宋、元、明、清，经高诱、曾巩、姚宏、鲍彪、吴师道、黄丕烈等学者、名家、高手整、补、修、注，已非原貌。此书具有很高的史学和文学价值，是一部战国时期纵横家的言论总集，也是一部贯串着纵横家思想的战国时期的史料汇编。它是体现了战国时期的时代特点和纵横家们思想倾向的文学名著。它亦文亦史，是我国古代光辉灿烂的文化典籍。可是，这样重要的一部文化瑰宝，历来颇遭非议，甚至被视为异端，几近消亡。

历代学者对《战国策》贬多褒少，如刘向说：《战国策》不可以临国教化。曾巩认为：《战国策》是邪说，他搜集、整理佚书，是为了禁邪而将它明于天下（《战国策目录序》）。曾巩说整合的目的是为禁止，理论上不大通，从实践上看，是保存了《战国策》，并使其延续和传播。南宋的叶适认为，《战国策》大部分内容是市井小人的"僞陋浅妄之夸说"，斥其搅乱了正统道德（《学习记言》）。清代的陆陇其撰写了《战国策去毒》一书，说唯恐它（此书）"坏人心术"。李梦阳认为《战国策》是"畔经离道之书"。

历代学者多否定《战国策》的政治思想，但是，却非常欣赏佩服其文笔。刘勰在《文心雕龙》中，将《战国策》的文笔与扬雄、班彪的文笔并提。宋代的李文叔称颂它"文辞骎骎乎上薄六经而下绝来世"

（《书战国策后》）。陆陇其也承认"其文章之奇，足以悦人耳目"。刘向也说：《战国策》中的"奇策异谋，转危为安"的篇章，还是可喜可观的。

古代学者对《战国策》的多元评说，否定其政治思想，赞颂其文笔，原因是多方面的：一是《战国策》一书的素材，有一些是和《史记》相同的。《战国策》成书在《史记》之后，是异时获得了同材，异曲同工呢？还是《战国策》中的这类内容是从《史记》里抄来的呢？未考。有些素材或许他们都是从收集记录纵横家活动的小册子上摘录的，这是组成《战国策》的主要内容。这些内容是春秋战国时期思想解放，百家争鸣，言论很自由的时期，积累起来的大量史材。当时社会上最活跃的是纵、横两家，其思想根子是百家，其主张是多元的。伟大的革命导师毛泽东说："孟轲、韩非、叔孙通辈，都是纵横家。"（毛泽东读冯梦龙《智囊》十九卷《语智部·辩才·子贡》的批语）

二是西汉初期，大思想家董仲舒借助汉武帝刘彻的皇权皇威，强力推行"罢黜百家，独尊儒术"的主张，把多元的百家思想主张的史实，以儒家的思想主张为标准量度，实行文化思想专制，以儒为是，非儒即剿灭。只是因为精神（意识）不同于物，绳索绑不住，笼子罩不了，刀斧不能断，网络不能兜，才没有把其他的思想主张一网打尽，全部灭绝。罢黜的结果，如同抽刀断水。

三是西汉末年的刘向及以后的思想家、理论家，都是在"独尊儒术"的思想政治笼罩下生长起来的，在精神领域，他们用儒术衡量一切。这是他们的习惯圭臬。他们认为，符合儒家要求的，实际上就是符合官方标准的，在思想政治界，只有儒家意识合格，他家思想言论都是出规，在罢黜之列。他们把儒家思想之外的思想视为异端是自然的，而且也是很必然的。汉武帝为什么听董仲舒的声音呢？因为董仲舒的声音适合了封建社会的需要。在这里，不是董仲舒利用了刘彻的威权，而是刘彻吸收了董仲舒的思略，化为其策令，用以维护威权。

历代学者多说《战国策》的思想内容"驳杂"。这是有意无意地用"驳杂"二字点透了宇宙组织的本质。"驳杂"的原意是指颜色不纯，带贬意性。用"驳杂"表述政治思想，是人为地使"驳杂"的内容变迁、拓展和丰富了。从本质上看，事物是没有彻底纯的，用贬意的观点评价"纯"，也可以把它叫单调，单色不悦目，单音不悦耳。如果用赞誉的观点说不纯，也可以把"驳杂"说成五颜六色、五彩斑斓、五彩缤纷、万紫千红、丰富多彩……事实上，世上没有至纯。所以，在物理学界，大科学家爱因斯坦发现并提出了相对论理论。儒家想使儒术独尊，思想纯一，其实，是枉费心机，儒家思想本身就不纯。孟轲是儒家的亚圣，孟学本身就不纯洁，互相矛盾，有缺憾，甚至对立，例如，孟子一方面倡导重义轻利，另一方面却反对大公无私，认为"民无恒产，则无恒心"；一方面区分"劳心"与"劳力"，捍卫上下、贵贱、君臣的等级秩序，另一方面却又讲"民贵君轻"；他主张节俭，又强调厚葬等。"仁"是儒家思想的轴心，"仁"在《孟子》一书中出现了一百五十七次，"义"随"仁"后，出现了一百零八次，与天门阵及梁山将数量相等。但是，在燕国发生内乱时，孟轲认为机会来了，有利可图，便极力嗾使齐王趁火打劫攻燕，背仁弃义，杀人夺地，使齐燕结下大仇。后来，燕报复齐，燕将乐毅席卷齐七十二城，若非齐将田单固守即墨，用计破燕，齐将亡国灭族。

辩证唯物论认为，凡事都一分为二，事物皆是优劣共存，相辅相成。"驳杂"具有普遍性，是社会现象的真实反映。它的存在和变化，可以促使人深化思维，分清是非对错，择善弃恶。宇宙间的事物驳杂、演绎、流变，都是必然的，如美丑、黑白、上下、前后、轻重、阴阳、高低等，没有他方，己方也就不存在了。

《战国策》是那个历史时期讲的胜过对方的战策、谋略、技智、才能的学问。才是讲究怎样取胜，德是讲的为谁取胜。无德必会迷失方向，甚至助敌害己。无才不会做事，愚蠢，终归失败。吕布在辕门射戟时，由于他力量强大，当时袁术惹不起他，所以接受了他的调停，后来吕布德不恩众，败在曹操手中被曹所杀，成为德弱者的反面教材。战争是智和力的全面尖锐的较量，愚蠢一方只能任人宰割，不可能取胜。在风云变幻的战国时代，纵横家们为了实现他们的人生追求，在实践中形成了他们的人生观和道德观。这些观念对社会历史产生了深刻的影响。我们对于古代的文化遗产，都应当历史地分析，批判地继承，对于《战国策》的思想内容，也应该持这样的态度。对于德才，我们认为，它们不能互代，不能颠倒，可以互相促进。人才必须德才兼备，以德为主。

刘向（公元前77年—公元前6年），本名更生，字子政，江苏沛县人，西汉楚元王刘交的四世孙，曾历任谏议大夫、宗正、光禄大夫、中垒校尉等，是西汉晚期的文学家、经学家、目录学家，是我国目录学之祖，但是，杜甫说"刘向传经心事违"。刘向是有正义感、有学问的古代高官之一，对中华民族文化的发展、传播有过积极作用。公元前91年，司马迁在《史记》完稿后去世，十四年后，刘向出生。

简散语和感思语

第一章　东周策

001.秦兴师临周而求九鼎

简散语

秦兴师威胁东周，谋取九鼎。东周君非常担心，便将此事告诉了大臣颜率。颜率说："大王不必担忧，臣可以借兵来救。"

颜率到齐国，说明来意，并说，经我们君臣研究认为，九鼎被秦国夺走，不如送给齐国。齐王听了非常高兴，发兵五万，命陈臣思为帅，抗秦救周。

秦兵撤退后，齐王索要九鼎，颜率答应后，问齐国如何运鼎。齐王说经魏国或楚国运。颜率说不行，魏、楚想谋取九鼎很久了，九鼎入魏楚，必被他们扣留，有进无出。还说，当年周运九鼎，每鼎须九万人拉，九九八十一万人，还要大量供给吃住的人员，等大王准备好了运鼎的办法，何时运鼎，我们等候命令。

齐国始终没有想出运鼎的善策，东周仍然稳掌九鼎。颜率办此事，非常从容超脱，如同孔明第二次联孙抗曹之前，站在金鱼池边，一面观鱼散心，一面考虑派遣出使东吴的人选，表现得超凡入圣，轻松闲适，大智外溢优雅。

感思语

强秦兴师夺九鼎，颜率善言请齐兵。
巧展良谋秦兵退，韬略胜过百万兵。
智多善思生妙计，排难轻松如观鱼。

阅策四语

一言九鼎护国宝，兴邦须有高才气。

002. 秦攻宜阳

简散语

韩国的宜阳城八里见方，城中有十万甲兵，积粮够吃几年。附近有韩国宰相公仲的二十万军队。楚国大将景翠的军队也驻在附近。楚、韩友好，可能随时援救宜阳。周赧王认为秦国攻不下宜阳。大臣赵累认为，甘茂是秦国的客将，攻下宜阳，他便如同秦国周公式的人物，攻不下宜阳，他就会被免职离秦。秦武王不听群臣的劝阻，一意孤行攻宜阳，攻不下宜阳是秦王的耻辱。所以，宜阳一定会被秦国攻下。周赧王问赵累，我们应该怎么办？赵累说："大王可对景翠说，'你现在爵位是执珪，官为上柱国，都已经无上升的空间了。胜不可以再提升，败必然获死罪，不如待时攻秦获利'。"景翠采纳此计。在秦攻下宜阳后，景翠发兵作攻秦的架势。这时，秦兵因攻宜阳已疲惫，怕楚兵乘其弊，忙割地效楚。韩相公仲因楚动兵攻秦救韩，送来重宝。东周对景翠之举也非常满意。景翠一举三得，实为赵累之力。

感思语

赵累为何判断准？虑事周全抓根本。
秦王甘茂取宜阳，事实否定周赧王。①
赵累善思点景翠，进退利害说到底。②
景翠安然获三利，③谋深算高是赵累。

---

① 周赧王看到宜阳守兵众，积粮多，援兵近，这些都是物质因素，秦王和甘茂的决心是精神因素，不懂"物质变精神、精神变物质"这种一定条件下的转换，认为秦攻不下宜阳，是形而上学的认识观。

② 赵累认为，景翠胜不能再升迁，败将获死罪，对其进退结果，都说了个底透。

③ 景翠安然获三利，是指景翠虽未用兵参战，但是，秦割地、公仲送宝、东周满意。

003.东周与西周战

简散语

周显王二年（公元前367年），韩国和赵国把周天子的领地两分占有。此后，东周和西周各自为政，但是，都没领土，只是空名。为占空名，东周和西周经常发生冲突，斗争不止。韩国相助西周，东周有人劝韩襄王说：西周原本是天子的国都，多有名器重宝。韩国只要按兵不动，东周就会非常感谢，还能得到西周的宝物。

感思语

名为东、西周，领地韩、赵收。
为争正统名，两周斗不休。

004.东周与西周争

简散语

公元前367年，赵国、韩国将周天子的领地一分为二，瓜分占有。之后，在公元前307年至前300年间，两周为争夺正统的空名，干戈不断。周朝的诸侯国，多数为姬氏同祖同宗。西周是嫡系主脉。周代祖上，曾有伯仲让国逃王[①]的美名。但是，后代立国欠德能，为争虚名小利，矛盾激烈，内讧不停，给"煮豆燃豆萁"的曹丕做了坏样子。曹丕不是无能之辈，他天资聪慧，自幼好学，博闻强识，下笔成章，但诗文稍逊其弟曹植。人们相传印象，似是曹丕才弱，曹植德薄，兄弟阋墙；

---

① 让国逃王：相传，周文王姬昌有两位兄长，按传统，周王的接班人应照伯、仲、叔、季依次传承。但是，周主意在姬昌。姬昌的两位兄长为了让出主位，都出逃南方，空出王位，让姬昌顺利接班。后来，姬昌这两位兄长的行为，被传为让国逃王。传说，周文王这两位兄长以后分别在吴、越立国传宗。

阅策四语

在三马争槽（曹）中，改朝换代，魏亡晋兴①。

感思语

西周嫡系为主脉，学倦思浅德能衰。
欠知少才难立世，正统已被旁支代。
西周固邦欠才能，宝贿楚、韩闹内讧。②
东周能臣叫齐明，教韩楚王讲理清。③
西周为何贿重宝，东周兵向西周攻。
楚韩得宝谢东周，西周行贿礼白送。
文、武、周公勤贤明，④后代懒笨似狗熊。⑤

005.东周欲为稻

简散语

东周想种稻，但是水源在西周。西周不给放水，东周很着急。苏秦为东周出使西周。苏秦到了西周，对西周君说，您的谋算错了。东

---

①狼顾和三马争槽：曹操对司马懿心怀结节。他听说司马懿狼顾，即不用转身，能扭头向后看。为了验证，曹操把司马懿召来，未谈话便令其退出，司马懿刚走到门口，曹操突然就令其站住。果然，司马懿未转身，便能扭头一百八十度，向后看。后来，曹操又梦见三匹马在一个牲口槽里争食吃，所谓"三马争槽"。槽与曹谐音，三马附会为司马懿、司马师、司马昭父子三人。曹操认为这是"三马"争曹氏天下，对司马氏更加疑心，便想借故除掉司马氏。但是，曹丕和司马懿私交厚，从中保护。曹操曾告诫曹丕，对司马氏控制使用。曹操死后，曹丕重用司马氏，最终，司马灭曹，魏被晋代。

②西周向楚、韩行贿，是为了换取支持，以便在内讧中取胜。

③齐明教东周君向楚、韩讲明白，因为东周兵攻西周，西周才向楚、韩送宝行贿，楚、韩能得宝，是东周之力，让楚、韩感谢东周。

④周文王、周武王、周公，都很贤明勤政。

⑤周的后代，因懒变笨，无力卫国。

周无水，都改种了小麦。你们不如放水，东周有了水，就会毁麦种稻，将来稻子熟了，您还可以派人抢收。这是一举两得的事。西周君听了很高兴，便立即放水，解决了东周用水问题。为此，东西周都给了苏秦赏金。

苏秦是战国时期最著名的纵横家之一，是合纵派的创始人，是旧中国想得到权、钱、荣的典型。

感思语

东周无水难种稻，苏秦巧从西周调。
此策明明利东周，偏说是为西周好。
苏子话有说服力，思深虑熟预谋局。
脱口而出多废话，成事皆因预而立。

006.昭献在阳翟

简散语

公元前300年，楚国的宰相昭献来到韩国的阳翟。东周君打算派宰相前往迎接。宰相不愿意去。苏厉替宰相向东周君说，过去国君来才派宰相去迎接，现在来的不是国君，就派宰相去迎接，以后国君来，派什么人迎接呢？东周君接受了苏厉的意见，收回了成命。

感思语

讲究规格，迎送之礼。
虑远则周，看三步棋。
民主作风，收回成命。

007. 秦假道于周以伐韩

简散语

公元前 308 年，秦国欲借道东周伐韩。东周处在秦、韩两强之间，借道给秦怕得罪韩国，不借道又怕得罪秦国。东周君很为难。这时大臣史黡献策：请东周君派人使韩，对韩国的权臣公叔说，秦敢借道东周伐韩，说明秦对东周非常信任。请韩也向东周靠近，并送土地给东周，还让韩派人使楚。然后，东周再派人对秦武王说，韩国硬送土地给东周。通过派使活动，使秦感觉韩国与周、楚的关系都很好，于是，停止了借道伐韩的打算。

史黡之计，解了东周之困惑，还得了韩的土地，一举两得。

感思语

秦想借道攻打韩，周君感到很为难。
史黡及时献妙策，解困收地两得全。

008. 楚攻雍氏

简散语

公元前 312 年，楚国攻打韩国的雍氏，东周为秦、韩①送粮支援。楚国很不满意。东周君很担忧。一个支持东周的人对楚王说，凭着楚国的强大，大王对东周发怒，东周君一定很恐惧，会倒向秦、韩，这样就增强了敌人的力量。不如尽快消除东周的恐惧，把东周拉过来，借以加强楚国的势力。

---

① 秦与韩近。

感思语

表面为楚出主意,实为东周解难题。

战国关系如云翳,判断准确须仔细。

009. 周最谓吕礼

简散语

周最是个思想活跃、主意多的人。公元前293年,周最曾建议当时为秦将的吕礼率秦兵攻齐,并说自己替吕礼活动,让吕礼任齐相,教吕礼为自己活动,让他(周最)到魏国任官,做吕礼的内应,使齐、魏都侍秦。这样吕礼就可以控制天下。这样,吕礼便可以在东方受齐的尊重,在西方受秦的推崇。齐秦联合,吕礼就可以永远受敬重。

感思语

周最主意多,吕礼掌三国。①

周最这样做,可知为什么?

010. 周相吕仓见客于周君

简散语

东周相国吕仓领着一个说客去拜见东周君,前相工师籍怕说客在君主面前说自己的坏话,于是,就打发人先去对东周君说:"这个说客爱在人前诋毁人,他的话不可信。"有人说工师籍的行为是诽谤,从此就产生了"诽谤"这个词。

---

① 吕礼当时为秦将,如果兼任齐相,再让周最当魏国的官,为吕礼做内应。这样,吕礼便可以直接掌控秦、齐、魏三个国家,控制天下。

感思语

东周前相工师籍，防人说短先诋毁。
此为也算有"创见"，从此诽谤为成语。

011.周文君免工师籍

简散语

周文君免工师籍，任命吕仓为相国，周民对吕仓很不满。周文君很忧虑。这时，吕仓的说客对周文君说，做一件事毁誉同起，是很正常的。忠臣把毁谤加在自己身上，把赞誉归于君主……齐桓公在宫中设了七个市场，开了七百个妓院，齐民诽之。这时，管仲在自己家中修了一个"三归台"，引民毁己，分君谤，以掩齐桓公之过。春秋弑君事件以百数计，都是受赞誉的震主重臣所为，大臣享盛名，非国家之福。洞悉微妙，非一般人之任。服人必先服己。"众庶成强，增积成山。"周文君听了，没有再免吕仓的相职。吕仓保住了相位。

感思语

齐桓开市设妓院，管仲掩饰为哪般。
春秋弑主皆重臣，君忌臣强土成山。

012.温人之周

简散语

战国时代，群雄割据，无视周国君。但是，按理照章，周国君仍是名正言顺的天子。魏国温城人去东周，周吏说他是客人，不许入境。他说自己是主人。问他具体住址，他又说不上来，周吏便把他扣留。周君派人来问他,他说:《诗经》上说,"普天之下,莫非王土;率土之滨,莫非王臣"。周天子君临天下,我是周天子的臣民,自然是主人了。周君听了,下令将他释放。

感思语

> 魏国温人去东周,周吏拒入并扣留。
> 此人自称是周民,周君令其复自由。

013.或为周最谓金投

简散语

公元前285年,燕国使者乐毅联合诸侯伐齐。苏秦和乐毅离间赵、齐关系。这时,有人为周最游说赵国的执政金投,说秦国派周最去齐国,是为了表示秦、齐将联合,使诸侯疑惧。赵国本来不是齐国的对手,如果齐、秦联合攻赵,赵国将成为废墟。为了改变不利的处境,建议赵国援助齐国,并帮助秦国伐韩、魏。这样,赵国便可以从秦国得到财宝,吞灭韩国的长子。金投自有主张,不睬说客之言,说客白费了口舌。

感思语

> 人替周最说金投,秦齐联合惊诸侯。
> 赵国本来不抵齐,秦齐联合赵更休。
> 为了赵国生存计,先给齐国以援助。
> 再帮秦国伐韩魏,可得长子为已有。
> 西边秦国给财物,南从韩国得领土。
> 金投自己有主张,如何行事心有数。
> 他人之言耳旁丢,说客唾沫已白流。

014. 周最谓金投

简散语

公元前285年，周最游说赵国大臣金投，劝他不要依附秦国攻齐国，因为有弊无利，胜了，秦国把齐国拉到自己一边；败了，赵国将要受重击，会灭亡，也会危害金投的生命。金投不听其言。

感思语

周最游说有能耐，条分缕析讲利害。
他与金投论形势，事实摆得很明白。
联秦伐齐全是弊，战胜得利秦独吞。
战败赵国更遭殃，国家危亡民受害。
金投随国命舛乖，论说严密很实在。
金投不听周最说，口吐莲花成瞎掰。

015. 右行秦谓大梁造

简散语

战国后期，两周受到秦国的威胁。公元前278年，周臣右行[①]秦游说秦国的大梁造[②]白起说：秦国如果决心获得霸主名声，不如慎重对待东、西周，笼络那些才辩有谋之士。又对周君说：君可派才辩有谋之士，到秦国去，为君主争取尊贵地位。

感思语

右行为周说白起，重才强盛是真理。

[①] 右行：古官名。
[②] 大梁造：亦作大良造，秦国的官爵名。

取胜必须靠人才，多士实宁^①诗教诲。

016. 谓薛公

简散语

公元前293年，有人对薛公孟尝君田文说，周最对齐湣王功劳最大，但是，齐王想和秦国联合，听信祝弗，驱逐了周最，用吕礼为相国。如果秦、齐能够联合，祝弗和吕礼都会受到重用。如果吕礼有了周室和齐国的支持，秦国必定小看您。劝田文赶紧向北进军，促成赵、秦、魏讲和，任用周最，以增强自己的力量，并敦请齐王恢复对周最的信任。如果齐国失去秦国的援助，天下诸侯的矛头都将对准齐国，那时祝弗必定逃跑，薛公将被秦、齐两国重用。

感思语

周最对齐功劳大，齐王突然驱逐他。
此时齐王信祝弗，任命吕礼为相国。
齐王为何如此做，想与秦国搞联合。
此举祝弗要得逞，秦国必然轻薛公。
谋士坦诚劝田文，快快举兵向北进。
促成赵与秦魏和，田文势力必定扩。
请齐继续信周最，薛公力量又增多。
齐要失去秦援助，齐国就会受困厄。
祝弗失宠定出逃，必定重用孟尝薛^②。

---

① 多士实宁：语出《诗经》，《千字文》曾引用。
② 孟尝薛：薛公孟尝君田文，战国四公子之一。

017.齐听祝弗

简散语

公元前293年,齐湣王为了亲近秦国,接受了祝弗的建议,放逐周最。这时有说客对齐王说:"您采纳祝弗的建议,放逐了周最,任命秦将吕礼为相国,都是为了得到秦国的支持。秦、齐联合,秦更强大,赵国怕秦国讨伐,会急忙出兵攻齐,以表示对秦友好。赵攻齐和齐攻赵,都对秦有好处,因此,齐王采纳祝弗之言,对齐非常不利。

感思语

齐听祝弗建议,放逐重臣周最。
任用吕礼为相,人说对齐不利。
事物都有多面,单项思维碰壁。

018.苏厉为周最谓苏秦

简散语

公元前286年,周最从魏国回到齐国,此时苏秦、苏厉两兄弟也在齐国。周最主张齐国割地与魏国结盟。苏厉替周最说苏秦,建议苏秦同意周最的主张。之后,齐、魏再联合强大的楚国,并使齐、魏、楚世代结好。这样,结盟的功劳可归苏秦,割地的责任由贪得无厌的周最承担,也为苏氏在齐长期立足捞取资本。

感思语

苏氏兄弟谋略多,国家大权手中握。
游说看似为国家,功利归己责任脱。

019. 谓周最曰仇赫之相宋

简散语

公元前298年，齐、赵、魏联合对抗秦国。这时，有一位说客对周最说，仇赫出任宋国的相国，看秦国是否呼应赵、宋，以打败齐、韩、魏三国。齐、韩、魏如果未被打败，就发动赵、宋联合齐、韩、魏，孤立秦国。同时，观察韩、魏两国与齐国的关系，如果他们关系不牢固，就让秦国联合宋，打败齐、魏、韩三国，再把赵、宋出卖给三国，并派人对韩、魏君主说，如果想让秦、赵互相出卖，就共同推举周最任韩、魏两国的宰相，以表示韩、魏关系牢不可破，这时秦、赵必然互卖，并与韩、魏结盟。

感思语

人言春秋无义战，战国纵横也不善。
为帮周最取双相，挑拨离间苦营钻。
投机出卖无羞耻，重利轻德品行乱。①
展才就为夺名利，无行终将死泥潭。
成功固然靠才能，毁灭必因行不端。

020. 为周最谓魏王

简散语

公元前288年，周最在魏国，想去齐国，就请说客游说魏王，说现在秦、赵两国都争相讨好齐国，魏没有周最，就没有人去联系齐国了，劝魏王派遣周最去联系齐国。

---

① 战国用策，重利轻德，不管品行，战国之不义，不亚于春秋。

感思语

国间无真亲，人交凭良心。
势强明动武，力弱暗拆台。
外交词生花，利益是根本。

021.谓周最曰魏王以国与先生

简散语

公元前288年，周最不愿意魏国联秦伐齐，有人替他出主意，让他借口离魏入齐观察形势，还建议魏昭王任命周最为宰相，以国相托，主要就是为了联秦伐齐。现在薛公田文已经轻易背齐忘祖，阁下却独修虚信，以示亲善，引秦愤恨，这是不行的。阁下可请求出使齐国，请魏王对齐放心。

感思语

田文背齐忘祖宗，周最对祖不欺蒙。
此意不合魏王旨，惹怒秦国也不中。
谋士教他两全计，离魏使齐改环境。
名义到齐办外交，用计脱身是真情。

022.赵取周之祭地

简散语

公元前367年，赵国夺取了周的祭地，周君忧愁，把此事告诉了大臣郑朝。郑朝对周君说："君勿忧，请给我三十金，就可以把祭地收回来。"周君给了郑朝三十金。郑朝把三十金贿赂了赵太卜，并告诉了缘由。碰巧，不久赵王病了，请太卜算卦。太卜说是周祖鬼魂作祟。于是，赵王就把祭地还给了周。

感思语

赵国夺了周祭地，周臣郑朝有主意。
用金贿赂赵太卜，附会神鬼骗回地。

023.杜赫欲重景翠于周

简散语

杜赫想教东周君重用景翠。他认为景翠以后会成为大器，便对东周君说："施舍给饱者不领情，施舍给懒汉没有用，比如张网捕鸟，网张在无鸟处捕不到鸟，张在鸟多处，鸟惊飞。张在有鸟无鸟之际，捕获鸟多。帮助暂时穷困潦倒，以后能成大器者，会得重报。"

感思语

宝送富翁不稀罕，送给懒笨白费钱。
赠送潦倒怀才艺，成器重报不枉然。

024.周共太子死

简散语

周武公的共太子死后，再没有嫡子可立，只有五个庶子，都很聪明可爱，一时不知立哪个为太子好。大臣司马翦私下建议立公子咎。公子若也想做太子。司马翦私下派人告诉楚相的车夫展子和小臣廧夫空，说公子若桀骜不驯，当太子会对相国不利，于是，在楚相国的帮助下，公子咎做了太子。实际上，这是一次架空式的暗箱操作。

感思语

太子死后嗣位空,武公五庶①都聪颖。
司马②欲立公子咎,便说咎有高品行。
司马私下搞活动,编出子若人很凶。
桀骜不驯无品行,会对相国不尊敬。
五庶相差本无几,人为提按拉差距。
不让立的全压低,子咎提到太子位。

025. 三国隘秦

简散语

公元前257年,韩、赵、魏三国对抗秦国,阻绝秦国的通道。周君想靠近秦国,欲派相国访秦。相国担心受秦冷落,不想去。这时,有人对相国说,秦国是否对相国热情,现在不好预测。但是,秦国想知道三晋的情况,如果相国和秦国讲探察三晋的事,秦王一定会很重视。重视相国就等于尊重东周,也就拉近了周、秦的关系。

感思语

为秦侦探韩赵魏,只因失去宗主气。③
国家要想能立世,自己必须有实力。

---

① 五庶:周武公留下的五个儿子,都非正妻生,是庶出,称五庶。
② 司马是指当时的大臣司马翦。
③ 战国时期,周君名义上还是宗主。韩、赵、魏、秦……都是周的属国,周官到下属国访问,形同视察,理当非常受尊敬,却扮作为其送情报的角色,骗取尊重,是因为周天子的宗主之气已失,没有实力,没人尊敬。

026.宫他①亡西周之东周

简散语

西周大臣宫他逃到东周,把自己掌知的秘密泄露给东周。东周喜,西周怒。西周策士冯雎对西周王说,我能杀死宫他。于是,西周王给了冯雎三十金。冯雎把金和一封离间信派人送到东周。信上对宫他说:事有成功的希望,就努力去做,没有成功的希望,快回来,以免时久事泄,丢了性命。冯又派人告诉东周负责侦察的官吏,说今晚有奸细入境;结果东周捕到了入境者,搜出金和信,报给东周王,东周立即把宫他杀死了。

感思语

宫他泄密给东周,东周高兴西周羞。
冯雎巧用离间计,东周即将宫他除。
离间计策非鲜见,历来屡用屡得手。
曹听周瑜杀蔡张,②人头搬家才醒悟。
曹操真是聪明人,后悔未把蒋干究。③

027.昭翦与东周恶

简散语

公元前307年至前300年,楚国大臣昭翦与东周君的关系紧张。有人对昭翦说,您这样下去不行。东周和西周有矛盾,他们都希望对方

---

① 宫他:吉林人民出版社1996年5月第一版本写的是"昌他",这里未采。
② 赤壁之战,蒋干盗书,曹操听了周瑜的指挥,一时糊涂,杀死了水军都督蔡瑁、张允,自毁水军,帮了敌人。
③ 曹操发现中计,但蔡、张的头已无法再安上。曹操后悔,但他明白,令由己出,没有追究蒋干,因为追究无益。

与楚国闹翻，所以，西周君必定会派人将您暗杀，然后说是东周干的，使楚国憎恨东周。昭翦闻言，如梦方醒，于是，便主动与东周君改善了关系。

感思语

楚臣昭翦恶东周，西周阴招引楚仇。①
昭翦猛醒和东周，获得安然度春秋。

028. 严氏为贼

简散语

公元前371年，韩国大臣严仲子指使聂政刺杀了韩相国侠累（韩傀）。聂政的随从阳坚参与了刺杀活动后逃亡。阳坚经过东周时，东周君留他住了十四天，然后用四马车送出境。韩国人来指责东周。东周君说，我们知道他们的刺杀活动，所以，他来后，我们留他住了十四天，目的是等韩国命令。但是，你们一直没有来人。我们是小国，不便久留，因此将他送走。

感思语

严使聂政杀侠累，②从犯逃周享客礼。
周君款待派车送，谎言对韩胡搅理。

---

① 阴是暗的意思。此句意为，西周暗杀昭翦，之后声言是东周干的，借以引起楚国与东周的矛盾。

② 严是韩臣严仲子，侠累是指韩相国。

第二章　西周策

029.薛公以齐为韩、魏攻楚

简散语

孟尝君田文用齐国的军队帮助韩、魏攻楚夺地，又想帮韩、魏打秦，搞得自己兵疲粮缺，要向西周借兵要粮。在西周当官的韩国人韩庆不同意田文的举措。韩庆以关心齐国、帮助田文的面目游说田文，教田文兵到函谷关之后，就不要再进攻了，要秦与楚和好，向楚要东国割给齐国。这样，秦用楚地免了兵灾。秦、楚和好，秦放回了被扣留的楚怀王。秦、楚都感谢齐国。齐国未用兵，得了东国之地。齐也不用向西周借兵要粮了。韩庆的游说，使秦、楚、西周、齐国都得到了好处。

感思语

薛公田文孟尝君，战国史上大名人。[①]
帮助韩魏攻楚秦，兵疲粮亏国威损。
西周官员名韩庆，战国时代无显名。
不欲兵粮给薛公，游说田文擘划清。
名职才能不对等，薛公不及韩庆精。
田文官高名气大，韩庆名微策略通。

---

① 田文是战国四公子之一，出将入相，名气很大。韩庆与之相比，官小名微。但是，官职、名声与德、能不是对称的。有的人官高名大，智短、才疏、人愚，处世常有重大韬略缺失。有的人官微名不显，然而智多、才人，胸怀高策，古今皆然。

030.秦攻魏将犀武军于伊阙

简散语

公元前293年，秦军在伊阙大败魏将犀武后，欲挥师进攻西周。有人替周最游说赵国宰相李兑，请他设法阻止秦军攻周。趁秦、魏尚未媾和，把战火再引向魏国；借重强大的赵国来劝阻秦，秦国不敢不听从。这样就保了西周。"如果魏国不抵秦，会通过您（李兑）与秦媾和，提高您的威望。如果魏全力抵御秦，您保全了西周，削弱了秦、魏，赵国的地位会大大提高。"

感思语

西周为避秦兵攻，游说李兑止秦兵。
欲把战火引向魏，诱说赵相去建功。
战国人格高与低，以邻为壑表露清。

031.秦令樗里疾以车百乘入周

简散语

公元前307年，秦国公子樗里疾率一百辆车访问西周。西周用一百名持长兵器的士兵欢迎，很恭敬。楚怀王对此很生气。责备西周过分尊重秦客。西周大臣游腾对楚王说："从前晋国的智伯讨伐狄人的仇由，先赠给仇由一口大钟，用大车装载运送。晋兵尾随大车而入，灭了仇由。齐桓公讨伐蔡国的时候，表面上宣称伐楚，实际上是偷袭蔡国。仇由和蔡国灭亡，都是因为没戒备。秦国是虎狼之国，对周早有野心。周君吸取了仇由和蔡国灭亡的教训，派兵迎接樗里疾，是为了监视。"楚王听了解释，就高兴了。

感思语

秦派樗里疾，百车入周境。
周派持械兵，欢迎超隆重。
楚王恼西周，^①对秦太恭敬。
游腾道真意，解误楚高兴。

032.雍氏之役

简散语

公元前300年，楚国进攻韩国的雍氏。韩国难以支持，向西周征兵调粮。周君问计于苏代。苏代说我去游说韩国，让韩国不向西周征兵调粮，还把高都城送给西周。周君说，此事办成，我就把国家大事都交给你管。

苏代去见韩相国公仲，问道，难道你不知道楚国的计谋吗？当初，楚将昭应对楚王说，韩军疲劳，储粮也将用完，趁其疲饥，不出一个月，就能攻克雍氏。现在已经五个月了，还未攻下。楚王已经怀疑昭应的计策。您现在向西周征兵调粮，是告诉楚国，韩国处境困难。昭应得知，必然增兵破城。苏代还教公仲把高都城送给西周，说西周得高都，秦国必然生气，与周断交。周只好全力投靠韩国。这是用一破城，换了一个完整的西周，很划算。公仲称善。楚国以为攻雍氏无望，便撤军。苏代游说成功。

感思语

韩国本来势已穷，欲向西周征粮兵。
苏代去韩说公仲，说他此举泄军情。
苏教韩相停征调，还送西周高都城。

---

① 楚王不善思，恼怒西周是没有道理的，是思虑浅缺、少城府的表现。

楚王中了苏代计，认为攻雍难成功。
骗得楚国退了兵，农民苏代很高明。①

033. 周君之秦

简散语

西周君要去秦国，周最随行。有人对周最说，要多夸赞秦王的孝行，并把应邑献给秦太后，作为养老地；周、秦关系好，阁下有功，如果周、秦交恶，将会论阁下的罪。

感思语

周君要去秦，周最随行人；
有人忙提醒，赞秦王孝行。
周秦邦交好，阁下有功劳；
周秦邦交恶，阁下得罪过。

034. 苏厉谓周君

简散语

秦将白起率军攻韩、魏，斩犀武，破赵夺地。白起颇善用兵，所向皆捷。公元前281年，秦昭王打算命白起攻夺大梁。苏厉对周君说，大梁破则周危，应该劝阻白起。于是，周君便派苏厉游说白起。苏厉对白起说，善射者不知休息，力尽倦急，一箭不中，前功尽弃。现在您的军功已经很多了，又要率军出境，经西周，踏韩国，攻大梁，一旦不胜，前功尽灭，不如称病在家，不要出征。

---

① 苏代出身农民家庭，曾自称农夫。

感思语

白起善用兵，已败韩赵魏。
今要攻大梁，周君觉危机。
苏厉说白起，激流应勇退。
苏厉一张嘴，解了周危机。
用嘴要恰当，胜过刀枪戟。

035.楚兵在山南

简散语

公元前304年，楚国陈兵于伊阙山南。楚将吾得向西周挑衅。西周采纳策士的建议：让太子和军正一起到边境迎接吾得。西周君还亲自到郊外欢迎，使天下人都知道其很尊重吾得。同时向楚国散布：西周送给了吾得贵重宝器。楚王听说吾得得了西周的重宝，必定想要这件宝器。但是，吾得没有，什么也献不出来，非常窘困，引起楚王对吾得的怀疑。

感思语

楚将吾得欺西周，西周欢迎高热度。
暗中散布送重宝，① 楚王生疑吾得窘。

036.楚请道于二周之间

简散语

楚国准备在东、西周之间借一条行军的道路，用以进攻韩、魏，周君很忧虑。苏秦对周君说不必忧虑，可以装出为楚修连黄河道路的样

---

① 西周没有给吾得送宝，散布送宝是西周对吾得挑衅的报复。

子，使韩、魏更加憎恨楚国。齐国和秦国担心楚国寻机夺取周室的九鼎，会联合起来救韩、魏。这样，韩、魏、秦、齐四国联合反楚，楚国就无暇借道了。如果没有四国反对，周室想保九鼎，也会被楚国夺走。

感思语

楚想借道攻韩魏，苏秦为周出主意。
假意为楚修道路，四国反楚解周危。

037.司寇布为周最谓周君

简散语

东周武公的太子死后，诸子争立，公子周最想得到太子位。周最和齐王亲善，请齐王为其说话。周最也是周武公最宠爱的儿子。但是周武公却对齐王说，周最不愿意做太子。为此，司寇布向周武公进言，批评周武公的做法，如同齐太公不识剑，是不可取的。应该把自己的主意让大家知道，不要玩虚假的政治手腕。

感思语

东周太子已空位，武公本想立周最。
表面态度像犹豫，天下不知想立谁。
司寇批评周君虚，或言周最是诈伪。
如同太公不识剑，[①] 退剑并将金索回。

---

① 齐太公不识剑：齐太公托函冶氏买了一口宝剑，剑很好。但是，太公不识货，认为此剑是水货，以真当假，把剑退给了函冶氏，要回了买剑的钱。后来，越国人想用千金买此剑。函冶氏认为，钱非剑值，嫌钱少不卖。函冶氏快死的时候，告诉儿子说，肯定能遇上识货的人。齐国是姜子牙创立，曾多出英主、能臣，是春秋五霸之首。但是，这里说的齐太公不识剑，以良为莠，也许是千虑一失。当然，世上千虑一失者也不是一两人，颇多。诸葛亮比刘备能力强，可是在识马谡问题上，不及刘备。刘备重用孔明，也表现了识人用才的超绝水平。

人言君主耍手腕，犹豫自扰乱下意。①
应该明确想立谁，一语便能定大位。

038.秦召周君

简散语

秦国邀请周君访秦，目的是迫使周君攻魏国的南阳。周君不愿意入秦。这时有位策士替周君游说魏王，教魏国出兵到黄河以南游猎，这样西周便可以以此为借口，不去秦国。秦兵也就不敢渡黄河攻打南阳了。

感思语

秦想迫周打南阳，邀请周君到秦访。
人劝魏军渡河猎，② 周魏因之免兵殃。

039.犀武败于伊阙

简散语

公元前293年，秦军在伊阙打败韩、魏、周联军后，想乘胜进军东周。东周君亲自去魏国求救。魏王以上党事紧为词，拒绝出兵救周。东周君返回的路上，看到魏国的梁囿，十分羡慕。东周大臣綦毋恢说，温囿不比梁囿差，而且离我们近，我去为您要来。綦毋恢返回大梁见魏王，对魏王说，我认为大王祸将临头了，东周君主持联军伐秦，出举国之兵；而大王却不肯帮周御秦，东周一定会倒向秦国。倘若周、秦联合攻打南阳，韩、魏的上党将被隔断。大王如果派三万兵助周守边，并把

---

① 周武公的做法，使人怀疑他是否想立公子果。周武公领导不力，引起思想混乱，导致行动的不一致，事难成功。公子果也是周武公的儿子之一。
② 猎：是游猎，古时的游猎，如同当今的军事演习，是一种战备训练行为，所以，魏军的游猎，可以阻止秦兵的进攻。

温囿送给周君，周就不会与秦联合了。现在温囿年租八十金，周出年租一百二十金。于是，魏王立即派出三万兵援周，还把温囿送给周君。

感思语

秦军打败韩魏周，还欲挥军揪东周。
周君求魏出兵救，魏王托故兵不出。
东周大臣綦毋恢，到魏巧词说理由。
魏王忙发三万兵，戍守周边送温囿。

040.韩、魏易地

简散语

公元前357年，韩、魏两国欲交换上党等地，对西周不利。西周大臣樊馀为西周游说楚宣王，说西周要灭亡了。韩、魏两国交换土地，韩国多得两个县，魏国为什么愿意，只因魏国将两周包围起来，夺了两周比两个县还大，还可以得九鼎，而且，魏国有了南阳、郑地和三川，包围两周就威胁到楚国。韩国有了上党，就威胁到赵国。楚王听了十分恐慌，就和赵国联合，阻止了韩、魏易地。

感思语

韩魏谋发展，西周受威胁。
樊馀说楚王，韩魏谋破灭。

041.秦欲攻周

简散语

公元前270年，秦国想进攻西周。周最为西周游说秦昭王：我替大王的国家考虑，认为不进攻西周好。因为攻西周得不到多少实际利益，还会背上打天子的恶名，丧失道义形象，使诸侯与齐国联合，使秦国孤立，军队困弊，难成王业。劝大王攻周者，是想困弊秦国，非良策。

感思语

> 秦昭王想攻西周，周最游说讲理由。
> 攻周不会获大利，道义形象必然丢。
> 劝攻周者非好意，使秦孤立名声臭。
> 举措应先分析透，莫把劣策当良谋。

042.宫他谓周君

简散语

公元前293年，西周与韩、魏关系密切，引起秦国的嫉恨。西周大臣宫他对西周君说，宛被晋灭，郑被韩灭，邾、莒被齐灭，陈、蔡被楚灭，都是小国依仗大国，轻近敌被灭掉的。现在您依仗韩、魏，放松了对秦国的警惕，国家会遭灾难。应该暗中联合赵国，共同防秦国，以预防不测。周君不听，后来发生了伊阙战败。

感思语

> 自己弱小，依靠别人。
> 狐假虎威，危险很近。
> 靠人逞强，在人掌上。
> 强邻欲灭，易如反掌。
> 要想立世，必须自强。

043. 谓齐王

简散语

共太子死后，嗣位未明，各强国都想借此强化自己的势力，控制周天子。齐国支持公子周最继太子位，就派大臣司马悍用土地贿赂周君，建议立周最。大臣左尚认为，此举可能会有负效应，建议司马悍请周君暗中交底之后，齐国再资助。因为左尚思虑周到，得到齐王的重视、重用。但是，周最未被立为太子。

感思语

国家立太子，向来费惆怅。
左尚思虑细，齐王很欣赏。

044. 三国攻秦反

简散语

公元前298年，薛公田文联合魏、韩、齐三国攻秦。秦被迫割让三城。西周君担心魏军回国时借道，被其顺便突袭而灭亡，便派人给魏军送信，谎称楚、宋对三国攻秦不满，将攻魏助秦，夺魏粮道，烧掉魏军积聚。魏王闻信大惊，下令魏军不接受周的任何招待，只在周境扎营一夜，全军拔营迅速东归。

感思语

田文联合齐魏韩，攻秦得胜将凯旋。
周君担心被魏灭，谎称魏军有劫难。
说楚要断魏粮道，助秦使魏不得还。
魏王慌速撤军回，假话使周得安全。

045.犀武败

简散语

公元前293年,伊阙之战,魏将犀武被秦打败。周君为了与秦国改善关系,欲派相国周足访问秦国,以联络感情。周足很担心出使不利,祸延己身,不想去。这时有人为周足出主意,建议他先请求免去相职,请亲秦者任相,然后再去秦国访问。周君为了表示重视,才派宰相出访,所以,周足的相职不会被真免,而且,出使顺利会有功。如果与秦交恶,那位亲秦派大臣会遭到诛杀,你也不会受牵连。

感思语

关系复杂,多想对策。
要想成功,须动脑筋。
周足知多,足智多谋。
虑远周到,善施权术。

第三章 秦策（一）

046. 卫鞅亡魏入秦

简散语

商鞅，也称卫鞅、公孙鞅，是卫国王族的远支。卫是姬姓国，始祖康叔姬封是周文王的少子，周武王之弟。卫鞅初事魏国宰相公叔痤，痤识其才，多次推荐，魏惠王不用。公叔痤死后，秦孝公下令求贤，卫鞅入秦。秦孝公用鞅为相，封之于商（今陕西商洛市商镇），号商君，改称商鞅。商鞅以法治国，严刑峻法，公平无私，罚死不讳强大，赏不私亲近。太子犯法，老师替受刑。一年后，道不拾遗，民不妄取，兵强，诸侯畏惧。但是，他刻薄寡恩，强令人服。变法十八年后，秦孝公死，秦惠王立。商鞅怕报复，要求退休回魏国。但是，魏不收他。这时，有人对秦惠王说，大臣太重国危，左右太亲身危，国人只知商君之法，不知大王，这是主臣颠倒。况且，商鞅是大王的仇人，应该把他处理了。商鞅威名震主，秦惠王把他五马分尸。因其严苛，秦国无人同情他。商鞅死后，商鞅之法照行。这是永垂不朽。

感思语

卫鞅到秦受重用，刑严法峻不论情。
王子犯法不敢动，抓住老师用大刑。①

---

① 商鞅虽行峻法，不讲情面，但是，太子犯法后，移法到老师身上受刑。

孝公辞世惠王继，师生怀恨把鞅整。①
商鞅逃魏不收容，回秦受了车裂刑。
商鞅变法国富强，惨死没有人同情。②

047.苏秦始将连横

简散语

苏秦是河南人，是战国时期最著名的说客、谋士、纵横家之一，是合纵派的创始人和主要首脑，擅长战略谋划、长篇游说，能解决当时国际或一国的主要的、核心的问题，对具体的、局部的问题不感兴趣。游说善于抓住要害的本质的问题，单刀直入，鞭辟入里，说理清楚，逻辑性、信服力极强，是战国时期说客、谋士的集大成者。苏秦初入世，先到秦国，曾想搞连横，不成功。回到河南洛阳老家，悬头苦学，学成后再入世，搞合纵，曾成为山东诸侯国手握重权、实权的首领。

感思语

合纵首领数苏秦，谋划最会抓根本。
鞭辟入里折核心，天下谋士第一人。
开始入秦说惠王，理透惠王不动心。
苏秦用了九牛力，惠王叫他以后来。
又上奏章十多次，惠王就是不理睬。
百镒黄金已用光，黑貂皮衣也破败。
初次试能碰了壁，背书挑担回家来。
苏秦憔悴脸焦黑，妻见未下织布机。
嫂子不给做饭吃，父母看见不搭理。

---

① 太子虽未受刑，但是，太子和受刑的太子老师，都与商鞅结大仇。师生沆瀣一气排斥商鞅。

② 商鞅变法使秦国富民强，但是，车裂商鞅，秦国无人同情。

冷遇能使人清醒，知道无能没趣味。
从此刻苦读群书，悬梁刺股不休息。
钻透姜尚阴符经，一年过后有主意。
苏秦这次说赵王，受将封君当国相。①
后来掌握六国印，权大突超当世人。
后来又过洛阳家，父母备了贵宾礼。
整房扫路雇乐队，出城迎接三十里。
妻子斜眼看盛仪，嫂子跪爬不敢起。
对着苏秦拜四拜，口中连连称谢罪。
先前傲慢今谦卑，只因权势和地位。
诸位朋友听仔细，无能别怪遭冷遇。
尊重知识敬才能，古今都是一个理。
真才实学受尊敬，学问不能玩假的。
聪明才智怎么来，勤学善思多努力。

048.秦惠王谓寒泉子

简散语

苏秦的合纵方略在山东掀起风云。秦惠王对此非常生气，便含怒对隐士寒泉子说，苏秦欺我太甚，我想派武安子白起去山东开导诸侯。寒泉子说不行，攻城堕邑用白起。善我国家，联络诸侯，应该用客卿张仪。秦惠王说"敬受命"。此前秦惠王有三过：一杀商鞅；二不用苏秦；三想用战将搞外交，第三过未成定型。这次请教谋士，从谏如流，算是其长。

---

① 赵王封苏秦为武安君,授给他相印,给他兵车、白玉、黄金、锦缎,请他搞合纵,破连横。

感思语

惠王恼恨苏秦计，游说竟想用白起。
隐士名曰寒泉子，建议游说用张仪。
惠王用人水平低，从谏如流很可喜。
张仪之长得发挥，连横终把合纵摧。

049.冷向谓秦王

简散语

公元前295年至前286年，齐攻宋长达十年。起初，秦王对齐国的举措不满。齐臣冷向为齐游说秦王。冷向巧言善辩，说齐攻宋对秦国有好处：一是战胜宋国，魏国的安邑就会归秦国所有；二是燕、赵会主动与秦结好，壮大秦国的势力；三是齐国怕楚国，齐国会更加尊秦。过去认为秦国早就明白了齐国的用意，所以，没有及早地向秦王说明。经过冷向辩解，消除了秦王的不满。

感思语

齐攻宋国秦不满，冷向替齐说根源。
宋国败亡秦得利，解释清楚秦喜欢。

050.张仪说秦王

简散语

张仪是战国时代著名的说客、谋士，连横派的首领，擅长战略谋划，他运用具体技巧和策略非常出色，论说深入浅出，层次分明，用强大的逻辑力与宏大的气势相配合，说服力很强。他率领连横派战胜了合纵派，为秦扫六合，统一中国，做出了不朽的贡献。当然，统一是社会

阅策四语

历史发展的总趋势，连横派的活动，暗合了社会历史的发展。这是他们胜利的根本原因。

感思语

不知瞎说不聪明，知道不说不忠诚。
这两种人都没用，张仪主张定死刑。
张仪认为有三亡，以乱攻治排头名，
其次就是邪攻正，逆攻顺列第三名。
战争胜负在首脑，决策运筹帷幄中。
士兵英勇不英勇，将帅精拙能决定。
士兵懦弱一个熊，将帅愚蠢一包脓。
秦国上下遵号令，只因令严奖惩明。
齐国始祖姜太公，① 五霸七雄齐有名。②
九令诸侯统天下，五战五捷很威风。③
一次战败无齐国，大国存亡靠战争。
张仪认为秦国强，四失霸业不应当。
论说原因责谋臣，不畏强权批国相。④
主帅思虑必须清，兵不在多而贵精。
殷纣大军百万众，⑤ 不抵武王三千兵。

---

① 周灭商后，周公分封诸侯，太公姜子牙封于齐，吕尚（姜子牙）是齐国的始祖。

② 五霸，即春秋五霸，齐桓公是五霸之首；七雄是战国七雄，齐国也曾是七雄之一。

③《战国策》记载，从前，齐南破楚国，东破宋国，西服秦国，北破燕国，中指韩、魏之君，是五战五胜之国，但是，一战不胜而无齐。

④ 张仪说秦国有四次成霸业的机会，都失去了。这是谋臣不作为造成的，点名批评了魏冉。魏冉是秦昭王之舅，秦宣太后的异母弟，当时秦昭王年幼，宣太后执政，魏冉是宰相，穰侯魏冉掌实权，张仪敢点名批评魏冉，是不畏强权的表现。但是，他认为不知瞎说和知而不言者，都应该定死刑，有失偏激。

⑤ 周武王伐纣时，纣王大军号称百万，只一天，就被周武王的三千兵打败。纣王败后自焚而死。

> 智伯势众攻晋阳，兵败被捉丧了命。①
> 张仪推销己才能，要用连横破合纵。
> 目的是要灭六国，为秦统一建奇功。
> 信誓旦旦诚挚尽，抵押头颅作保证。②

051.张仪欲假秦兵以救魏

简散语

秦武王初年，张仪入魏任相。公元前310年，齐攻魏，张仪借秦兵救魏。左成建议甘茂借兵给张仪，理由是如果张仪回国，地位比甘茂高。借兵给张仪，如果秦兵伤亡大，张仪怕受惩不敢回秦国。如果张仪获胜，他会因功在魏得志，又怕秦怀疑他叛秦忠魏，不敢回秦。这样，就可以使张仪长期留魏，不与甘茂争地位。

感思语

> 张仪入魏任相国，齐兵攻魏动干戈。
> 张仪救魏借秦兵，左成建议送人情。
> 救魏看似帮张仪，对于甘茂很有益。
> 张仪胜负必留魏，不与甘茂争地位。

052.司马错与张仪争论于秦惠王前

简散语

张仪是连横派的领袖。这次败给了滔滔雄辩的司马错了，主要是这次张仪思路走偏了。他急于求功，盲目冒进，见易不见难。他设想的

---

① 智伯势众攻晋阳，兵败被杀。
② 张仪说连横一定能战胜合纵，如果不成功，可以把头砍下来谢罪。

阅策四语

都是心想事成，尽打如意算盘，打韩国，劫天子，顺风顺流。但是，谁光想打如意算盘都是打不下去的。当时周仍是名义上的天下宗主，齐、韩都与周交好。如果秦兵逼来，首先是周、韩可能通力合作，依靠齐、赵，并向楚、魏求救。如果周把九鼎给了楚，韩国把三川给了魏，秦就无可奈何。这样，秦攻韩、周的结果，可能是两手空空，一无所得，还要披上一个欺天子的坏名。

司马错主张不出兵中原，挥兵西进攻蜀，得到秦王的肯定。

感思语

秦国用兵出分歧，张仪主张向韩逼。
司马[①]提出夺蜀地，战略方向不统一。
古王并非都独裁，惠王便是民主人。
意见分歧让说尽，择善而从取嘉策。
张仪开口把理辩：亲魏善楚取三川。
攻城战地塞关隘，大兵临郊二周难。
周室向秦献九鼎，宝器在我掌中控。
挟天子令天下从，一举即可王业成。
蜀是西方偏远地，管辖部落是戎狄。
攻地疲兵费民力，得地没用没有利。
争名于朝争利市，周室、三川是朝、市。[②]
放弃大利取偏僻，大王霸业在哪里？
司马如同口悬河，条分缕析说见解：
国富必先扩领土，兵强必须民富足，
得人必须广施恩，三事做成霸业来。
现在土少百姓穷，蜀有内乱民盼平。
秦国大军向西进，如同虎狼入羊群。
得地得财不伤众，扩疆止乱得善名。

---

① 司马是指司马错。
② 周室就是当时的朝，三川就是当时的市，是当时争名争利的场所。

攻韩伤同劫天子，不尊宗主坏名声。
逼得山东成合纵，收蜀上策最高明。
秦王采纳司马计，辩论司马得胜利。
张仪虽然极聪明，谁闹"左"倾都不行。①

053.张仪之残樗里疾

简散语

张仪不满意樗里疾，便设法借楚怀王之手，陷害他。张仪先假装尊重樗氏，请他出使楚国，暗中叫楚王向秦惠王请求让樗氏任相国；又对秦王说，樗氏当了相国后，会用整个秦国事楚。引起秦王的强烈不满，逼得樗里疾出逃。

感思语

张仪连横家，才高品德差。
陷害樗里疾，嘴狠不露牙。

054.张仪欲以汉中与楚

简散语

秦惠王末年，甘茂攻占了楚国的汉中，张仪很嫉妒甘茂之功，说汉中是秦国的不义之财，会给国家惹祸。建议把汉中还给楚国。甘茂坚决反对。甘茂说土地是国家的宝，怎么能说是祸患呢？将来天下有变时，大王可以拿汉中作条件，与楚国和谈，换取与楚国亲善，现在无缘无故地把汉中给了楚国，万一将来天下有变乱，用什么作条件与楚国结

---

① 张仪因急功,考虑不全面,思维走偏,以利障弊,可算是古式的"左"倾幼稚病。

盟约呢？

> 感思语
>
> 甘茂夺汉中，拓疆有大功。
> 张仪很嫉妒，反说是祸行。
> 劝王还给楚，方可得太平，
> 张仪善连横，才能有大名。
> 有才是能耐，不能顶品行。

055.楚攻魏张仪谓秦王

> 简散语

楚威王率兵攻魏，张仪劝秦出兵援魏。张仪说，这样做，魏胜，魏将听命于秦，并会送来西河外之地。如果魏败了，秦可发兵攻占。结果魏胜利了。但是，魏国因战疲，担心秦兵进攻，就如张仪的预料，把西河外之地献给了秦国。

> 感思语
>
> 远见凭才气，预谋靠智慧。
> 断准须知情，善思虑精辟。
> 可能都想到，对比抓精髓。
> 事随预见走，众服少怀疑。

056.田莘之为陈轸说秦惠王

> 简散语

田莘之了解张仪的人品，知道他会中伤足智多谋的陈轸，就用美女破谏臣和外宠败国老，使舟之侨离虢和宫之奇去虞的故事游说秦惠王，预先建议秦王不要误信张仪的坏话，以防远贤亡国。后来，张仪在秦王面前攻击陈轸，秦王很生气。张仪的谗言未能得逞。

感思语

知多品高田莘之，劝谏巧用老故事。
荀息美女败谏臣，① 外宠曾破国老事。②
张仪背后谗陈轸，连横形象受损失。
田氏好像讲历史，保护陈轸利国是。

057.张仪又恶陈轸于秦王

简散语

张仪对秦惠王说，陈轸来往于楚、秦之间，都是为自己，不是为国家，他还打算背秦投楚。秦王问陈轸，陈轸说是这样。秦王说，看来张仪说的不假。陈轸说，这是路人皆知的。陈轸接着说，孝己③爱父母，天下的父母都想让孝己做自己的儿子。伍子胥忠于国君，天下的国君都欲他做自己的臣子。仆妾能卖给邻里，是好仆妾。妻子改嫁本乡，是好女子。我不忠于君主，楚国能认为我忠君吗？我不去楚，去哪里呢？秦王说好，把陈轸留下来了。

---

① 晋献公想攻夺虢地，但是怕虢的贤臣舟之侨。这时，晋臣荀息说，《周书》上讲，美女可以破败谏臣。于是，晋送美歌女给虢，干扰其政治。舟之侨进谏，虢君不睬，舟便去虢，晋攻陷了虢地。

② 晋献公欲打虞国，但是，畏惧虞国的贤臣宫之奇。晋臣荀息说，《周书》讲，外宠可以破败国老。于是，晋给虞送去了外宠之臣，让其中伤宫之奇，之后，宫之奇进谏，虞君不听，宫之奇便离开了虞国。之后，晋攻占了虞。

③ 孝己是殷高宗之子，以孝闻名。

阅策四语

感思语

张仪连横大有名，诋毁他人降品行。
陈轸巧用反语对，张仪谗言失去灵。
谣谤必止智者前，信谣都是糊涂虫。①
陈轸擒张好似纵，② 辩解技艺很高明。

058.陈轸去楚之秦

简散语

张仪和陈轸同朝为官，两人却势不两立。公元前329年的一天，张仪对秦惠王说，陈轸把秦国的情况泄露给楚国了（攻击陈轸里通外国）。我不愿意和他同朝共事，请大王把他逐出。如果他要去楚国，就把他杀了。秦王召问陈轸想到哪里。陈轸说去楚国。秦王说我和张仪都认为你会去楚国。陈轸说我正是为了顺着你们的思路走。接着，陈轸讲了一个双妻被人勾引和勾引者喜要哪个寡妻的故事，并说，楚王是明君，昭阳（楚相）是贤臣，我到楚国可以证明我的品格。

感思语

张仪对人毫无情，驱逐还想杀性命。
陈轸巧言双妻事，娶长绿帽可不顶。
判断利害须换位，本分即是好品行。
楚国君臣都贤明，入楚品格能证明。

---

① 有人说谣者三虫：造谣者是害人虫；传谣者是应声虫；信谣者是糊涂虫。世上谣多，闻者需善思，以免当虫。

② 陈轸对张仪的诋毁，似纵实擒，似顺实截，是彻底的揭露，不善思无此高招。

第四章 秦策（二）

059. 齐助楚攻秦

简散语

齐国助楚攻秦，取曲沃。其后，秦欲报复齐。但齐、楚交好，不好下手。秦惠王请张仪想办法。张仪携金入楚，对楚怀王说，我国君最喜欢大王，我本人最想做您的臣子。但是，我最讨厌齐王，如果贵国与齐断交，我国就把商、於方圆六百里的土地献给大王。这样，贵国北边可以削弱齐国，西边结好秦国，还可以得到商、於的土地，这是一举三得的好事。楚王十分高兴，当即答应，并在朝廷宣布。群臣闻言祝贺。但是，陈轸不言。楚王问陈轸，陈轸说可能得不到土地，还会有祸事，臣不敢妄贺。现在秦国抬举大王，是因为楚国齐国为盟友，绝齐则楚孤立，秦国不会尊重孤立无援之国，也不会割地给楚。要是秦、齐的军队一同来攻，三利就会蜕变为害。楚王叫陈轸闭嘴，派使与齐断交，派将到秦接受土地。张仪装病不见楚使。楚王又派勇士大骂齐王。张仪知道楚、齐已断交，才见楚使，说给地六里。楚王知道受骗上当，大怒，派兵伐秦。陈轸劝阻，楚王不听，结果在杜陵被秦、齐、韩联军打败，几乎亡国。

感思语

妙计能为成事本，计好兴旺或生存。
被骗不觉瞎庆贺，不是乐事却是祸。
张仪佞诈楚王昏，陈轸计好王不采。

六百里地去百字，① 想得三利得三害。②
张仪用地骗楚国，怀王中计臣祝贺。
陈轸不贺说有祸，楚王不纳国几灭。

060.楚绝齐

简散语

公元前312年，楚怀王受张仪的欺骗，与齐断交后，楚王又派勇士骂齐王。齐攻楚，楚王派陈轸使秦，欲求秦援救。陈轸的祖籍在秦国，是秦惠王的旧臣。秦王与陈轸客套一番后，让陈轸为楚国谋划之余，也请陈轸替秦国出些主意。陈轸给秦王讲了两个典故：一是讲吴人在楚唱吴歌，蕴含其对祖国的深切怀念。二是讲卞庄刺虎，先坐观虎斗，等小虎死、大虎伤后，再杀大虎，事半功倍，杀一伤虎，得二整虎。齐、楚之战，如同两虎相斗，等弱者败、胜者疲后，再出手，类似渔利。

感思语

楚齐断交齐攻楚，陈轸使秦欲求救。
秦王谦逊问陈轸，陈轸从容讲典故。
吴人在楚唱吴歌，蕴含思国怀故土。
两虎争尸生死斗，卞庄③仗剑要杀虎。
管与劝卞且观斗，小死大伤杀大虎。④
事半功倍得两虎，鹬蚌一同进鱼篓。

---

① 六百里去掉百字便是六里。
② 一举三利：一是削弱齐国，二是交好秦国，三是得商、於之地。结果土地未得，与齐断交孤立，引来秦、齐、韩联军来攻，三利全无，三害立至。
③ 卞庄，也叫管庄。
④ 卞庄要杀虎，管与说，两虎相争，必是小虎死，大虎伤，等小死大伤后，再杀伤虎，不费杀一虎之力，得两虎，事未半，功超倍。

齐楚如同两只虎，弱败强惫再出手，
救败不必攻疲惫，受益如同得两虎。

061.秦惠王死

简散语

秦惠王死后，公孙衍（犀首）欲排挤张仪，谋臣李雠献计说，把甘茂和公孙显从魏国和韩国召回，并重新起用樗里疾。这三人都是张仪的死对头，重用他们，各国诸侯就明白张仪在秦国失势。张仪的处境就困难了。

感思语

惠王逝后秦国变，张仪政敌重操权。
犀首采用李雠计，张仪处境非常难。
秦国有个好传统，不搞因人废言行。
商鞅车裂商法在，张仪被挤仍连横。
人死仍然行其政，优良文化无断层。
秦国能够扫六合，择善无类是一功。
若是人死法随葬，历史必然变脸形。

062.义渠君之魏

简散语

义渠地处秦国的后方，是羌族所建之国，经常和秦国发生冲突。公元前218年，山东五国攻秦，魏相犀首劝义渠趁机出兵袭秦。义渠这次袭秦获大胜。公元前217年，义渠被秦灭亡。

义渠国君访问魏国时，犀首对他说，中原各国不攻秦，秦国就会灭亡您的国家；攻秦，秦国就会给你送贵重礼物，与贵国通好。义渠说我明白了。不久，五国联军攻秦。为了秦国后方平安，陈轸建议给义渠送礼通好。义渠见到礼物，就好像见到秦国被攻击的情报，立即起兵攻秦，获大胜利。

感思语

义渠国君访问魏，犀首与之说安危：
山东如果很平静，秦国必然消灭您。
山东若是攻秦国，秦必给您送重礼。
五国联军攻击秦，秦国果然送来礼。
义渠明白秦用意，马上举兵把秦袭。
秦国放了马拍炮，送礼成了报信息。
犀首智多善运筹，秦国君臣都不抵。

063.医扁鹊见秦王

简散语

扁鹊是春秋末年人，是传说的名医，死于秦武王一百五十多年前，他不可能为秦武王治病。本篇是后人编的一则寓言故事。据传，扁鹊为秦武王治病时，秦武王希望能除病根。群臣不服扁鹊的医道，说扁鹊治不好病，反而会把秦武王治聋、治瞎，一时形成群哄。扁鹊非常生气，说这些人瞎起哄，听他们的话，就如同用盲人引路。

感思语

扁鹊见秦王，秦王说病情。
扁鹊欲施治，群臣瞎起哄。

神医怒掷针，① 盲人怎导行。
用此来治国，国败民受坑。

064.秦武王谓甘茂

简散语

秦武王对甘茂说，他想夺三川，攻周，取而代之，希望甘茂为他完成这一不朽的功业。甘茂到魏国调查后，回来对秦王说，不要进攻韩国三川，因为取三川，要先取宜阳。宜阳名为县，因人、财聚集，相当于郡。千里用兵，太困难。接着，甘茂又讲了魏文侯命乐（作为姓氏，"乐"念"yuè"）羊取中山，三年后才奏凯的事。魏文侯先赏乐羊一匣子谤书。甘茂说，我是秦的客卿，秦国的权臣樗里疾、公孙衍等和韩国关系好，进攻宜阳，他们会有非议、作梗。我还会招来韩相公仲侈的怨恨。甘茂又讲了过去曾子在费地住时，当地有个人也叫曾参，杀了人，有人报告曾母说曾参杀人了。开始曾母不信。第三人再报告时，曾母害怕，越墙逃走。秦王表示不信谗言，并在息壤和甘茂订立盟约，落字为证。后来甘茂领兵攻宜阳，五个月未攻下来，樗里疾和公孙衍等在秦王面前进谗言中伤甘茂。秦王信谗，责备甘茂。甘茂说，我们在息壤有盟约。这时，秦王又坚定了信心，发兵援助，君臣同心，不久攻下了宜阳。

感思语

乐羊三年破中山，谤书一匣赏他看。②
曾参杀人报两遍，曾母织布若等闲，
曾母深信儿子贤。接着"杀人"三次喊，

---

① 扁鹊手握石针，正要施治，听到群臣起哄，一怒之下，掷针于地。
② 乐羊攻下中山返筛后，自认为有功，这时，魏文侯给了他一个匣子，里边装的全是群臣对他的谤书，乐羊看后说，中山之胜，全是君主之功。

曾母越墙忙逃窜。述说事理用语言，
表达准确非常难。三人成虎人皆知，
黑白颠倒不稀罕。一手指月并非月，①
口可食而不可言。② 铄石流金威力显，
语言传播防扭偏。甘茂兵欲夺宜阳，
料定近臣进谗言。出发前话说明白，
息壤与王盟约签。兵攻五月无进展，
谗言堆到秦王前。樗里疾和公孙衍，
不遗余力猛攻甘。秦王信谗责甘茂，
甘说息壤在那边。秦王醒悟派援兵，
君臣同心士气旺，不久宜阳捷报传。③

065. 宜阳之役冯章谓秦王

简散语

公元前308年，秦国进攻韩国的宜阳。担心楚国援韩，秦王采纳了冯章之计，派冯章出使楚国，告诉楚王，说："只要楚不出兵援韩，秦便将汉中送给楚。"楚王听了很高兴，没有援韩。秦攻下宜阳后，假意驱逐冯章。楚国前来向秦索要汉中，秦国不承认曾将汉中许给楚国。秦国赖了账。

感思语

秦攻宜阳城，怕楚援韩兵。

---

① 佛教禅宗有云："以手指月，指的并非月。"意思是手指头只是认识月的手段，并非月亮。

② 《鬼谷子》书中说："古人有言，'口可以食，不可以言'。言者，有忌讳也。众口铄金，言有典故。"

③ 秦王听信了近臣的谗言，责备甘茂。甘茂说，我出发前，我们在息壤那边订过盟约。秦王猛醒，立刻发兵援助甘茂，不久就得了胜利。

冯章献一计，许给楚汉中。
秦夺宜阳后，赖账不践行。
春秋无义战，战国少信行。

066.甘茂攻宜阳

简散语

甘茂客居秦国为相，率军攻取宜阳，半年不下，将士疲惫无斗志。这时公孙衍和樗里疾在国内毁败他，韩国的公仲侈在外抵抗他，使他陷入困境。于是，他拿出大笔私钱，作为奖金激励将士，第二天发出总攻令，一举攻下宜阳。

感思语

甘茂为秦相，率军攻宜阳。
击罢三通鼓，将士懒洋洋。
半年未攻下，甘茂陷困境。
拿出私家钱，大赏前线兵。
发出总攻令，夺下宜阳城。

067.宜阳未得

简散语

甘茂率秦军攻宜阳未克，损兵折将，伤亡甚众。甘茂想撤军，这样，取宜阳、夺三川就半途而废了。这时，秦臣左成对他说，现在阁下打了败仗，内受近臣樗里疾和公孙衍[①]的攻击，外与韩相公仲侈结为仇

[①]公孙衍和樗里疾都是秦王近臣，亲韩派，与甘茂不谐，反对攻韩，已变为仇敌。

敌[1]，无功回朝，将死无葬身之地，只有继续血战，拿下宜阳，才能威慑那些想置您于死地的人，获得君主和百姓的尊重。

感思语

  宜阳未攻克，秦军伤亡多。
  甘茂想撤兵，左成来献策：
  后退必定死，前进犹可活；
  朝里犀首搅，韩相公仲侈；
  君虽为相国，内外对头多；
  无功亏血本，何颜对王说？
  政敌不饶您，君脸没处搁；
  只有拼命战，丰功能威慑。
  甘茂掷孤注，才把宜阳夺。

068.宜阳之役楚叛秦而合于韩

简散语

  宜阳之役，秦为稳住楚国，曾采纳冯章之计，许诺把汉中还给楚国。攻下宜阳后，秦国赖账，楚未得到汉中。楚受骗后，叛秦合于韩。秦王担忧。

  楚韩和好，韩希望楚在抗秦中打头阵。但是，楚不想给韩当炮灰。楚、韩都想削弱对方，壮大自己，明里是朋友，暗中是敌人，以敌为主。甘茂看出了楚、韩各怀鬼胎，互相提防、掣肘，劝秦王不用担忧。

感思语

  楚韩结盟友，秦王很担忧。

---

[1] 公仲侈是韩相国，是抗秦派主脑之一。

> 甘茂分析透，教王不必愁。
> 楚国想弱韩，韩国想坑楚。
> 暗里是敌人，表面像朋友。
> 处事互掣肘，难事不出头。
> 见利双手搂，假装为帮助。
> 形盟不同心，盟约如没有。

069.秦王谓甘茂

简散语

楚国派到秦国的使者多是健谈机辩之士，往往把秦王说得理屈词穷。秦王问甘茂怎么办。甘茂说这好办，如果今后楚国来的使者健谈善辩，大王就不答应他的任何请求；来使懦弱，大王就尽量答应他的请求。这样，楚国就不再派健谈者了。秦王照办，借机掌控了楚国。

感思语

> 楚使健谈机辩，秦王词穷难看。
> 甘茂招高一等，智者求事不办。
> 愚使就给面子，求事尽量照办。
> 楚国改派懦者，秦把楚国掌握。

070.甘茂亡秦

简散语

甘茂因秦臣谗毁被逐，打算去齐国，刚出函谷关，遇到苏代。甘茂向苏代讲了一个江上处女的故事：当地江上处女聚会，每人都拿一个蜡烛。有一个处女家贫无蜡烛，将被赶出去。这个处女临走时说，我因为没有蜡烛,所以,每次都早来,打扫房子,铺座席。你们为什么吝啬空照四壁的余光,不把它赐给我呢?我认为把余光赏给我,对你们没有损失,还会有帮助,为什么赶我走呢?处女们认为她的话有理,就把她留下了。甘茂说我没有本事,愿意为你们扫室铺席,不要把我赶走。苏代答应了,劝齐王重用他。苏代先去游说秦王,说甘茂贤能,累世受重用,在秦人地两熟,如果齐、韩、魏联合图秦,其害难估。应用重礼、高官、厚禄,把甘茂迎回秦国,软禁在槐谷,这样,诸侯就不能图秦了。秦王照做了。甘茂高姿态,婉辞不受。苏代又说齐湣王,齐王立即聘甘茂为上卿,佩相印。苏代对甘茂的包装,在齐国很成功。

感思语

甘茂遭谗被秦逐,赴齐遇苏在函谷。
为苏讲述江上女,聚会因贫无蜡烛。
富女少识轰她走,贫女无奈不得留。
临走把话说清楚:我因无烛常早到,
扫房铺席从不休。余光枉照空四壁,
赐我对您损失无。我在对您有帮助,
吝啬余光没理由。群女已被她说服,
贫女便被众女留。甘茂自比贫处女,
请苏帮他谋职务。扫室铺席幸无逐。
苏代西游说秦王:甘茂大贤累世重,
对秦人地都很熟。齐约韩、魏共谋秦,
其害之大难预估。重礼、高位、厚俸禄,
迎其回秦禁槐谷。诸侯对秦不能图。
上卿、相印秦来迎,甘茂高姿辞不受。
苏代淄博说齐王,湣王即把甘茂留。
赐上卿位佩相印,苏代之功在里头。

071. 甘茂相秦

简散语

秦王想换宰相,新相的人选是犀首(公孙衍)。这消息被甘茂的属吏窃知,告诉了甘茂。甘茂便上殿祝贺秦王得新贤相。秦王问甘茂信息的来路,甘茂说是公孙衍告诉他的。秦王因犀首泄密,把其逐出秦国。甘茂暂时稳住了相位。

感思语

秦王欲换相,新相拟犀首。
甘茂闻信后,祝王得高手。
王问信息源,甘茂说犀首。
秦王责泄密,犀首被逐走。

072. 甘茂约秦、魏而攻楚

简散语

公元前312年,秦、魏联军在蓝田打败楚国。楚国求和。甘茂劝秦王请魏国主持和议。这样魏国高兴,会割让更多的地方给秦国。让虚利实。

感思语

蓝田楚战败,楚国请求和。
甘茂劝秦王,让魏主议和。
借此拉拢魏,得利会更多。

073. 陉山之事

简散语

公元前285年，赵、齐灵丘之战时，秦、赵是盟国。齐国对阵困难，派大臣田章割地给赵国求和，并派公子顺子到赵当人质，赵王允诺。可是，秦国不同意，并表示派四万兵增援赵国。苏代写信，替齐国游说秦相穰侯魏冉，历数联赵攻齐的害处，说秦王明而熟于计，穰侯智习于事，必能善处，还纵容秦攻韩、魏。

感思语

赵秦联合要攻齐，齐王害怕难应对。
忙割阳武贿赂赵，并派人质顺子去。
赵王高兴停进兵，秦王得知却不依。
秦许增派四万兵，归赵统领来指挥。
苏代替齐说穰侯，致信列了五条理：
一赞秦王和穰侯，圣明老谋娴世理。
秦赵两国有旧仇，不应扶赵消灭齐。
二说赵急会联楚，齐疲将投赵楚去。
虽说齐如溃烂疮，秦也难控赵楚齐。
三是战场凭实力，秦现处在两难地。
兵少赵楚不信任，多派国内必空虚。
四是齐国割让地，赵楚按兵对齐利。
再要出兵当先锋，秦国可能遭攻击。
五是赵楚耍诡计：先供秦兵攻打齐，
后使齐兵打秦去，赵楚狡猾齐不愚。
秦王英明熟于计，穰侯聪慧明世理。
哪会派出四万兵，助赵攻齐白出力。
摇旗鼓噪声势虚，一场联盟必散戏。

074.秦宣太后爱魏丑夫

简散语

秦宣太后和大臣魏丑夫长期私通,感情很深。她病重、病危时,死且难舍,临没发出指令,要魏丑夫殉葬。魏丑夫很忧虑。大臣庸芮替魏丑夫说太后:"您认为人死后还有知觉吗?"太后说:"没有。"又问:"既然没有,为什么要让生前喜爱的人殉葬呢?假设有知觉,先王对您已经非常愤恨了,您挽救自己的过失尚且不及,还能当着先王和魏丑夫私通吗?"淫暴无耻的宣太后收回了成命。

感思语

淫暴无耻秦太后,临死难舍活情夫。
庸芮进谏善诱导,巧言救了魏丑夫。①

---

① 庸芮和秦宣太后的对话,已经明确地认识到死后无知、无灵。这事发生于战国时期,即公元前300年左右。比德国古典哲学家、伟大的唯物主义者费尔巴哈(1804年7月28日—1872年9月13日)早两千多年,只是,中国当时没有人从哲学的角度总结,现在,也没有人系统归纳。其实,这是一个很大的哲学问题。

第五章 秦策（三）

075. 薛公为魏谓魏冉

简散语

公元前294年，秦将吕礼逃亡到齐国。齐国任命吕礼为宰相。吕礼与齐重臣田文不和。田文被迫出走魏国。秦相穰侯魏冉劝秦昭王伐齐。这时吕礼复归秦国。秦国欲用吕礼联合齐国对付三晋（韩、赵、魏），这样，吕礼就会兼任齐、秦两国的宰相，损害秦相魏冉的地位，并使魏冉与齐国结怨，陷入困境。这时，田文说魏冉，应劝秦王令薛地之兵攻齐，齐败后，薛公把所得土地全送给魏冉。如果齐国战败，魏国会壮大，秦王会用魏冉结交魏国。魏冉便在国内受重用，在国外有魏国支持，封地扩大，自然就摆脱了困境。

感思语

人事关系随势变，轻重沉浮测定难。
吕礼亡[①]齐任齐相，回秦又遇好机缘。
秦欲用吕[②]联合齐，吕会一身两相兼。[③]
如果吕礼能得逞，秦相穰侯陷困境。[④]

[①] 亡是逃走的意思。
[②] 吕即吕礼。
[③] 如果秦国用吕礼联合齐国，吕礼可能就要同时兼任秦、齐两国宰相。
[④] 吕礼兼任两相，魏冉的相职、相权将会受到严重影响。另外，魏冉曾建议秦王伐齐，现在秦要联齐，所以，魏冉处境尴尬。

田文不欲吕高升，① 劝魏冉说秦王嬴，②
攻齐可用薛地兵，若是薛兵打败齐，
所得土地全奉送，封地扩大如加封。③
此时齐弱魏强盛，秦会与魏搞连横，
与魏结交靠穰侯，相位稳固脱困境。
魏冉采纳田文计，在秦内外受尊重。

076.秦客卿造谓穰侯

简散语

秦国的客卿造认为，要想快速强大，必须拥有他人的力量和物资。他对秦相魏冉说，如果攻打齐国成功，魏冉的封地陶就可以成为万乘之国，如同春秋五霸。攻齐之战，对陶是生死存亡的关键。时机不能创造，但是，时机来了不要失掉。舜的时机是遇到了尧（大贤见大贤），尧让贤，舜成为帝王。商汤和周武王遇到了夏桀和商纣王（大贤遇上了昏暴），也使他们成为帝王。舜和商汤、周武王遇到的绝对不同，可是结果是一样的，都是当帝王。这是他们都善识、善抓、善用时机的缘故。现在是攻齐的最好时机。燕与齐有仇，要联燕攻齐。《尚书》上说树德要促其增长，去恶要彻底。吴未灭越，被越国灭了。齐未灭燕，燕要灭了齐，这都是除害不尽的结果。现在不彻底消灭齐国，就失掉了时机，将悔之莫及。

感思语

做事必须有重点，成事须会抓时机。

---

① 吕礼与田文不和，吕礼到齐任相后，排挤田文，因此，田文被迫出走魏国。
② 秦是嬴姓国，故称秦王嬴。
③ 薛是田文的世袭封地，薛兵获胜，所得应归田文，田文不要，全送给魏冉，使其封地扩大，所得相当于加封。

时机不是人创造，会抓时机很重要。
舜遇尧是时机好，汤武遇桀纣不孬。
遇贤遇昏都称帝，遇人不同却同效。①
除害一定要彻底，错施仁慈效果糟。
秦国客卿名叫造，论说灭齐水平高。
物质精神都讲到，借力壮己未落掉。
合法举措受赞扬，违法行为遭声讨。

077. 魏谓魏冉

简散语

秦国和楚国联盟，引起齐、魏、韩三国的不安。这时，有人为秦相魏冉出主意，说应在保持与楚国关系好的同时，要注意拉拢齐、魏、韩三国，劝魏冉回秦国，观察韩、魏、齐对秦国有何要求，却又不能得到满足，就帮助他们解决。看张仪他们对薛公田文有什么要求，却又不能得到，帮助他们争取。这样，各国自然对您重视，您在秦国的地位才能稳固。

感思语

魏国有人说穰侯，固位不能只联楚。
张仪田文齐魏韩，都应照应给帮助。
多对他人施援手，自己地位必稳固。

---

① 舜和商汤、周武王遇到的时机不同，结果都是称帝。关键是他们都会抓时机、用时机。时机不同，采取的方法、手段、举措不同。

078.谓魏冉曰和不成

简散语

有人劝魏冉说，要看清形势，审时度势，如果秦、赵开战，领兵挂帅有白起，胜利了功劳自然归白起。倘若不胜，主持和谈的，必然也是白起。在此形势下，不要贪功羡尊。您不如致力于封地之事，以求得实惠。

感思语

有人劝穰侯，识势慎思辨。
要审时度势，思绪不能乱。
打仗有白起，和谈不掌权。
立功没机会，邀尊也困难。
可致力封地，能把实惠占。①

079.谓穰侯

简散语

有人劝穰侯魏冉把握良机。如果我们摧毁了混乱的宋国，强大的齐国会感激我们，并能确定自身的封地。这是百年不遇的良机。

感思语

有人劝穰侯，注重抓时机。
当下能办事，定封号封地。
时机不停步，做事慢不得。

---

① 领兵打仗有白起，不会用魏冉。如果搞和谈，也必然是白起负责，魏冉插不上手，在这些方面，魏冉想立功是不可能的，不如谋封地，捞实惠。

时机闪过去，再努力白费。

080. 谓魏冉曰楚破

简散语

公元前303年，因为楚国背叛合纵，齐、韩、魏联合伐楚，楚怀王派太子横到秦国作人质，请求秦国援救，并派人游说秦相魏冉，说楚国灭亡了，齐、魏、韩三国就会壮大。齐国占有了楚国的土地，就等于两个千里之国了。秦国就不能与齐、魏、韩抗衡了，对秦国不利，劝秦援楚。

感思语

楚叛合纵投降秦，秦喜齐韩魏恼恨。
三国联合伐楚国，楚为求救游说秦。
楚国求救讲策略，多说楚国很重要。
楚亡齐魏韩增强，秦国孤立难抵挡。
援楚对秦有好处，连横阵容大而强。

081. 五国罢成皋

简散语

成阳君住在齐国的时候，曾经落得穷困潦倒。秦王疏远他。他现在显达了，秦王又想笼络他，欲替他在韩、魏谋求相位。但是，韩国魏国不听。这时，秦太后说秦王：别人落魄时，你疏远人家；显达后，你又想和他建立良好的关系。这会很困难的。他可能不会接受你的任命。这还会有损于秦国和韩、魏两国的关系。

感思语

穷困潦倒戍阳君，居于齐国无人问。
落魄疏远显达亲，这样不能翕人心。①

082.范子因王稽入秦

感散语

魏国人范雎通过王稽的介绍，来到秦国。他先给秦昭王写了一封自荐信，大致内容是，英明的君主执政，赏有功，官有能，劳多者俸厚，功多者位尊，能强者官大。无才不任，有才必用。奖加给有功，罚断给有罪。普通的君主赏自己喜爱的人，罚自己厌恶的人。当然，大才有的不被认识，如周室的砥厄，宋国的结绿，梁国的悬黎，楚国和璞。这四块宝玉，最初良工不认识，多经波折，才知其为名贵宝物②，良工失贵宝，圣王弃俊才，很难完全避免。大官富必是窃取国财，国家富必是夺取侯、王之财。高明的医生知病人的生死，英明的君主知事的成败。对的意见实行，错的抛弃，拿不准的试验。圣主不改良规……秦昭王看了，十分高兴。谢王稽荐才，并专车迎接范雎。

感思语

范雎初入秦，上书论用人。
有功当给赏，有能官加身。
劳多俸禄厚，功多爵位尊。
能高官应大，升凭德绩才。

---

① 翕读"xi"，是一合一开的意思。在这里是相合、合拢、收敛、收取的意思。
② 良工不识四块宝玉，普通人却看出了宝贝的真伪。和氏璧的献宝人是用生命荐宝的。

愚不敢抢职,① 能者不隐身。②
英明分功罪,③ 普通讲憎爱。④
良工失四宝,⑤ 圣王也弃俊。⑥
高医知生死, 明君知成败。
良策即实行,⑦ 腐败早除害。⑧
良规不要改,⑨ 精英善麒麟。⑩
书论只浅说, 面谈语可深。
昭王谢王稽, 专车迎范君。

083.范雎至秦王庭迎

简散语

曾经饱受苦难的范雎,和秦昭王纵论天下。他善于造势,在秦王三问之前,他只是唯唯,不言正题,用玄妙的手法,创造出神秘感,引得秦王更加重视,一切入正题,便从国策、王术、臣谋、韬略、深浅、忠奸、亲情、高低、得失等,大吐其论。由于他勤学善思,言词严密、精准,思路系统,体系完整,秦王被深深折服。秦王封范雎为应侯,言听计从。有人说,范雎这次的秦宫说,类似"隆中对"。其实,秦宫说

---

① 因为失职要受重罚,所以,愚蠢无能者,不敢抢官骗位。
② 有能者,因为政治清明,不当隐士了,要出山为社会服务。
③ 英明的君主,赏功罚罪,不讲情面。
④ 普通的或者庸主,感情用事,按个人的好恶理事,不论是非,只讲关系。
⑤ 良工失手,大师走眼,专家弃宝,高人有时不及平头百姓高明。
⑥ 圣君有时也弃俊才。
⑦ 好官遇良策会推行。
⑧ 腐败分子是害群之马,应早除掉,对坏、恶施善,实是护灾养祸。
⑨ 优良的规则是光荣传统,应该继承、充实、完善,不能乱改或去掉。鉴别力是很重要的,分好坏要德才,无德不荐良,无才不识良。曾国藩说,居高位者以知人晓事二者为职。
⑩ 英雄必然会善待千里马。

比隆中对早七八百年，孔明是否知道秦宫说，在孔明的志、传中未见提及，但是，孔明是广学、博闻、善思之士，即使他们思想、理论上没有直接传承关系，也是英雄所见略同。秦王有闻过则喜、闻善则拜的气度，是伟器。我们看秦宫说时，如果能与隆中对、苏秦、张仪等的游说词对照阅读，定会加深认识。

感思语

孔明三请才见面，① 范雎三问方答言。②
昭王跽问为何故？范说文王求大贤。
渭水河畔一渔翁，拜为太师掌朝政。
周靠吕尚建基业，谦逊尊才德量宏。③
人重主张行天下，穷困囚死都不怕。④
五帝三王和五伯，⑤ 仁德高尚称圣人。
乌获力大奔、育勇，⑥ 名显当世未永生。
物坏命死不能免，何必害怕瞎担惊。⑦

---

① 刘备三请诸葛，第一、二次都未见到孔明，第三次刘、孔相见，他们在隆中的谈话，孔明讲了将来魏、蜀、吴三足鼎立的形势便是久传于世的隆中对。

② 范雎见到秦昭王后，昭王三次问策，前两次范雎只是唯唯，未切正题。第三次才正式答话，指出了秦国的得失，提出远交近攻的大策，为连横的发展和秦统一中国，指明了方向，获得了彻底胜利。

③ 周文王在渭水河上遇到姜子牙，同车回朝，拜姜为太师。周文王德高福大，姜子牙帮助他创建了周朝。

④ 古代策士非常重视自己的主张是否能在天下实行，把这看得比生命还重要。

⑤ 五帝：传说中的五个帝王，指原始社会后期的部落或部落联盟的首领。五帝的说法不一，有一类是指黄帝、颛顼、帝喾、尧、舜，也称五圣。三王一般是指夏朝的开国之王夏禹，商朝的开国始祖成汤，周朝的开国之王姬发。范雎称三王为仁者。五伯即春秋五霸之首齐桓公和宋襄公、晋文公、秦穆公、楚庄王。另外还有两种说法。范雎称五伯为五贤。

⑥ 乌获是古时大力士。孟奔、夏育都是古代著名的勇士。

⑦ 圣人、仁人、贤人、大力士、勇士都死了，谁都不能永生。物品的旧坏，生物的死亡，都是自然常规，不可避免，喜和怕都不起作用，因此，不必瞎喜欢或空担心。

阅策四语

胥子囊载出昭关，①昼伏乞食曾爬行。②
展谋竟能兴吴国，阖庐霸业子胥功。
箕子漆身接舆狂，无助殷楚算何能？③
尽忠身死臣不惜，后世谁为秦尽忠。
杜口裹足都不来，朝无贤才靠何兴？
范雎论称秦国能，韩卢捕蹇应称雄。④
势强本可成霸业，欠忠失计全落空。⑤
穰侯才低谋不强，闭关不肯出太行。
请看昔日齐攻楚，破军杀将夺领土。
土地隔国没法管，千里领土归魏韩。⑥
魏韩得利齐白忙，给贼送刀赍盗粮。⑦
军疲民劳力白耗，国破主辱天下笑。⑧
应行远交近攻计，⑨尺寸土地全归己。
攻夺必须抓关键，称霸一定控中原。
首先用计收魏韩，卑辞重币拉拢魏，⑩

---

① 据说，伍子胥是装在布袋里，载在车上混出昭关的。
② 伍子胥初到吴国，在菱水生活无着落，曾经爬行要饭吃。
③ 箕子漆身，接舆装疯，对自己的国家都没什么帮助，不算什么能耐。
④ 韩卢是俊犬，蹇是指拐腿兔。借此比喻秦国强大如猛犬，其他国家不过是拐兔。秦国战胜六国、成就霸业，应该是轻而易举的。
⑤ 范雎认为，秦国本可成霸，但是，因为大臣为国不忠，谋划不远，不肯向太行山以东用兵。秦昭王想经过韩、魏攻打齐国，这是近交远攻，这也是失策。
⑥ 齐国穿过韩国和魏国攻打楚国，破军杀将，夺得土地，获大胜。但是，隔着韩、魏，所得的土地没法管理，只好将所得的土地让给韩、魏。齐国白耗国力，韩、魏坐享其成。
⑦ 齐国获胜，战利品白送给了韩、魏，类似给小偷送刀，给强盗送粮。
⑧ 齐国因攻楚耗费了国力，诸侯们看到齐国疲惫，趁机攻齐，齐国大损，被天下所笑。
⑨ 范雎说秦国隔着韩、魏，远击楚，是失策，应改为远交近攻。这是连横派首创的战略。
⑩ 范雎主张先用谦逊的态度和钱财拉拢魏国，不行再送土地，再不行就用兵动武灭魏。

再割土地去行贿。若是投饵行不通,
举兵消灭不留情。挥师首先拔邢丘,
魏国必然请归附。秦韩土地错如绣,
韩如秦国木中蠹。为了除掉心腹患,
举兵就把荥阳占,韩国被我剁三段,
收韩自然不费难。① 韩魏都在秦掌中,
大王霸业即成功。秦国朝中不太平,
大王身处危境中。② 保傅不离居深宫,
太后、佞人乱朝廷。身暗心惑理不明,
太后专擅不顾行,穰侯窃权发号令,
泾阳杀人无顾忌,自作主张有高陵。
世上只知有四贵,不知君主在哪里,
臣尊主卑国必危。淖齿在齐掌大权,
泯王抽筋庙倒悬,齐王当夜上了天。③
李兑赵国当司寇,赵武灵王困沙丘,
主父宫中减食物,百日就成饿死囚。④
四贵就是秦、淖、李,朝中奸多王孤立。
宗庙难保社稷危,秦国后世属于谁?
穷辱困死臣不怕,社稷倾覆臣所惧。
秦治臣死贤于生,忠名传世英雄喜。
范雎之语如炸雷,秦王心惊汗浃背。
昭王跽称宗庙幸,国事全委先生理。
昭王有为不糊涂,决心要把群奸除。

---

① 秦、韩接壤,地界交错,韩国像秦国的蠹虫,是心腹之患,拿下韩国的荥阳,韩国就被截为三段,韩国感到危亡,必然归附。

② 范雎说,昭王在深宫中,受保姆的照顾,受傅臣的教导,自己没有本事,处境必然危险。

③ 楚人淖齿在齐国掌权,把齐湣王抽筋,倒悬在宗庙的梁上。齐王当夜归阴。

④ 李兑在赵国当司寇,把赵武灵王囚禁在沙丘行宫中,不给食物,活活饿死。

废了太后逐穰侯,高陵君也被调出,
泾阳撵到关外头。王对范雎深深拜,
一再表示深深信。昔日桓公得管仲,
功大被尊为仲父。今日侥幸得贤卿,
我即尊您为仲父。连横高策出范雎,①
前有远交近攻说,后有诸葛隆中对。

084.应侯谓昭王

简散语

范雎主张强化中央集权,强化君权,大权独揽,所谓善为政者,威内扶,辅外布。为了引起秦王的重视,范雎讲了个恒思顽少赌神位的故事,他把丛林比作国家,祠主比作君主,神位比作王权,顽少比作权臣。权臣斗赌,骗走王权,借权到期不还,丛林死(国亡)。范雎说指、臂、腿的粗细有秩,秩序颠倒就是病。他还说一人持瓢能快走,百人驮瓢瓢必碎。都大危国,臣强危主,并明确指出,太后、穰侯、华阳君和秦王都掌国权,国有事必定王孤立,主危国破,剑指近亲、权臣。

感思语

指粗别过臂,② 臂大别过腿。③
若是其相反,病重命难维。④
都大危其国,⑤ 臣强震其主。

---

①连横高策:这里指远交近攻。这一策略是范雎提出来的。隆中对是指刘备和诸葛亮在隆中的对话。诸葛亮提出,与北占天时的曹操,东据地利的孙权形成鼎足之势,先站稳脚跟,再图统一天下。史称孔明隆中定三分,目光远大,策略高明。
②指:手指,其粗大不得超过胳臂。
③臂:胳膊,其粗大不得超过腿。
④手指、胳膊、腿的大小反秩,必是病重,生命难以维持久长。
⑤都:指高官的城邑,借比官权。官权大过王权,国家就危险了。

此势不改变，国运必不久。
　　一人持瓢能快走，百人驮瓢瓢必坏。
　　秦国政权实四分，太后、穰侯、华阳君。
　　三贵势大围秦王，昭王已被强力困。
　　范雎才高扶秦王，收权国威理顺当。

085.秦攻韩

简散语

　　公元前364年，秦国攻韩国的陉地。此前，穰侯曾率师攻魏，攻了十次，没有进展。这次范雎建议吸取攻魏的教训，攻地也要攻人，更要重视攻人心，要在韩国找内应，迫使韩国割地求和，进而灭亡韩国。

感思语

　　攻魏十次未攻下，不是秦弱魏强大。
　　穰侯攻城不攻人，魏人心齐攻不下。
　　深思胜负找教训，武攻文攻未攻心。
　　要在韩国找内应，攻韩必定进展快。

086.应侯曰

简散语

　　公元前266年，范雎在魏国时仇人魏齐投到平原君赵胜门下。这时范雎在秦国得志，请秦昭王替他报仇。碍于赵胜名显，昭王不便出手。

范雎以官员分不清璞和朴①，比喻有的大官才识不及普通人，讽喻赵胜欺世盗名，名不副实。这也表现出范雎重视真才实学的思想。其实，战国四公子②均无大才，只是收到门下的人多，其中虽然也有略显才有所长者，但是，多是鸡鸣狗盗之徒，有的或有点雕虫小技，然而没有像韩信、孔明那样的国士。后来，秦昭王设计拘禁了赵胜，魏齐自杀。

感思语

李兑、赵胜弑主父，赵王未报杀父仇。
李、赵在朝仍为官，官大德差才不足。
王侯才识逊郑贾，不知璞玉非鼠肉。
平原君名很显赫，其实名实不相符。③

087.天下之士合纵相聚于赵

简散语

天下谋士聚集在邯郸，共商缔结合纵盟约，联合抗秦。秦相范雎对秦王说，不用愁。谋士对秦并无怨仇，他们聚商，只不过是为了自己富贵。请看厅下之狗，自由相亲，只要投下一块骨头，便互相咬起来。我为您除掉聚会。于是派唐雎携带五千金，带乐队到武安城，宴请客人，赠金，得黄金者，与秦国亲如兄弟。唐雎散金后回秦。范雎称赞他

---

① 郑国人把没有经过加工的玉叫璞。周人把没有晾干的老鼠肉叫朴。有一次，一个周人怀揣未晾干的鼠肉问郑商买朴吗？郑商以为是玉，说买。周人把朴从怀里拿出来，郑商一看是鼠肉，就谢绝了，未买。

② 战国四公子：齐国的孟尝君薛公田文、赵国的平原君赵胜、魏国的信陵君魏无忌、楚国的春申君黄歇。这四个人都以善养门客著名，均称门客三千，皆有一技之长。其实，都无补天之能。除个别门客如冯谖等，略显远见外，未见扭转乾坤之士。门客中未出现过一个改变灭国命运的高士。

③ 平原君名声大、能力小。郑贾（贾读"gǔ"），郑国商人。

为秦立了大功。又给他五千金,到武安散发,还散发不到三千金,谋士们便纷纷来武安争夺。邯郸聚会烽消。

感思语

天下谋士聚赵都,商量合纵破连横。
应侯教王别担忧,谋士与秦无怨仇。
派唐雎携五千金,驱车武安请客人。
与客饮宴并赠金,得金与秦兄弟亲。
唐雎散金回到秦,范雎赞其大功勋。
又发五千再去散,散给何人不查问。
谋士纷纷来武安,邯郸聚会散了摊。
范相万金破合纵,招高一筹人传诵。
范雎为何有高策,原生之道想得深。
生物标志是生命,临终抢救为延生。
维系生命靠热能,生存必备住食行。
为财为食人鸟亡,既是笑料又常情。
谋士聚会为富贵,有财富贵无财穷。
马瘦毛长穷志短,口吐莲花有何用。

088.谓应侯曰

简散语

公元前259年,武安君白起在长平大破纸上谈兵的马服君之子赵括,乘胜围攻邯郸,拟一举灭赵。赵国派说客携重金游说秦相应侯范雎,夸白起功高,取七十城未损一兵,功劳超过了周公。如果灭了赵国,必然位列三公,范雎只能居白起之下。为了阻止白起再立功,不如趁机让赵国割地求和,让秦国退兵。范雎未说话,但心应了。将在阵战,相在朝搅。范雎一搅,白起就没有再立功的可能了。从总体上看,

阅策四语

这篇应归赵策。

感思语

白起长平败赵括,① 赵国大军被坑灭。
即将举兵破邯郸,一举可把赵国灭。
赵国重金买应侯,白起大功夸个够。
取城七十未损兵,功超周、召、姜太公。②
夺了邯郸赵国灭,武安功大封三公。
白起位高范雎上,应侯心中暗算账。
阻止白起再立功,要赵割地退秦兵。
说客抓住嫉妒心,范雎未言心中应。
将军本可立大功,宰相给他吹灭灯。
坏事容易成事难,不知何处来股风。

089.应侯失韩之汝南

简散语

范雎汝南的封地,原来是韩国的领土,现在又被韩国夺回。秦昭王很关心,问范雎是否很难过。范雎说不难过,并讲了一个东门吴失爱子的故事。表示,自己原来是平民,没有封地,现在封地被夺走,是恢复了平民的地位,有什么难过哩。秦王觉着范雎说的不合常情,就派将军蒙傲打探。蒙傲将探得的实情报告给秦王。秦王认为范雎虚伪,但是,又认为这也是人之常情。只是范雎再谋事时,秦王不甚采纳了,秦王对此事的处理,把握适度,高明。

---

① 长平在今山西省高平市西北。
② 说白起功大,超过了周公旦、召公奭和姜太公,这样大夸白起之功,是为了引起范雎的妒能心。这时说白起一句功,都是给范雎浇了一勺醋。

感思语

应侯封地被韩夺，昭王关心问可忧。
应侯比附东门吴，复平民身并不忧。①
范雎自觉对答好，秦王不信告蒙傲。
蒙傲探底报秦王，范雎不知底被套。②
应侯智高说话妙，智者千虑也失招。
范雎再谋韩国事，秦王守度很高超。

090.秦攻邯郸

简散语

秦攻邯郸，十七个月没有攻下来。这时，佚庄劝秦将王稽，为防生变，应赏赐劳军。王稽依仗和秦王关系好，不采佚庄之言。佚庄为人诚实善良，反复劝说，提出君臣关系赶不上父子关系，父子之间也会有矛盾。王稽固执不听。后来有人告王稽和杜挚谋反。秦王正为邯郸久攻不下着急，盛怒之下，重处王、杜，因范雎是王稽举荐的，还要把范雎一并处斩。范雎不急，也不哀求，而是建议不要明令处斩他，而用赐毒自杀的方式，死后用相国礼安葬。因为自己是秦王提拔的，和秦王关系甚好，如果明令斩首，说明提错了，有损于秦王的威信。这样，范雎便把自己的升、迁、贬、死与秦王的声望捆在一起了。秦王为了自己的名声，赦免范雎，并善待如初。佚庄对事有预见，有对策，是高明善良之人。

---

① 东门吴是魏国人，他儿子死了，他不忧愁。家人说，主人您很疼爱儿子，现在为何不难过？东门吴说，我原来没有儿子不难过，现在恢复了无儿子的状态，为什么难过呢？

② 范雎失去封地，本来有些难过，但是，这种心情却不好意思向秦王说。蒙傲去打探，透了底，保密不彻底，引起秦王的不悦。

感思语

秦攻邯郸十七月,城坚不下无奈何。
佚庄善言劝王稽,赏赐基层鼓士气。
王稽自恃与王亲,斥责佚庄多插嘴。
佚庄人善很诚意,平心静气讲道理:
王恩不及父子亲,①三人成虎十折椎。②
众口所移不翼飞,③常言人心隔肚皮。
人在当面思千里,④管人比物难管理,
管心往往白费力。⑤佚庄苦口婆心劝,
防患须重防未然。稽受君宠有骄气,
对待属下看不起。军吏穷困恶王、杜,⑥
诬其谋反秦王怒,要把范雎一起诛。
应侯冷静把情陈:⑦臣本卑贱下等人,
得罪楚魏逃到秦。在秦根本无亲故,
大王亲提天下闻。若是明令处斩我,
人说大王提错人。恳请大王赐毒药,
死后准按相国埋。这样处罚未放弃,
也免错提受议论。⑧秦王觉着有道理,
赦免处罚更善待。范雎确实有能耐,

---

① 佚庄为王稽挑破了人事关系,指出君臣关系好,不如父子关系好,父子间也会有矛盾,伴君如伴虎,教他别依仗君臣关系。王稽不听,终被杀身。

② 本来没有虎,三人说有虎,人会相信真有虎;十个人能把木棍折断,铁椎扭弯。

③ 舆论可以改变人对事实的认识。多数人能把物品移位;本来未动的物品,也可以认为挪动了;没有翅膀的物品,也可以被认为起飞了,尽管这是不可能的,"一山飞峙大江边"是证明。

④ 思想是管不住的,人在当面,思想已经跑到千万里之外。

⑤ 人的行动能限制,心是管不住的。

⑥ 王稽和杜挚都是秦国攻打邯郸的将领,都不爱护下属,被诬告而死。

⑦ 范雎面对死亡,不急、不怕、不气、不慌、不愁、不哀求,冷静陈述经历。这是有力的自然辩白。通过陈述,把自己的生死与秦王的企慕心捆在一起了。

⑧ 范雎的话,看似保护秦王的威望,实际上是攻秦王的私心。

面对死亡思不紊。不哀求，巧辩白，
唇枪舌剑指王心。秦王赦范不是爱，①
是怕自己遭诽论，为了自己保威信。

091.蔡泽见逐于赵

简散语

蔡泽初入世，很不顺当，在赵国被放逐。在去韩、魏的路上遇强盗，锅、碗被夺去，没法做饭了。但是，他耳聪知情多，不向厄运低头。他得到秦国一些人的情况后，决定入秦求职。他不保密，不张扬，但却明确地说入秦要夺取相国的职位。他懂得自然规律和人事进退，运用熟练，折服了范雎，并赢得了秦王的青睐，居然占了相位，佩上相印。任相只数月，有人议论时，他急流勇退，辞去相职，受封刚成侯。蔡泽的行为和结果很有戏剧性，匪夷所思。

感思语

蔡泽初出运不济，赵国放逐入韩魏。
釜鬲被抢失炊具，吃饭生活成问题。
志坚不怕命舛乖，振奋精神西入秦。
宣布拜谒秦昭王，必把相权拿过来。
相国闻言不高兴，召进相府问究竟。
蔡笑应侯不懂理，讲述自然铁规律。
日到中天立即昃，月圆月缺交替来。
春夏秋冬四季换，互替秩序从不改。
物到盛极必然衰，圣人都知有退进。
功成身退寻常理，恋栈会招灰气来。②

---

① 秦王赦免范雎，是为了保护自己的威望。
② 灰气：迷信说法，不祥之气。

阅策四语

商鞅尽忠秦孝公，才高盖世建奇功。
白起用兵无人比，秦国靠他帝业伟。
吴起保楚善用兵，破除连横利合纵。
文种赤心事越王，灭吴成就霸业功。
四子功劳皆盖世，下场个个都很凶。
商鞅车裂去丰都①，白起赐死在杜邮。
吴起肢解比较惨，文种砍头还算轻。
四子均有回天才，功成未退俱伤身。
君为秦王献忠心，功大声扬万里外。
不及商吴和文白，②权禄超过他四人。
违法获财是犯罪，功小禄厚也生灾。
今君功禄已到顶，知足回头紫气隆。③
跟在商白吴文后，贪婪不止不是福。
范蠡智高知进退，④带领西施游西湖。
商名陶朱闻天下，超世逍遥乔松寿。⑤
劝君辞官归相印，此举能把灾祸丢。
世代传承为应侯，范雎称谢不停口。
应侯上朝荐蔡泽，不久遭到人议论。
即把相位让出来，秦王封蔡刚成侯。⑥

---

① 丰都：迷信的人指阴间地狱。
② 范雎的功勋，不如商鞅、吴起、文种、白起大，但是权力、地位、俸禄比四子高、丰、厚。
③ 紫气：是古代人说的一种祥瑞之气。
④ 范蠡和文种同保越王勾践，功成之后，范弃官经商，不贪权位，保住了命，享了福。
⑤ 王子乔、赤松子，都是传说中的长寿神人。
⑥ 蔡泽任相后，吞并了周王室。几个月后，有人诽谤他。他怕有不测之祸，称病辞相。昭王封其为刚成侯，在秦事四代王。

第六章　秦策（四）

092.秦取楚汉中

简散语

秦国夺取了楚国的汉中之后，公元前312年，秦楚发生蓝田之战，楚军大败。公元前303年，韩、魏、齐欲联合攻楚。这三国担心秦国援楚。这时，有人向田文建议，先派人出使楚国，假称请楚参加韩、魏、齐、楚四国攻秦，许给楚国好处，以借此离间秦、楚关系。楚王贪利，参加了四国联合攻秦的队伍，然而，韩、魏、齐联军却没有攻秦，而举兵突袭楚国。楚国急请秦国救援。秦国怕中计，不出兵，楚战败。

感思语

三国①欲攻楚，担心秦援救。
假称要攻秦，楚参给好处。②
楚国入了伙，上当挨死揍。③

---

① 三国是指韩、魏、齐三国。
② 请楚国参加三国联军队伍，成为四国联军，并许给楚国好处，楚王贪利，参加了。
③ 楚国成了攻秦国的成员，结果韩、魏、齐联军突袭楚，楚发觉上当，请秦援救，秦分不清真假，不敢出援兵，楚国只好挨死揍，惨败。

093. 薛公入魏而出齐女

简散语

公元前294年，田文任魏相，容不下魏昭王妃齐女，将其驱逐出魏国。后来，齐女又到魏国，排挤田文。

感思语

田文心胸窄，入魏逐齐女。
齐女返回魏，田文受排挤。

094. 三国攻秦

简散语

公元前298年，田文为秦相时，有人反对他，诟骂他。田文处境不妙，潜逃出关。第二年，田文率齐、韩、魏三国联军攻入函谷关，威胁到秦都咸阳。秦昭王想割地求和。公子池说，割地求和可以解除危难，但是，三国兵退后，大王会后悔；不讲和，三国直逼咸阳，大王也会后悔。秦昭王认为，宁可失地后悔，不能因威胁咸阳而后悔。于是，割三城给三国，三国退兵。在两难之间，秦昭王决定割地求安，实际上是保本图长。

感思语

三国[①]攻入函谷关，秦都咸阳有危险。
割地求和会后悔，国家暂时能平安。

---

① 三国即齐、韩、魏。

095.秦昭王谓左右

简散语

《书经·大禹谟》中提出:"满招损,谦受益。"秦昭王是古代明君之一。但是,明君也有错举,如看错形势,低估对手,盲目得意忘形等。群臣为了获利得福,往往应声吹捧。在群臣热赞,昭王自负、头脑发热时,大臣中期却一反众意,指出秦王之过,并用智伯国灭身死的教训,警诫秦王不要矜夸自满,并说骄傲会产生愚蠢。中期的迎头冷水没有使秦王怒火中烧,反而显示出秦王大度,所以,秦以后能扫灭六国,统一天下。

感思语

昭王自夸秦国强,群臣祈福捧秦王。①
中期不当昧心官,口出反调不帮腔。
自满滋生糊涂虫,蠢厂生产骄傲钉。
昔日六国分晋时,智伯势大最强盛。
又灭范氏中行氏,智伯志满心得意。
兴高采烈说水力,可灌平阳和安邑。②
智伯得意忘形时,韩魏肘足传信息。③
智伯被杀国灭亡,天下笑他太张狂。
昔日智高今秦低,④韩魏倒是今胜昔。
对手不能低估计,中期迎头浇冷水。

---

① 群臣事主,做大官,如同为主人打工,是为了获利得福,有时曲迎上意,也是人之常情,清浊在主,要认识浊浪污波。

② 平阳是韩康子的封邑,韩的国都。安邑是魏桓子的封邑,魏的国都。

③ 韩、魏君陪乘智伯时,听了智伯说,水可以灌平阳、安邑之语,心中震动。魏桓子用肘碰了韩康子一下,韩康子用脚踩了魏桓子一下。肘、脚之动,二人会意。所谓心领神会。

④ 中期认为,当年智伯比现在的秦国势大,因为智伯自负,国灭身死。

秦王确属贤明君,臣下批评不生气。
冷水泼头醒了神,谦虚谨慎永牢记。
满招损,谦受益,冷水就是清醒剂。

096.楚、魏战于陉山

简散语

魏国、楚国在陉山战斗时,魏国担心秦国援楚,向秦表示,割让上洛之地给秦,希望秦别援楚。此战魏国胜利后,秦向魏索地,魏国不理睬。这时,秦臣营浅向秦王建议,派使者访问楚国。魏见秦派人使楚,担心秦、楚联合,对魏不利,立即将上洛交给秦国。

感思语

魏楚陉山斗,魏国担心秦援楚。
许诺割让上洛地,送给秦国作贿赂。
魏国胜楚便失信,秦国索地不理睬。
营浅向王献计策,派使到楚去访问。
魏怕秦楚搞联合,忙把上洛交给秦。

097.楚使者景鲤在秦

简散语

公元前313年,秦、魏两国的君主相会。秦国让在秦的楚国使者景鲤跟随秦王参加了此次相会,楚王听后很生气。秦王派周最向楚王解释说:魏王不希望楚国参加这次会晤,而希望齐、秦结盟。秦国让景鲤参加,并对景鲤非常关照,使齐国生疑,才没有和秦国结盟。楚王听了十分高兴,不但没有加罪景鲤,还非常感谢秦国和周最。

感思语

景鲤随秦会魏王，楚王闻知心不爽。
周最向楚讲明理，关照景鲤齐生疑。①
齐楚秦因此未结盟，魏王希望落了空。②
楚对景鲤未加罪，还对秦国很感激。

098. 楚王使景鲤如秦

简散语

楚王派景鲤使秦。秦国谋士认为，景鲤是楚王的亲信，可以把他扣留，换楚国的土地。如果楚王不同意，就把景鲤杀了。秦王采纳了此计。景鲤派人对秦王说，大王这样做什么也得不到。现在齐、魏割地听命，是因为秦、楚是兄弟之邦，如今大王扣留了我，是向天下表明秦、楚断了关系。秦国已变成孤立的国家了。这样齐、魏就不会尊重秦国了，楚国也不会割地给秦国，秦国就危险了，不如将我放归。秦王觉得有理，就放了景鲤。

感思语

秦有谋士水平低，想扣楚使换土地。
景鲤高明通世理，量事透彻揭穿底。
厚德善道朋友多，见利忘义是自毁。
扣使不能扩土地，杀使丧义必孤立。
秦惠文王能改错，楚使景鲤得放归。

---

① 魏王希望齐、秦结盟，景鲤跟着秦王会见了魏王，秦还非常关照景鲤，使齐国怀疑秦、楚关系好。

② 秦齐结盟未成，魏王的希望也落空了。

099.秦王欲见顿弱

简散语

顿弱是战国后期秦国的高明谋士、说客、外交家,是策反使山东六国归秦的重要人物,性格独具,理论独步,是典型的有实无名的人物。

秦王想召见顿弱,顿弱提出,本人性格不欲参拜。若让参拜,就不见秦王了。秦王特许不拜。顿弱上殿见了秦王后,首先讲了名实不符论。他提出三种人:

第一种人是商人,无耕种之劳,囤积大量粮食,有实无名。

第二种人是农民,终年、终月、终日耕种勤劳,无颗粒积蓄,有名无实。

第三种人是秦王,万乘之尊,没有孝道。太后有千里封邑,却被幽禁。秦王也不尽孝,是无名也无实。

秦王闻言,勃然大怒。顿弱不理秦王,照例滔滔论说,批评秦王威不加于山东六国,加于自己的母亲,行为极不可取。顿弱接着提出了兼并六国的办法,说要抓住中心,不失时机。韩国地处咽喉,魏国是天下胸腹,要求自己以万金游说韩、魏。秦王惜金。顿弱说,当世天下不稳,不纵即横。连横成,秦称帝,天下供养,留金无用。合纵成,楚为王,秦的黄金都得孝敬楚王,不得私有。顿弱说服了秦王。秦王给了顿弱万金。顿弱携金出关,收买韩、魏的将相重臣,再向北游说燕、赵,用反间计杀死骁将李牧。齐王朝秦,赵、韩、魏、燕跸从。此为顿弱游说之效。

秦灭六国,白起、王翦名扬四海。顿弱有大功,很少有人知其名。

感思语

秦王召顿弱,顿子申一条:
性格不欲拜,要拜不入朝。
王特允不拜,顿弱方应召。

朝堂发高论，名实讲三条：
商人粮仓满，从无耕种劳。
有实没有名，这是第一条。
农民耕种勤，颗粒积蓄少。
有名没有实，此为第二条。
大王无孝道，也不曾尽孝。
无名又无实，王占第三条。
秦王满腹气，顿子不理会。
自顾滔滔论，涉及朝内外。
大王万乘国，权大名显赫。
威不加六国，掩母很不妥。
王问并六国，顿子继续说。
谋事抓中心，掌机成霸业。①
韩国处咽喉，魏据胸腹国。
资臣以万金，山东去游说。
秦王惜黄金，以穷来推托。
顿子论形势，先把秦王说。
天下战乱纷，纵横争不歇。
横成秦称帝，纵成楚得座。②
秦帝天下养，留金干什么？③
楚王若称帝，黄金孝楚国。④
顿子携万金，出关去游说。
韩魏将相臣，得金爱秦国。⑤

---

① 掌握时机，抓住机会，能成霸业。
② 座是指皇帝的宝座。
③ 称帝后，天下都归己有，不用惜这点钱。
④ 楚王要是称帝，天下所有都归楚王，秦国黄金也得全部孝敬楚王。
⑤ 顿弱到韩、魏，收买了两国的重臣。

阅策四语

> 北游燕和赵，黄金把话说。①
> 离间赵君臣，李牧被处决。
> 齐王朝见秦，赵韩魏燕跟。②
> 秦王扫六合，顿弱功劳多。
> 有实没有名，少有人论说。

100.顷襄王二十年

简散语

楚顷襄王二十年（公元前279年），秦将白起攻克了楚国的西陵、鄢、郢、夷陵，烧毁了楚的祖庙。楚顷襄王被迫迁都到东北部，并在陈城死守。楚国国力削弱，一蹶不振，被秦轻视。

楚人黄歇，曾在外游学，见识广博，人称春申君，是战国四公子之一。楚王派他去游说秦王。黄歇到秦国后，向秦昭王说明了攻楚与和楚的利弊，说当今秦、楚最强，秦、楚相攻，是两虎相斗，犬马得利，不如秦、楚亲善。他说物极必反，冬夏变化就是这样，事到了顶就危险了。现在秦王威力很大，山东六国没有办法挽救危亡。如果秦王保持功绩，守住威严，减少野心，宣扬仁义，三王不愁四王，五霸不难变为六霸③。如果秦王一心要用武力征服天下，恐怕后患无穷。他引经据典地说："靡不有初，鲜克有终"，"狐濡其尾"④，凡事开头容易，结尾很难，要善始敬终。智伯看到了伐赵之利，未料到榆次之祸，围晋阳胜利在即，却在凿台被杀，为天下笑。吴王看到伐齐之利，未料到干隧之败，在三江之浦，被越王擒杀。《诗经》上说"大武远宅不涉"（有远见的将

---

① 黄金不言，人神听话。
② 齐国归顺了秦国，北四国也都跟随齐国，归顺了秦国。
③ 这里是说三王加上秦王，就是四王了。五霸加秦也就成六霸。
④ 狐狸过河时，开始很注意尾巴。但是，后来稍不注意，就把尾巴弄湿了，尾大难干。

领不深入他国作战），秦、楚应该为友邦，邻国才是敌人（远交近攻思想），对别人害我之心，要小心觉察。狡兔难脱猎犬的追捕。秦王如今相信韩、魏，如同吴王相信越王。敌人不可轻信，机不可失。现在韩、魏谦态卑辞，是蒙骗秦国，他们和秦国有几代怨仇。韩、魏不灭，是秦国的大患。秦攻楚对韩、魏有利，秦得不到好处，而且，秦攻楚时，韩、魏、齐必定会出兵趁机攻秦，这样，秦、楚两国就会兵灾连绵，影响秦王帝业。这是秦王的失策。如果秦、楚友善，兵临韩，韩则向秦俯首称臣；兵逼新郑，魏必惊恐。秦、楚亲善修好，韩、魏必定勠力攻齐。燕、赵、齐、楚四国，不用出兵，都会臣服秦国。黄歇的游说，尽管没有从根本上改变历史发展的总趋势，没有彻底挽救楚国的命运，对延缓楚国的灭亡起到了应有的作用。

感思语

学识才能怎么来，实干、思考和读书。
楚人黄歇见识广，游学行走万里路。
做事求成要虑初，失手多因未敬后。①
智伯瞻前围晋阳，榆次祸因未顾后。
狐稍不慎濡其尾，智瑶凿台断身首。
吴信越王伐齐胜，干隧惨败全盘输。
越王之心未忖度，三江之浦掉了头。
楚使游说必为楚，伪称绸缪为秦谋。②
讪言谀辞骗秦王，历史不听人摆布。③

---

① 做事完美，要善始善终。
② 楚使是为楚办事的，但是，口称为秦谋划，实为骗取信任。
③ 黄歇发挥外交才能，说服了秦王，缓解了楚国的速灭危机。但是，历史是按其自身规律发展的，秦扫六合，包括了灭楚。

101. 或为六国说秦王

简散语

战国末期,秦国改革多,很强盛,地广人众,震慑山东六国。有说客为六国说秦王,不要恃强欺弱;桀、纣地大人多,已经灭亡。赵、魏、齐、楚也只是称霸一时。好勇逞强,妄自尊大,会招来众怒,成为众矢之的,群起而攻,强出头,会危及生命,覆亡在即,要注意积薄渐厚,积少成多,内敛图长。历史未按他说的思想发展。秦国势大,横扫六合,天下归附。说客气量小,所言对个人处世、修身也许有参考。各种思想皆有自己存在理由。

感思语

战国秦强已定型,人劝秦王别逞能。
地广不保长平安,人多不能永太平。
夏桀殷纣曾势大,后代已经无威名。
赵国欺卫未长久,魏齐楚强走马灯。
五霸七雄更替快,昨日英雄今狗熊。
鸟儿出头枪弹瞄,生瓜青枣比较硬。
内敛是人一种美,谦虚谨慎受尊敬。

第七章　秦策（五）

102.谓秦王曰

简散语

秦臣说秦武王在处理国间关系时，不注意平衡，轻视齐国和楚国，对韩国也不礼貌，对赵国和魏国广施恩德。此人认为，这是骄傲和忿怨的表现，影响秦国成就霸业。建议秦王学习圣王，胜不骄狂，败不愤怒，用人镜照自己的缺点，反省进取。万事都要厉求善始善终。智伯瑶曾杀死范吉射和中行寅，却惨败于晋阳，为韩、赵、魏笑。吴王夫差在艾陵打败齐国，却被越王勾践杀死在干隧。魏惠王战胜齐国、楚国，制服了赵国、韩国，驱使十二国诸侯拜周天子，后来，他儿子被齐国杀死，他自己也被秦国拘禁。智瑶、夫差、魏惠王虽然都建立过自己的功业，但都没有慎终。如今秦王破了宜阳，占了三川，灭了两周……功业超群，如果不注意慎终，将步智伯、吴王、魏王的后尘。《诗经》上说，"行百里者，半于九十"，最后一段路难走。但是，不走最后一步，能完工吗？慎之、慎之！

感思语

秦国人镜照武王，照了外表照思想。
圣王获胜仍谦谨，兵败忿怨非圣王。
王对魏赵广施恩，轻与齐楚失交往，
秦在宜阳得胜利，没有与楚修友邦。
谦虚谨慎天下服，严于律己邻邦睦。

劝王自律戒骄狂,狐濡其尾不能忘。①
智灭范氏中行寅,凿台之下被杀身。②
吴王艾陵打败齐,越王戕其在干隧。
魏胜齐楚制赵韩,驱使诸侯朝周王。
洋洋得意称霸强,不久厄运接连降。
魏王儿子被齐杀,魏王被拘在秦邦。
智吴魏王曾建功,惨败皆因未慎终。
秦破宜阳占三川,灭亡两周声赫显。
如果敬终能善后,秦王可排三王后,
紧跟五霸排第六。大王如果不戒骄,
夫差向王把手招,智伯与王同船漂。
行百里者半九十,慎终一定要如始。
末段路程不好走,完工必须有最后。③

103. 秦王与中期争论

简散语

秦王和大臣中期争论,秦昭王理屈词穷,勃然大怒。中期不卑不亢,从容离开。有同僚替中期劝秦王,说中期真是个倔人,直言不忌,他遇上了贤明的君主,如果遇上桀、纣,必定杀他。秦昭王听了,怒气顿消。在古代,国境之内都是君主的私物,臣民一无所有,包括人身。伴君如伴虎,君王一怒,身首分离。替中期说话的人非常高明,他告诫秦王,如果惩罚中期,便是昏君桀、纣。这比一般讲情强得多。

---

① 狐狸尾巴大,过河时很注意保护尾巴,快上岸了,一不注意,把尾巴弄湿了,不好干,以此比喻慎终的重要。

② 智伯灭了范氏和中行氏,在围晋阳将胜时,得意忘形,惨败被杀。

③ 劝秦王敬终如始。

感思语

古王权是理,无理用怒气。

同僚赞君明,高招保中期。

104.献则谓公孙消

简散语

公元前306年,秦昭王初立,宣太后执政。楚人芈戎是太后的同父弟,太后很关心他。当时他正亡命东周。秦将公孙消军功大,但是未任相国。楚国谋士献则对他说,你未升任相国,是因为太后不喜欢你。现在你可用自己在秦、楚的影响,为芈戎谋取周相,借以讨好太后,为自己升相铺路。

感思语

秦将公孙消,功大尊位高。

升相不看绩,要凭关系好。

为芈戎谋相,向太后讨好。

后门走得大,为升相铺道。

献则有计谋,办法很可笑。

德才脑后抛,反腐没法搞。①

105.楼梧约秦魏

简散语

公元前307年,魏臣楼梧主张,魏与秦联合,并为此积极奔走。

---

① 献则的计谋是让公孙消为芈戎谋相位,达到自己升相国的目的,实是腐败。

但是，魏臣纷强不赞成此举。他对太后说，国间关系以利害为转移，好坏循环不定。如果魏、秦关系交恶，太子在秦就贱如粪土。太后反对太子质秦。魏襄王疑虑，太子滞留不行。这时，周使昭衍来魏都大梁，楼梧把太子作人质受阻之事告诉了昭衍，请他帮忙。昭衍见魏王。魏王向昭衍打听消息，昭衍说因魏太子人质的事失信，秦将攻魏。秦王认为，魏不和秦结盟，必将攻秦，不如先发制人。魏王闻言，立即催太子赴秦。魏、秦联合，因魏王受骗而成。

感思语

楼梧欲使魏、秦联，① 积极奔走秦、魏间。
此举纷强很反对，② 暗向太后说己见：
国间关系利为先，好坏不定常循环。
太子遇秦、魏交恶，粪土不如很卑贱。
太后不许太子走，魏王疑虑停派遣。
眼看楼梧要崴泥，昭衍帮忙将王骗。③
魏秦联合换太平，催促太子快快行。
纷强反对白劳神，人质到位联合成。

106.濮阳人吕不韦贾于邯郸

简散语

濮阳商人吕不韦是一个善思厉行的人。他用经商的眼光看世界，把社会活动及其结果想得非常简单而透彻。经商的目的是获利，其衡量的标准只有一个，即盈利的数量。在当时，种地获利是十倍，经商获利是百倍。当大官利是无数倍，什么赚钱多干什么。于是他要投资于官

---

① 联即联合的省语。
② 纷强是魏国大臣，反对魏、秦联合。
③ 昭衍的帮忙，实际是欺骗了一下魏王。

场。方向确定后，他一门心思，身体力行，经营此道，心（脑）、口、体齐动，不辞劳苦。他善谋，且深、远、广、全、透。他想得细，看得准，说得清，行得勤，做得周到。他走秦、赵、邯郸、聊城如穿梭，是典型勤学善思、厉行者，古今比得上的人很少，获得超利，掌握了国家，富甲天下，任相国，封文信侯，是个能人。但是，最后为利所累，人算不及天算。全面看其最后结局，他不如范蠡。

感思语

经商为什么？就是为获利。
精通此道者，谁如吕不韦。
哪行赚钱多，营国可称最。①
吕氏筹划精，落实猛出力。
秦国和赵国，邯郸聊城地。②
高层和下层，全方拉关系。
行动赛穿梭，从来不说累。
攻关有口才，通关善行贿。
勤学又善思，厉行无人比。
当世获丰报，最后为利累。

107.文信侯欲攻赵

简散语

吕不韦想扩大自己河间的封地，先派蔡泽到燕国为官，通过工作，使燕太子丹入秦为人质，又想派张唐任燕相，张唐未答应，吕相不悦。甘罗对吕不韦说，我有办法让张唐去。吕相把甘罗训斥了一顿。甘罗

---

① 营国：经营国家。
② 聊城，是秦公子异人在赵国做人质时的居住地。现在具体的地方不详。有人说是山东聊城。

说，鲁人项橐七岁曾为孔子师，我十二岁了，为何不让我去说张，而青红不分就训斥呢？

甘罗见了张唐，用范雎杀白起之事恐吓他。张唐闻言，接受了赴燕为相的任命。之后，甘罗赴赵，替张唐打通关节，并以利害说服赵王，使赵送给秦王五座城。

感思语

一

胸藏心术施谋略，威逼利诱展技巧。
张唐服说当燕相，①孩童已把吕相超。

二

摇舌扩地未动刀，赵王就把五城交。
自古英雄出少年，甘罗、项橐智商高。②

108.文信侯出走

简散语

战国后期，山东六国风雨飘摇，危如累卵，亡国之劫迫在眉睫。这时，文信侯被罢相，驱逐秦境。树倒猢狲散，吕的党羽司空马逃到赵国，赵国请其代理宰相。秦准备攻赵。司空马对比分析了秦、赵的力量，认定在综合国力、民众多寡、金钱、粮食储备、社会安定状况、相国贤明、将军勇武、法令严明等百事，赵国都在秦国之下，赵国将亡。为了改变形势，司空马提出，赵国割让一半领土贿秦，促秦退兵，之后与六国合纵抗秦。赵王不采纳。司空马又提出自己掌兵，调整用人。赵王不许。将不能用则去之。司空马离赵归隐。司空马的分析方法是辩证唯物的，

---

① 甘罗用范雎杀白起之事，威胁张唐，张唐慑服，立即答应赴燕任相。
② 甘罗、项橐都是中国古代著名的英雄少年。

说明吕不韦的门客中，有的有真才实学。司空马路经平原，对平原津令郭遗说，赵国继续用李牧为将，还可以维持一年。如果杀了李牧，维持不过半年。其断定赵王将重用爱奉承、妒贤才的韩仓，杀李牧。赵王果然杀了李牧，赵国五个月灭亡。司空马有才能，量事准。但是，他是刀笔幕僚出身，突然掌兵，经验不足，割半国给秦，之后合纵，可行性也值得研究。

感思语

赵国境内多平原，发展农业好种田。
农本时期应该富，国力却在秦下边。①
司空马，才智高，唯物分析是实招。
赵王糊涂不采听，无法展才离开赵。
各国都有高明人，坏在喜奸杀英才。
司空量事判断准，② 赵王昏庸韩仓坏。
穷富强弱胜与败，自古至今在用人。

109. 四国为一

简散语

楚、吴、燕、赵四国将联合攻秦。秦王政召集群臣和六十位宾客，御前讨论对策。当时秦国财乏、民疲，筹策会议冷场。后来姚贾发言，说他想出使四国，制止联军进攻。秦王给姚贾车百辆，黄金千斤。姚贾用三年的时间，遍访六国，制止了兵祸，还和四国分别结为友邦。姚贾回朝复命，秦王非常高兴，赐他千户城邑一座，封为上卿，韩非不忿，

---

① 古时重农，以农为本。赵国平原多、适合发展农业，但储粮不及秦国，说明赵国治理不及秦国。

② 司空马用唯物主义的方法，具体地、对比地分析赵、秦情况，准确地判断赵国的寿命。这是唯物辩证法的胜利。

阅策四语

向秦王说，姚贾是魏国看门人的儿子，曾在大梁为盗，在赵国被驱逐。姚用国家的财宝，自己结交诸侯，建议秦王对其审察。秦王问姚贾。姚贾说，夏桀听信谗言，杀了忠臣关龙逄，殷纣王听信谗言，杀了忠臣比干。最后桀、纣都身死国亡。劝秦王不要听信谗言，并说，太公望在齐国是被老婆赶出家门的男人，在朝歌卖肉赔本，在平原津打工没人雇用。但是，周文王重用他，创建了八百年基业。管仲曾当商贩，在南阳穷困潦倒，并曾为鲁国的阶下囚。齐桓公重用他，使齐国称霸。百里奚曾为虞国乞丐，身价是五张羊皮，秦穆公用他为相，称霸西戎。晋文公用中山大盗，在濮城打败楚国。这些人皆出身寒微，身染污点，明主用其能，建立大业。明主不信坏话，名高无功不赏。秦王认为姚贾之言有理，继续重用姚贾，对进谗言的韩非严厉惩处。

感思语

四国合纵谋攻秦，[①]秦国无力王无奈。
姚贾说止合纵兵，因功赐邑封上卿。
韩非遇妒曾受害，[②]他也妒能气不忿。
诽谤姚贾尽说坏，秦王疑惑把姚问。
姚贾据实答秦王，列出历史奇功人。
都有污点沾染身，不用污点用能耐。
建功立业靠才能，空名无功没有用。
韩非论法是大家，嫉贤妒能降品行。

---

① 四国是指楚、吴、燕、赵。
② 韩非在秦曾受李斯妒忌，深受其害。

第八章　齐策（一）

110. 楚威王战胜于徐州

简散语

公元前333年，楚国进攻齐国的徐州，大胜。之后，楚威王想把田婴逐出齐国。张丑对楚王说，齐国的田盼有才能，对齐有功。但是，田婴当政，不用田盼，而重用无能的申缚，楚国才能在徐州大胜。如果逐出田婴，齐国必然重新起用田盼。田盼上台，必将重整军政，齐国变强了，对楚国不利。楚国不再驱逐田婴。

感思语

楚齐战徐州，楚胜齐国输。
齐王用田婴，害己帮了楚。[①]

111. 齐封田婴于薛

简散语

公元前322年，齐王想把薛地封给田婴，楚国不同意。公孙闬替田婴游说楚怀王，说齐封田婴，削弱了自身，对楚国有利。楚王觉着此话有理，就放弃了阻止齐封田婴于薛。薛地给了田婴，田氏世袭薛公。

[①] 国用能臣才会强大，用庸才是帮助敌人。张丑的意见是保护敌国的蠢材、保持本国的强。

田婴是田文之父。

感思语

齐拟薛地封田婴，楚王得知怒气冲。
竟欲讨齐动刀兵，田婴封地要吹灯。
公孙闲，帮田婴，巧言来把楚王哄。
齐分土地是自弱，对楚是件好事情。
楚王认为有道理，不再干涉齐分封。
齐楚免了战火灾，获利最大是田婴。

112. 靖郭君将城薛

简散语

田婴[①]是齐威王之子，和齐宣王是亲弟兄，封在薛邑后，想高筑城墙，多数门客不赞成。田婴不听劝谏，并吩咐门人，不许给劝阻者通报，不接见。这时候有一个人求见田婴，说他只讲三个字，多一字受烹。此人快步走进来，对田婴说"大海鱼"，转身就向外走。田婴留住他，问"大海鱼"的意思。他说海中大鱼，网捕不住，钩钓不住，得意忘形跳到岸上，便被蝼蚁吃掉。齐国是君的水，您失去齐国保护，即使薛城墙高如天也无用。靖郭君听了，立即停止了在薛邑筑城。没有国，家不存。

感思语

田婴筑薛城，谋士不赞成。
固执拒听劝，不许谒者禀。
听说"大海鱼"，如从梦中醒。

---

① 田婴封靖郭君，封邑在薛，以后称薛公。

没有国保护，家墙高何用。

113.靖郭君谓齐王

简散语

善于授权是善于用人的重要内容。齐威王事必躬亲，终日很忙。靖郭君田婴对威王说，大王每天听取各部门的汇报，还要查阅行政籍账簿书，太辛苦了。威王也感到很麻烦，于是，便将这些具体事交给了田婴办理。

感思语

设官、定岗、放权，事必躬亲麻烦。
高层勤政爱民，重在识人择才。

114.靖郭君善齐貌辨

简散语

齐相田婴，号靖郭君，对门客齐貌辨非常好。可是，齐貌辨不拘小节，不受众门客欢迎。有人建议田婴把齐貌辨赶走，田婴不语。田婴之子田文也私下建议，逐齐貌辨。田婴大怒，之后，田婴还把齐貌辨升为上宾，住好房，每日还派亲信看望。不久，齐威王死，田婴的异母兄宣王继位。田婴与宣王不和，便辞归封邑薛地。齐貌辨随行。时间不长，齐貌辨辞别田婴，要去见齐宣王，田婴劝留不住，只好答应。

齐貌辨到齐都见齐宣王。宣王强压怒气问，你就是靖郭君非常喜爱、言听计从的宠臣？齐貌辨说喜爱是真，听信未必。大王为太子时，我曾建议他另立太子，他不听，才会有今日的冷遇。楚相昭阳想用几倍的土地换薛邑，靖郭君说，薛邑是从先王手中接来的，有先王的宗庙，不能交给楚人。宣王听了，叹气说，寡人年轻，不知道这些，并请齐貌辨接田婴回朝，恢复相职。人说田婴识人，善待贤才，所以能有齐貌辨敢于犯颜冒死，陈辞善报。

感思语

人说田婴善识人，摆开事实看明白。
貌辨疵多他亲近，不管众议升上宾。①
宣王、田婴有矛盾，婴归封邑貌辨跟。②
貌见宣王说婴忠，③婴复相位报私恩。④
盼有功才不重用，楚齐交战齐国败。⑤
貌辨对婴很忠诚，徐州之败不问责。⑥

115. 邯郸之难

简散语

公元前354年，齐国围魏救赵的桂陵之战是齐威王和段干纶决策的，田忌、孙膑是前线指挥员，是具体组织的筹谋者，其核心内容是趋利避害，攻其必救，机动歼敌。

魏攻邯郸，赵向齐求救。齐王向众君臣问策，邹忌主张不救。段干纶说不救对齐不利。齐王赞成段的主张，欲令军出赵都。段干纶说，

---

① 田婴认为齐貌辨虽然不拘小节，缺点不少，众人不喜欢他；但是，他是个知恩图报的人。所以，众人希望把貌辨赶走，田婴不管众议，升貌辨为上宾。
② 齐宣王是田婴的异母兄，与田婴不睦，继位后田婴离开都城回归封地。
③ 齐貌辨请求朝见齐宣王，田婴对他说，我与王不和，你入朝凶多吉少，恐怕有性命之忧，劝他勿行。齐貌辨表示赴死不惜。
④ 齐貌辨见了齐王，犯颜直陈田婴之忠，感动齐王，使婴复职，貌辨报了知遇之恩。
⑤ 田婴为相，用私人有恩图报者，但是不用贤才，造成徐州之败，无人追责。
⑥ 田婴用人，不用公德，不重真才，所以有徐州之败。

这样赵未伤，魏未疲，不好。应兵出襄陵，等魏攻破邯郸、赵已伤、魏已疲时，我用精兵吃魏救赵。照此策略行事，齐获大胜。田忌、孙膑名扬四海。

感思语

围魏救赵称经典，① 决战时地如何选。
正确策略出段干，② 践行落实是孙田。③
智高在知要害处，趋利避害是关键。
获胜孙田名大显，④ 不知初功是段干。⑤

116. 南梁之难

简散语

公元前342年，魏、韩在南梁大战，韩败向齐国求救。齐威王召集大臣谋划，何时出兵对自己有利。张丐主张早出兵。田忌说，早出兵会替韩攻击魏，不如在魏、韩都打得筋疲力尽后再出兵，好处是受到重视，易得胜获利，名声尊显。齐王称善，于是暗中许诺出兵救韩，请韩使告诉韩王。韩国依仗齐援助勇战，虽五战皆败，但魏、韩皆受重创。这时，齐出锐师，在马陵大败魏兵。

感思语

魏韩交战韩不胜，五战五北请齐兵。
齐主威王很英明，多谋善断择善从。

---

① 围魏救赵是历史上的经典战例。
② 此战的总体思想原则出自段干纶。
③ 孙膑和田忌是此战的前线指挥员，是具体践行的落实人。
④ 孙膑、田忌因此战名扬四海。
⑤ 段干纶是此战决策的最关键人物，世人少知，这是历史的不公。

计从田忌晚出兵，魏韩疲惫齐逞雄。①
大显身手在马陵，孙膑田忌又立功。②

117.成侯邹忌为齐相

简散语

齐国以成侯邹忌为相，田忌为将，将相不和。谋臣公孙闬和邹忌友善。公孙闬为成侯打算，建议邹忌为齐王谋划伐魏，胜了可以领主谋之功，如果败了，因田忌为将，田忌不是战死，就是回国领罪被诛。邹忌称善。

田忌攻魏，三战三捷。这时公孙闬派人冒充田忌的人到集市上占卜，向卦师说，将军伐魏三战皆胜，想乘胜起事，夺取齐王之位，可否一举成功。之后，邹忌即派人逮捕卦师，押到齐王面前御审，供出占卜之语。田忌闻信大惊，慌忙出逃。田忌虽然是齐国的大功臣，但是，在齐国却无立足之地。

感思语

齐国两忌为将相，③将相不和乱朝纲。
谋臣中有公孙闬，心灵多思有能量。
他教邹忌谋伐魏，领兵打仗用田忌。
得胜论功有主谋，失败受罚归田忌。
田忌打仗有本领，率师伐魏三连胜。
闬想借此捉田忌，眼看诡计要落空。

---

① 齐威王召集大臣谋划，何时出兵对自己有利。田忌主张在魏、韩两国都打得筋疲力尽时再出兵最有利。齐王称善，在马陵大败魏军。
② 有人说这次马陵之战便是马陵道孙、庞斗智。《战国策》讲的史料与其他材料有异。
③ 两忌，即田忌、邹忌。

公孙德差脏心多，点子有正也有邪。
曾帮田婴骗楚王，①又帮邹忌乱搅和。
闲派冒充田忌人，集市占卜胡乱问。
装田造反问吉凶，随即逮捕卖卦人。
齐王面前审卦师，得到冒充者之词。
田忌功臣变叛贼，邹忌为非倒成是。
田忌才高多战功，落进圈套入了瓮。
公孙闲，心不正，陷害田忌挑内讧。
语言硬把事实改，功罪颠倒冤案来。
田忌有口说不清，有的谋臣心眼坏。

118. 田忌为齐将

简散语

马陵大捷，田忌、孙膑杀死魏将庞涓，俘获魏太子申。孙膑知田忌功高震主，危险将降，劝其以兵威控制朝政，逼走对头邹忌。田忌愚忠，结果被谗言所害，为保命，被迫出逃。

感思语

田忌会打仗，立了震主功。
孙膑知不妙，劝其控朝政。
为将军事精，心正一身忠。
只是有愚忠，几乎丢了命。②

---

①田婴封薛公时，楚王反对。公孙闲曾帮助田婴游说楚王，说齐封田婴为薛公，是齐裂土自弱，对楚国有利，使楚王放弃干预。

②孙膑知道，人臣功高震主必身危，劝田忌以兵控朝政，逼走邹忌，田忌不听，结果公孙闲使人诬告田忌欲谋反。田忌被迫逃离齐国。

119. 田忌亡齐而之楚

简散语

田忌很会打仗，出师皆捷。因为功高震主，又缺乏预知危险的敏锐，加上邹忌、公孙闬、杜赫等人的排挤、陷害，险些丢命，被迫逃到楚国。邹忌接了军权，身兼将相。但是，他仍担心田忌返回齐国，心神不安。杜赫帮邹忌游说楚宣王，把田忌封在江南，这样，田忌就不好回来了。邹忌才感到安全。邹忌、公孙闬等人的德行且不说，就聪慧而言，能居安思危，思在前、虑事周、善用脑，勤于谋划，应属于高人之群者。在和田忌的斗争中，打了田忌个冷不防。在这一回合中，他们是胜利者。

感思语

  邹忌已握军政权，担心田回神不安。
  杜赫游说楚宣王，即把田忌封江南。

120. 邹忌事宣王

简散语

公元前319年，邹忌事齐宣王时，推荐了很多人入朝为官。而重臣晏首推荐的人很少。齐宣王不喜欢邹家势众，欣赏晏首的做法。邹忌对齐王说，听说儿子越多越好，一个儿子孝顺，不如五个儿子孝顺。齐王认为有道理，反而认为晏首推荐人少，是阻塞贤路。各种理论、思想都有存在的理由。人言可畏，语言能改变人对事实的看法，颠倒是非功过，甚至造成冤假错案，坏事、坏大事。

感思语

邹忌荐人入朝堂，朝官近似邹家帮。
晏首尊贵荐人少，朝中晏派人寥寥。
齐王不喜邹势众，欣赏晏首好品行。
邹忌解释水平高，一孝不如五子孝。
齐王思路大转弯，反觉晏首阻贤道。
语言果然很诡异，是非因言会颠倒。

121.邹忌修八尺余

简散语

邹忌，身材细长高挑，面皮白净，相貌堂堂，是齐国身兼将相的美男子。城北徐公也是以美貌著名。邹忌让妻、妾和门客以自己和徐公相比，看谁更美一些。妻、妾和门客回答，都说他比徐公美。恰好，第二天徐公来到邹家，邹忌对着镜子观察、比较，觉着徐公比自己美多了。那么，妻、妾、门客为什么说自己比徐公美呢？邹忌夜里卧床静思，终于想明白了：妻爱自己，看走了眼；妾敬畏自己，未讲真心话；门客有求于自己，故意奉承。这些都是善意的欺骗。邹忌未怪罪行骗者，而是把自己的思得禀报给了齐王，说明这种蒙蔽是普遍性的。齐王很聪明，以这种神雷之语为契机，开展了一场当面、书面和背后谤议的有奖活动。

邹忌把个人修养、家事思得，延伸为王意、王旨、国令、国策，起了强国之效，是贤君良相行为。邹忌与田忌不相容，这是社会多样性和人的品格多样性的表现。社会多样性是现实存在，人的品格是社会存在反映，具有必然性。正确认识、对待和妥善处理这种现实存在，是素质、本事与综合能力的表现。

感思语

邹忌八尺貌俊美，① 欲和徐公比映丽。②
照镜自鉴请人提，妻妾门客都问及。
回答几乎都一样，徐公不及邹忌美。
邹忌对镜仔细比，自觉比徐差多许。
夜里卧床深细思，想清原因在哪里。
妻偏妾畏客求己，三人之言皆骗欺。
邹忌禀告齐威王：大王听赞是蒙蔽。
齐王听了醒神雷，③ 下令悬赏征建议。
面刺书谏和谤议，④ 论质分等给奖励。
群臣踊跃争进谏，门庭若市很拥挤。
齐王开明闻过喜，政治修明数第一。
燕赵韩魏都来朝，自我完善强国力。

122.秦假道韩魏以攻齐

简散语

秦国借道韩、魏攻齐。齐威王派章子（匡章）领兵抗秦，两军对峙驻扎。双方有谈判使者往来。章子趁机让齐军换上秦兵的服装、徽章，混入秦军中。齐国的侦探向齐王报告说匡章投降秦军了，一连报告多次，齐王均如未闻。有的官员建议，派兵攻击章叛军。齐王不采纳，并说章子未叛。前方很快传来捷报：齐军大败秦军，秦惠文王向齐谢罪，请求臣服。齐臣请教齐王，怎知章子未叛变。齐王说：章子之母得

---

① 八尺是邹忌的身高，当时尺子比现在的尺子短。
② 映丽：光艳美丽的意思。
③ 邹忌对齐王说，平时群臣对大王赞扬的话，多是奉承、蒙蔽、欺骗之言，齐王听了如雷贯耳，似神雷激顶，立刻清醒了。
④ 面刺：当面提意见。

罪了章父，被章父杀死，埋在马棚下。派章子领兵出发前，我告诉他，全军返斾，为他改葬其母。章子说：臣有能力改葬母亲，只是先父是得急病，死得快，未顾得留下改葬遗命，不得父命改葬，是欺辱亡父，臣不忍心那样做。自古忠孝一脉，做儿不欺辱死去的父亲，做臣子时哪会背叛活着的君主？匡章品格高尚，齐王思理通透。没有齐王的坚决支持，章子哪会有凯旋之时。

感思语

秦国借道攻击齐，齐派匡章去迎敌。
秦齐两军对峙时，章令齐军换装徽。
齐国侦探报齐王，匡章领兵已投敌。
侦探报声连成串，齐王就像没听见。
齐国官员很着急，建议发兵打叛贼。
齐王认为章子忠，不会叛变降秦兵。
忽然前方传捷报，齐军凯旋即回朝。
秦王谢罪将来到，齐国满朝大欢笑。
齐臣王前问根由，怎知章子未叛变。
齐王平静说原因，自古忠孝是同根。
章子不欺死父亲，哪能叛变活国君。
德才高尚为人首，齐王识才令人服。

123.楚将伐齐

简散语

公元前333年，楚国将要伐齐，胁迫鲁国同时出兵，齐王很忧虑。张丏说我去游说鲁康公，让他保持中立。张丏到了鲁国，对鲁康公说，我向你表示哀悼，你谋划错了。现在楚、齐势均力敌，鬼也不知道谁胜谁负。正确的方法是保持中立，将来联合胜利者。当时鲁国已经整军准备出发。鲁康公听了张丐的意见，没有出军。

感思语

> 楚逼鲁国同伐齐，齐王对此很忧虑。
> 张丐劝鲁要中立，将来谁胜联合谁。

124. 秦伐魏

简散语

陈轸是战国时期杰出的纵横家，合纵派的代表人物之一。秦国攻打魏国时，陈轸出使韩、赵、魏，使之联合之后，又去游说齐国，对齐王说，秦国现在未打齐国，不是齐、秦亲善，只是因为齐国离秦国远。秦国夺取了魏国的绛和安邑，再东进就要攻打齐国了。劝齐国加入合纵联盟，否则后患无穷。齐王采纳了他的意见，与韩、赵、魏组成联盟，四国联合抗秦。

感思语

> 陈轸思远谋略深，言简意赅点评准。
> 山东六国乱摩擦，自割己肉自己炖。[1]
> 秦省心力节约柴，山东美食送过来。
> 运筹帷幄秦高超，六国互夺是愚蠢。
> 秦施远交近攻计，吞掉近的远变近。
> 真正精英不内斗，糊涂会把水搅混。
> 六国要想长存活，应该合纵同抗秦。

---

[1] 在强秦面前，山东六国不联合抗秦，而是互相摩擦，夺小利，消耗，如同自割己肉自炖，送给强秦吃，后世的魏国曹植的煮豆诗，对此类事陈述深刻。

辩证思维研究分，①捏到一起很费劲。
陈轸理论很明白，可惜未遇明白君。
成事必须有能耐，败事必是假明白。②
笨人总想掩盖错，③闻过喜、拜是圣人。④
择善而从增才智，舍己从人数大舜。
花花世界颜色多，好坏不是很好分。⑤

125. 苏秦为赵合纵

简散语

苏秦出身于河南洛阳农家富户，曾游说秦王，欲行连横，说词亦算通大理，因与当时联系不紧，施尽解数，但是，秦王不纳其策。苏秦黔驴技穷回乡，一路疲惫不堪，不肯丢书。他失败不怨别人，只怪自己没有学好。回乡后又读书一年，揣摩透《阴符经》后，入赵改行合纵成功，又说服了齐王。他原来读书数箱，入世失败，这次重学《阴符经》。当时，秦、赵、齐都是强国，是矛盾的主要方面。苏秦学会了抓主要矛

---

① 辩证法的基本的、核心的内容是一分为二，这是事物发展的总规律。聪明人要懂得掌握、运用这个原理，适应这个规律，使其发挥作用。

② 人们常说"坏事容易成事难"。成事要靠本事，明白人有能耐，这很好，但是，好难学，本事、能耐是心力和时间的结晶。败事者是假明白人，是糊涂充聪明。这是大祸。真正的处处、事事、时时都明白的人很少。从孔明的治蜀十策看，孔明的行政能力很强。从出祁山，有时征战韬略不及魏延。在识人用人方面，有时差刘备远了。刘备一意孤行，率军伐吴惨败，是糊涂丧业的典型。但是，刘备长坂坡摔刘禅、三请诸葛、白帝城托孤等，都说明他对赵云、孔明、马谡看准了，处置也绝顶聪明。重情谊是刘、关、张的大长处，感情用事是他们的灭顶之灾。诸葛亮挥泪斩马谡，不是为马谡挥泪，而是为他自己（孔明）在认识、使用马谡方面不及刘备。孔明痛哭已愚，是很大的聪明。是否是明白人，在于是否喜欢闻己过并善改。

③ 傻子忌医，总想捂烂疮。

④ 圣人最大的聪明是闻过则喜则拜和善改。

⑤ 世界之事杂乱多变，能分清是非、善恶是最基本的，也是最重要的本事。

盾，处理好矛盾的主要方面。

感思语

读书破万卷，下笔如有神。
杜甫用此法，写诗称圣人。
关羽喜史书，经常看《春秋》。
匡胤宋太祖，学曾劝赵普。
赵相遵皇命，《论语》读半部。
看书虽然少，强相有赵普。
苏秦很爱学，穷困不丢书。
读多未学透，游说汗白流。
自怨没学好，回家继续读。
翻箱挑选书，重点读《阴符》。
悬梁又刺股，一年揣摩透。
改行合纵策，天下入掌股。
学是通圣路，关键在于透。

126.张仪为秦连横说齐王

简散语

张仪对齐王说，合纵都只为一时而说，不顾万世之利。国间之争凭实力，不取决于一两次战争的胜负。鲁、齐之争，鲁曾三战三捷。赵、秦之战，赵曾四战四胜。但是，鲁、赵都因为国家弱小，消耗大，虽有胜名，亡随其后。现在秦、楚结好，韩、魏、赵献地侍秦，齐如果不侍秦，秦命韩、魏攻齐南部，令赵兵渡河关，长驱直入，到那时齐想侍秦也晚了，请齐王慎思。齐宣王接纳了张仪的主张，向秦献三百里盛产鱼盐之地侍秦。

在张仪游说齐王之前，齐已接受了合纵之约，加入了联合抗秦的行列。但是，世上没有无隙铁板，小隙会变成为大山谷。张仪抓住合纵者的不足，一举拉走了齐国。

感思语

张仪对齐说齐强，讲秦比齐还要强。
国间竞争凭实力，不靠小胜定存亡。
摆出实力似恐吓，齐国割地如投降。

第九章　齐策（二）

127. 韩齐为与国

简散语

公元前314年，秦、魏联合攻韩。魏是三晋之一，在山东六国之列，应属合纵派，这时却与秦连横，攻三晋之一的兄弟之邦韩国，可见合纵不坚固。韩与齐是盟邦，向齐求救，齐宣王想履约救援。但是，齐臣田臣思建议趁他们打仗，无暇旁顾之时，出兵吞燕。齐王采纳此策，便虚许救韩，兵北指吞灭了燕国。友邦韩国死活不问。齐国暂时得利，长远利秦。所以，陈轸说，山东六国无长计。

感思语

一

山东六国搞合纵，组织松散是虚名。
秦魏联合进攻韩，齐说救韩虚应承。

二

齐国出兵不向南，未救韩国吞灭燕。
用兵只图本国利，友邦存亡没有管。①

---

① 韩国在南，燕国在北，援救韩国应出兵南指，齐国却出兵北向，吞灭了燕国，对韩国的存亡，毫不关心。

128. 张仪侍秦惠王

简散语

张仪侍奉秦惠王，竭尽全力，施展计谋，立功多，树敌众。惠王死，武王继位，近臣纷纷中伤张仪不忠，成为众矢之的。齐湣王也对张仪极为不满。张仪非常聪明，触角敏感，深知自己为是非之身，纷争之源，对此处境，反应敏捷，很快想出了应变对策。他对秦武王说，当今最上策是使山东诸国变乱。齐王对我（张仪）恨之入骨，会追踪攻杀。为国家计，我欲以身为饵，去魏国为臣，引齐攻魏，在齐、魏交战胶着时，秦可趁机夺韩国的三川，出函谷关，临周夺九鼎（九鼎祭器当时是帝权的象征），挟天子，案图籍，成王业。秦王认为此策甚妙，便送张仪入魏。齐王果然引军追攻。大梁城下，爆发齐魏大战。这时，张仪派舍人冯喜入楚，再以楚使身份入齐。冯喜办完公事后，和齐王交谈，挑明引齐攻魏，是张仪安排的计策，齐王的行动暗合张仪的心意，实是受了张仪的摆布，抬举了张仪。齐湣王闻言如梦醒，悔之莫及，立即撤军回国，齐、魏之战平息。秦国按张仪的谋划，行事很顺利，这是敌方逼着张仪立了大功，摆脱了困境。秦王高兴，各种诽谤、攻击烽散灰飞。

感思语

张仪连横强秦国，纵横捭阖树敌多。
鹊起如潮大诽谤，齐使来秦也中伤。①
张仪自知是非身，积极应对很灵敏。
他与秦王巧策划，竟把被动变功勋。
张仪率队魏国去，齐王派兵紧追击。
大梁城下鏖战急，张仪摆布如儿戏。
张仪舍人叫冯喜，作为楚使进了齐。
他与齐王说原委，齐王才知在梦里。

---

① 齐国的使者来到秦国也说张仪的坏话。

本想派兵杀张仪，行动实被张指挥。①
恶气未出白费力，只好息战撤兵回。
秦已乘虚夺三川，秦兵东出函谷关。
周王都城到手边，成就王业如等闲。
轻取祭器和图籍，成事才能有神威。
张仪运筹功劳大，诽谤烟散成飞灰。

129.犀首以梁为齐战于承匡而不胜

简散语

公元前310年，魏臣公孙衍（犀首）曾率军在承匡与齐国交战失败，之后，魏襄王任张仪为相。张仪以秦、魏两国的名义赴齐搞连横，犀首欲破坏此事，便请求卫国君主出面，帮助调解他和张仪的关系，卫君答应了。他们三人坐在一起时，犀首表示对张仪极为尊敬。第二天张仪出发，犀首一直把张仪送到齐国的边境。齐王闻知此情况非常生气，认为犀首是齐国的仇人，张仪以仇人为友，他们可能狼狈为奸，危害齐国，便不理张仪了。犀首巧施妙计，使张仪的连横之行失败。

感思语

张仪使齐搞连横，犀首破坏巧计生。②
假装与张很亲近，送张直到齐边境。
齐和犀首有大仇，闻知此情疑窦生。
齐王不信张仪言，口水泉涌话不灵。

---

① 齐王派兵追杀张仪，却不知道他的行动正合张仪的心思，如同受张仪的指挥。
② 犀首破坏张仪这次连横行动。表面上犀首没有阻挡张仪的行动，而是假装和张仪很亲近，其实，越亲近离间力越大，结果使张仪的使命泡汤。

130.昭阳为楚伐魏

简散语

楚将昭阳率军攻魏,破军杀将,夺魏八城,欲乘胜攻齐。齐王恐惧。齐以陈轸为使拜见昭阳。陈轸在祝贺胜利之后,问起楚国败敌军、杀敌将,应封什么官爵。昭阳说官封上柱国,爵为执珪,再立功可拜为令尹(宰相)。陈轸说楚国不设两个令尹。接着讲了一个画蛇添足的故事,说画蛇添足者不知道过犹不及,适可而止为高明,结果失去一杯酒。阁下战无不胜,功名震世,楚国无重叠令尹,功高不赏,恐怕会有杀身失头之祸。昭阳认为陈轸的话有道理,便撤兵回国。陈轸谋略高深,口才出众,一个故事使一个国家免除了一场兵灾。

感思语

昭阳伐魏逞英雄,覆军杀将夺八城。
强将连胜兴奋极,乘胜提兵欲攻齐。
齐使陈轸来拜见,问及论功封何官?
昭阳答曰上柱国,陈问再功再封何?
昭阳告曰再建勋,按法官当拜令尹。
陈轸接着不停问,楚国可有双令尹?
昔有楚人去祭祖,赏赐只有一杯酒。
一人喝了酒无余,他人只看空酒杯。
有人提出比画蛇,谁先画成酒谁喝。
有一舍人先画就,端杯未喝添蛇足。
又一舍人也画就,夺过杯来喝了酒。
并说蛇本没有足,添足应该失去酒。
适可而止贵知足,过犹不及要想透。
休笑添足者失酒,功高不赏还丢头。
陈轸警语如雷鸣,昭阳汗淋受震动。

立即领兵回楚国，齐有陈轸民荣幸。

131. 秦攻赵

简散语

秦国攻打赵国，赵国的楼缓用五座城送秦，与秦讲和，并欲与秦合兵伐齐。齐王闻知惊恐，忙派人送给秦十座城。楼缓闻言恐惧，又把上党二十四个县许给秦国。赵、齐两国搞起了割地侍秦竞赛。这时谋士赵足来到齐国，对齐王说，要想太平，就得搞合纵，劝齐与赵结盟，齐、赵结盟，势力强大，秦国就不敢攻击了。

感思语

秦国攻赵国，赵赂五座城。
求与秦联合，随秦破合纵。
齐献十座城，求与秦连横。
赵许廿四县，割地比无能。①
谋士名赵足，此人较高明。
游齐说齐王，劝其弃连横。
继续搞合纵，齐与赵结盟。
势大压住秦，天下就太平。

132. 权之难

简散语

公元前296年，齐国与燕国在权地交战。秦国是燕国的盟邦，秦

---

① 赵许给秦国上党二十四县，求与秦讲和。这是齐国和赵国的君臣皆无能，所以，搞起了割地媚秦的竞赛。

昭王派魏冉催赵国助燕攻齐。田文派魏处游说赵国的权臣李兑,说现在赵国出兵,等于赵国替燕国作战,失多利少,不如暂时按兵不动,等齐、燕消耗。如果燕军胜,燕军也会疲惫不堪;如齐军胜,齐军也会因战劳,无力再战。这时再出兵,就可以操作齐、燕两国的命运,从两国割地得利。

感思语

齐燕两国权地战,秦要赵国帮助燕。
田文劝赵暂按兵,齐燕双伤再行动。
齐劳燕疲困不堪,两国命运掌中玩。
战国能人懂经营,下本要少赢利丰。
做到这点易也难,远近周围全面看。
底数细析心里清,算准时机抓关键。

133.秦攻赵长平

简散语

秦国攻打赵国的长平,齐、燕出兵援赵。秦王决定,如果齐、燕与赵精诚团结合作,我们就退兵,否则,我们继续攻打。

赵国缺粮,向齐国借,齐不借给。齐臣周子对齐王说,赵国无粮,无法打退秦兵。赵是齐、燕的屏障。赵像嘴唇保护牙齿一样,保护着齐燕,如果赵国灭亡,秦国就可以直接攻我们,唇亡齿寒。救赵是崇高的义气,打败秦国可以显名扬威,应当借粮给赵。如果吝啬少许粮食,是国策的失误。唇亡齿寒是地缘政治的重要内容。

感思语

秦国攻长平,齐燕发救兵。
秦王观形势,灵活做决定。

齐燕要精诚,我们就退兵。
他们若松散,我们加紧攻。
赵向齐借粮,齐国未答应。
周子劝齐王,借粮给赵用。
援助赵抗秦,对齐大有用。
赵齐如唇齿,唇好齿安宁。
齿无唇保护,就要受寒风。[①]
有赵为屏障,齐不被秦攻。
救赵是要务,地缘政治定。
合纵败秦国,显威能扬名。

134. 或谓齐王

简散语

公元前230年,秦国灭掉了韩国,赵国、魏国危亡在即。有人对齐王建说,赵、魏亡后,秦将东向伐齐,那时就没有诸侯援齐了,劝齐王出兵援赵、魏。其实,秦灭周后,周天子的虚名已不存在。这时,山东六国大势已去,没有回天人物出现,亡已不免。

感思语

秦齐赵魏韩燕楚,谁还把周当宗主。
关系复杂形势变,只有实力能做主。

---

① 唇亡齿寒是地缘政治的重要内容,这个词在《战国策》中是首用。

第十章　齐策（三）

135.楚王死

简散语

趋利避害是行事的铁规律，说客的行为永远不应该离开这个铁规律。楚怀王客死秦国后，苏秦在齐、楚间穿梭往来游说，游说的总题目、总内容、总目的，就是趋利避害。游说开始，苏秦劝孟尝君薛公田文扣留在齐国作人质的楚太子。田文说，这样做名声不好。苏秦力主挟太子，换取楚国的淮北（古称东国），并说了好处。有人假设了"十个可以"①，利大、利重、利实，说服了田文。苏秦发现楚王诚惶诚恐，揣摩准了楚王的心思，便威胁诱逼楚，不但向齐献了淮北，还一再追加割地。苏秦以让太子回楚称王为诱饵，使太子虚给齐国土地，进一步胁迫楚王。苏秦很重视保密，说"谋泄者事无功"。他游说的内容，不让无关者知道，游说的结果，使受说者各获其利：

---

① 苏秦说扣留太子的"十个可以"：

一、可以请求出使秦国；

二、可以迫使楚王尽快割东国（淮北）给齐国；

三、可以继续让楚多割土地给齐；

四、可以假装忠于太子迫使楚国增加割地数目；

五、可以替楚王赶走太子；

六、可以假装替太子着想，让他离开齐国；

七、可以借此事在田文那里诋毁自己；

八、可以趁机取得在楚的封地；

九、可以令人说动田文解除对自己的戒心；

十、可以由自己向田文解释清楚。

一是齐国扩大了领土；

二是楚王稳了位；

三是楚太子虚用王权保了命；

四是苏秦获利最大：在楚国封为"武贞君"，在齐国受到相国田文的尊重。

苏秦不讲德，可是他的才能很高。他挟敌自重，用威胁、利诱哄抬自己，手段逼真恰当，能轻易达到目的。才能是办成事的重要武器，没有才能办不成事。

感思语

战国人质很通行，利用效率大不同。

苏秦灵通尚技艺，趋利避害手段精。

136. 齐王夫人死

简散语

齐王的夫人死了。齐王有七个宠妃，大臣们揣摩不准立谁为夫人，不敢贸然建言。田文送给齐王七副耳饰，其中一副特别精美。第二天他看哪位妃子戴上了最精美的耳饰，就建议立哪个为夫人，很合上意。

感思语

大官细心，耳饰探秘。

趋炎附势，费尽心机。

137.孟尝君将入秦

简散语

薛公田文欲去秦国,很多人劝阻,田文不听。苏秦闻知,也来劝阻。田文阻截苏秦说,人世间的事我已尽知,就别说了,要说鬼事,我还可以听。苏秦说,我来是专讲鬼事的,随口编了一个土偶和木偶对话的故事。苏秦说,我这次来齐,经过淄水时,听见木偶对土偶说,你本来是河西岸的土,被捏成了人……天降大雨,淄水暴涨,你就会浸化的。土偶讲,我遇雨水冲残缺,还能归土,你这木棍,遇大水漂泊,将不知所终。接着苏秦说,人一定要有根基,经营好自己范围的事,没有根据地,就像一叶漂萍,经不住风浪,怎能发展人生?秦国关山四塞,状如虎口,殿下入秦,不知能否安然出来。孟尝君听后,取消了入秦之行。

感思语

孟尝君欲去秦国,劝阻之人非常多。
大家说些寻常理,薛公不改意已决。
苏秦闻知来献说,田文出言先阻截。
世间人事我尽知,君讲鬼事还可说。
苏秦表示专讲鬼,路听两偶正切磋。
木说土偶一团泥,遇雨水冲就残缺。
土说木偶是桃梗,雨大水急乱漂泊。
土受水浸能归土,木棍漂流无着落。
为人若无根据地,秦如虎口难存活。
薛公听罢细揣摩,改定不再去秦国。

138.孟尝君在薛

简散语

公元前 300 年,孟尝君在薛邑时,楚国欲攻打他。淳于髡为齐出使楚国,回来时路过薛地。孟尝君厚礼接待,亲到城郊迎接,非常恭敬,并对淳于髡说,楚人攻打薛邑,我可能不能第二次款待你了。淳于髡表示明白。淳于髡回到齐国,向齐王禀报了使命后,齐王问他还见到了什么。淳于髡说,薛公不自量,在薛地为先王建了宗庙。楚王固执,一定要攻打它,宗庙危险。齐王闻言大怒,说先王宗庙在薛,哪能容楚人毁弃。于是,发兵全力救薛。田文巧托淳于髡,淳于髡巧言搬救兵。由于方法高明,收到奇效。

感思语

齐国使臣淳于髡,使楚归来过薛邑。
薛公郊迎满招待,还说款待无下回。
言及楚兵来进攻,淳于听罢心有底。
回朝禀报使命后,巧言楚要攻薛地。
自不量力孟尝君,竟为先王修庙宇。
齐王闻言大吃惊,先王宗庙在薛邑。
齐发大兵忙救薛,援兵来得很应机。
成事必须讲方法,才能高者有妙计。

139.孟尝君奉夏侯章

简散语

薛公田文对夏侯章非常好,可是,夏侯章却时常诋毁他。有人告诉了田文。田文教人勿言。一个叫董之繁菁的人问夏侯章。夏侯章说,我无分寸之功，薛公却用四马车和一百人的食禄奉养我，我必须用生命为他效力。我诽谤他，他从不计较。这正是为了抬举和烘托他德高望重，是长者之风。

感思语

一

常说小骂大帮忙，谁能比上夏侯章。
误解责难他高兴，烘托薛公星更亮。

二

夏侯章无分寸功，四马百人来供奉。
门客说起孟尝君，夏侯诋毁很无情。
人不理解告薛公，田文仍敬如高朋。
董之繁菁问夏侯，夏侯答话讲得清：
烘云托月君应知，衬托薛公长者风。

140.孟尝君燕坐

简散语

薛公与门客闲聊，想听门客的意见，以增长德才。三个老门客都表示要竭忠尽智，甘为知己者死，没有一个给田文指缺点的。想来原因也很简单，门客非富人，是靠薛公养活的，如果出言不慎，或许会丢饭碗。夏侯章式的门客世稀。

感思语

薛公想学增德才，门客趁机表忠心。
保主甘愿血溅衽，掩短颂长必尽心。
第三说要赶冯谖，欲散库财买人心。
为何无人指缺点，可是眼拙口齿笨？

门客都靠主养活，最怕饭碗端不稳。

141.孟尝君有舍人弗悦

简散语

孟尝君对一位门客做的事不满意，便认为他笨，想把他赶走。鲁仲连对薛公说，人和物都是各有其用，各有所长。猿猴能爬树，游泳不如鱼鳖；骏马善奔跑，攀登不如狐狸；曹沫能杀人，种田不如农民。尧是人们公认的圣人，也有他不会办的事。看人要识其长处，弃短用长，才能办成事。都用其长，没有一个笨蛋；都用其短，全都变成了笨蛋。没有教会，就说他笨，一件事办不好，就想把人赶走。这会制造很多对立面，对治国理政很不利。薛公称善，于是，不再想赶走那位门客了。

感思语

无短长不在，有笨显灵敏。
用长皆精巧，用短全很笨。
成事靠本事，识才是高人。

142.孟尝君出行国

简散语

孟尝君出访五国，先到楚国，楚国给他一个象牙床，并派郢都登徒护送，登徒不愿意去。因为此床太贵重，损坏一点，卖掉妻儿也赔不起。登徒托薛公的门客公孙戍，并承诺事成之后，送给一把祖传的宝剑。公孙戍答应后，便立即谒薛公，建议他不要接受象牙床，说现在小国都把相印托给您，是因为您能在齐国振达贫穷，存亡继绝，敬慕您廉洁。现在刚到楚国，您就接受了象牙床重礼，再到其他国家，人家用什么赠送呢？田文接受了他的建议，并宣布凡能传扬田文好名声，阻止田文过错，并自己获得宝物者，请马上来劝谏。

处高位者，应知道社会上贫富永远有差距，多数人生活不很富裕，自己太奢华，必然脱离大众，生活过得去，怜恤孤贫是领导者的人生基本准则。

感思语

薛公门客上百数，① 进谏只有公孙戍。
人称战国民主好，认真分析会清楚。

143.淳于髡一日而见七人于宣王

简散语

齐宣王要群臣推荐人才，淳于髡一上午就向齐宣王推荐了七人。齐宣王觉着多，便对淳于髡说，千里之内有一贤士，就称贤士并肩而立。百代出一圣人，便是圣人接踵而至。你怎么一早晨就引荐了七位贤士？淳于髡说，鸟同翅聚居，兽同足同行。柴胡、桔梗低湿地不生长，北山坡采集，可以车载。人以群分，物以类聚。我是贤才，我身边聚集了一个贤才群。我能引见的贤才何止七人呢？

感思语

齐王命臣荐人才，淳于一晨荐七人。
问其人才何其多，物以类聚人群分。
淳于自称是贤才，身边就是贤才群。
邹忌曾有邹氏帮，五子胜过孝一人。②

---

① 孟尝君家养食客三千。这里提的上百数，不是食客的全部，而是这次随田文出访的食客数。

② 五个孝子行孝，胜过独子行孝。

阅策四语

自古反对任唯亲,不熟何以能荐人。①

144. 齐欲伐魏

简散语

齐欲攻魏,淳于髡为制止齐、魏之战,给齐王讲了一个"犬兔相追,农夫得利"的故事。此故事类似鹬蚌相争,渔人得利。犬追兔,兔拼命逃跑,犬舍命猛追,两者都筋疲力尽,疲惫过度,倒地而死,被农夫拣走。齐、魏相斗,秦、楚旁观,借力打力,齐、魏互耗精力,最后都将被秦、楚收拾。齐王听后,下令休战撤军,齐不再伐魏。

感思语

齐国准备攻打魏,淳于髡讲犬兔追。②
韩子卢追东郭逡,③绕山越岗费尽力。
逃追都曾展本领,精疲力竭丧了命。
可怜落入农夫筐,獒犬狡兔伴酒盅。④
齐魏互攻白耗力,秦楚观战如看戏。
等到齐魏俱伤害,犬兔一锅烹煎烩。

---

①自古至今,都一直反对任人唯亲,但是,任人唯亲始终未能杜绝。因为推荐的人必定是熟人。当然引荐一个人,并不是任人唯亲,但是,在实际操作中,一些情况不好区分,走偏也是难免的。

②"犬兔相追,农夫得利"的故事,如同"鹬蚌相争,渔人得利"的故事,渔人改成了农夫。

③韩子卢是跑得最快的犬,东郭逡是跑得最快的兔。

④农夫把犬、兔拣回家,剥皮剔肉,炖、煎、煮、烹之后作为美餐,伴酒下肚。

145. 国子曰

简散语

公元前230年，齐国大夫国子纵论天下大势，指出齐国不被天下看重，是因为当权者策略失误。当年秦军大败赵括，乘胜围邯郸，齐、魏帮秦攻赵。魏无忌杀晋鄙，夺军权，救邯郸，齐王又随魏救赵。当时齐是山东大国，秦如果得到齐的支持，其势力会大大加强；如果赵、魏、楚三国得到齐国支持，就可以抵御秦国，当时齐国有举足轻重的地位。齐国不被看重，是君主及谋士集团目光短浅、缺乏良策造成的。

感思语

齐国地位很重要，地理经济非常好。①
秦得齐助可定鼎，② 三国联齐秦变小。③
齐臣识短无良策，④ 齐主能低无主脑。⑤
曾随秦人打邯郸，又跟无忌去救赵。
国无能人没基调，不知如何行事好。
地广人众贤人稀，灭亡之祸免不了。
晋鄙为大将，领兵怕打仗。
偏遇魏无忌，丢权命也丧。⑥

---

① 地理经济，齐国靠山近海，是地理让其富。
② 定鼎，夺去九鼎，称帝统治天下。
③ 秦是大国，但是，如果赵、魏、楚三国与齐国联合起来，就超过了秦国。
④ 齐臣目光短浅，没有良策，不被重视。
⑤ 齐国君主没有主脑，一会儿随秦攻邯郸，一会儿又随魏救赵。
⑥ 晋鄙是魏国领兵大将，老而胆衰，不愿意打仗，被魏无忌夺了兵权，杀死在帐中。

第十一章　齐策（四）

146.齐人有冯谖者

简散语

冯谖，也有把"谖"写成"驩"或"谨"的，"驩"和"谨"同"欢"。冯谖有异才，才虽高，但早年运舛乖，穷得吃不起饭，托人投到孟尝君门下混饭吃，开始吃粗茶淡饭，属于下等门客。冯谖不拘小节，人多不喜欢他。经过"三弹剑"，也因田文大度，才吃有鱼，行有车，并为老母争来口饭，勉强算上等门客了，但未显才能，直到"散租买义"，略显异才，然而，未被田文完全认可。后来田文突然降灾，罢相就封。冯谖为田文复相职，为兔子"凿三窟"，异才大显，把田文托上近天。冯谖才被人视为田文的福星。此篇表现了崇智尚谋，睿知明敏。

感思语

冯谖才高也受贫，为了饭碗要托人。
田文门下"三弹剑"，想试田文何等人。[①]

[①] 冯谖"三弹剑"的直接原因是为了改变生活待遇，也有观察田文是何等人、肚量如何的意思。"三弹剑"是冯谖到田文家不久搞的。第一次倚门弹剑并唱歌，因为饭无鱼，田文给他鱼吃。第二次弹剑说出门无车，田文给他配车。第三次弹剑说不能养家。田文了解到冯谖家有老母，田文让人给他老母送粮。帮他解决了食、行和养家之事。

而后也未露才气，直到收租买回义。①
薛公头上降危机，罢相就封到薛地。
复相才华凸显露，并为老兔"凿三窟"。②
田文复相几十年，平平稳稳无祸患。
世上一切不停变，想知未来非常难。
勤学善思并慎独，不知福星是冯谖。

147.孟尝君为从

简散语

公元前300年，薛公田文想与三晋建立合纵联盟伐秦。公孙弘建议，先了解一下秦国的情况，如果秦王贤明，不可攻伐，如果秦王昏庸无德才，再合纵伐秦。孟尝君认为此议甚好，就派公孙弘入秦。秦昭王得悉后，想借机羞辱公孙弘，说孟尝君地方百里，竟与寡人为敌，不自量力。公孙弘不卑不亢地说，孟尝君爱惜人才，坚持正义，得志时为众民之主，不得志时不肯为别人的臣仆，治理国家可以为管仲、商鞅之师。万乘之严主，辱其使者，退而自刎，必以其血污其衣。秦昭王便笑着向公孙弘道歉，并表示喜欢孟尝君，很愿意款待他，请贵客转告。公孙弘是一个不畏强权、不辱使命的使臣。

---

① 田文派冯谖收租，出发时，田文告诉他，看家中缺什么，就买回一些。冯谖认为，薛府财多物丰，只是缺义。所以，他到收租地，集合佃户，宣布田租全免，并当场烧了地契，空手而归。回来后，田文问他买回什么，他汇报，说薛府缺义，买回了义，田文心中不悦，可是没有批评。

② "凿三窟"，俗话说"狡兔三窟"。冯谖散租买义算是第一窟。田文运舛，齐王将他罢相归封。冯谖为田文凿的第二窟是请魏国用相位、千金、百车聘田文为相，田文推辞。齐国闻知，立即用千金、百车、彩车、佩剑、道歉信，派太傅请田回国率万民。冯谖告诫田文，请先王祭器，立宗庙于薛。庙成，还报田文，"三窟已就"，以后可高枕。"三弹剑"和"凿三窟"是冯谖保护田文一生的最高成就。

感思语

孟尝君派公孙弘，探察秦王到秦廷。
国小人单有骨气，不把秦王放眼里。
昭王原想羞辱他，不亢不卑不可凌。
秦王改为谦和语，还向薛公表欢迎。
小国使臣正义在，不辱使命是英雄。

148.鲁仲连谓孟尝

简散语

鲁仲连对田文说，听说您爱惜贤才，其实您并不真心喜欢贤士，所以，贤士也不为您尽心竭力。从前雍门子供养椒亦，阳得子供养人才，都是衣食与自己相同，因此，门客都以命效主。现在您比雍门子、阳得子富，门客却没有与您交游者。田文说，这是我没有遇到像椒亦那样的贤人。鲁仲连说，您厩马百乘，每匹马都披锦绣彩带，喂人吃的谷粮。它们都是骐骥、騄耳吗？后宫的十个妃子，都穿洁白的细布衣，吃上等的粮肉，难道只有毛嫱、西施才有这样的待遇吗？您的美女和骏马都是今天世上能找到的，何必等待那样的贤人呢？因此，我说您不喜欢礼贤下士。

鲁仲连直言很好，但是，他说的也不是十分准。冯谖凿三窟，便是全心全意为孟尝君服务，而且功效显著。

感思语

鲁连问田文，君可真爱才。
请看爱才者，如何待贤人。
雍门养椒亦，阳得子养才。[①]

---

① 雍门子和阳得子都是古代养贤士者。

与贤同衣食，贤士竭尽心。
君家养士多，交游几全心。①
田文忙辩白，未得椒亦人。
鲁连摆事实，件件能服人。
君马食菽粮，马饰锦绣带。
后宫十妃嫔，衣纻美食新。
马非骐和骒，妃非嫱西施。
待贤不全心，怎么命报君？

149.孟尝君逐于齐而复反

简散语

　　孟尝君被齐王罢相就封后，经冯谖等人活动，又回朝复职。田文把罢相的账都记在朝臣的谗害上，其实，谗言虽然有作用，但决定权在齐王手中。因为历来臣不怨君，下不怨上。所以，后世的宋朝才只骂秦桧，不骂赵构。为了报复，田文准备大开杀戒，杀仇人。迎接田文回朝的谭拾子看出了田文的打算，用市场朝满夕亏的道理，劝孟尝君认识自然，明白法则，释仇。田文听了谭拾子的意见，把自己刻在简上的五百仇人的名字都削掉了，之后，再未提复仇之事。人、物、事，都是多样的。这是宇宙多样性的具体反映，单样不存在。单色不好看，单音不好听，社会是丰富多样的。

感思语

田文被逐又返回，心想复仇动杀机。
"昔时王前谗我者，叫他身首两分离。"
齐臣名叫谭拾子，猜透田意讲道理。

---

① 田文号称养士三千，但知心者稀。

他问田文可洞悉。事有固然必至理，
生物无法躲过去。固然之理很简单，
您富贵时投靠您，您如贫贱就离弃，
必来之事固然理，金石法则铁规律。
市场早盈夕时虚，这和爱恨没关系。
早上人可买东西，晚上市空无物取。
请君想开放宽心，别恨他人诽谤您。
田文听了谭子劝，五百仇人不再提。
谭氏功在止报复，德厚必然倡仁义。

150.齐宣王见颜斶

简散语

从齐王和颜斶的对话中，可以看出颜斶对中国古典民本主义思想作了具体的发展。中国古典民本主义的主要内容，是儒家亚圣孟轲讲的"民为贵，社稷次之，君为轻"。颜斶说"士人尊贵，君王不尊贵"，活王的头，不如死士的坟贵重，士贵王贱。居高位者不修身养性，喜欢虚名，会骄、惰、蛮、奢，祸患必然降临，没有好下场。勤谦会得助成圣王。尧有九佐，舜有七友，禹有五助，汤有三帮。圣人都有大学问。学和问是通圣的必由之路。古之强弱变化，是执政者政策正误的结果。崇尚老子的贵以贱为本，高以下为基；孤、寡是卑贱、地位低下的人的称谓，皇、王用以自称，是谦恭下士的行为。齐宣王提出做颜斶的弟子，许其食有肉，行有车，全家有美服。颜斶立即辞谢，提出璞（宝玉）生山中，琢则坏貌。士生边邑山野，受禄则形体精神损伤。希望回乡，晚饭当肉，安步当车，无罪当贵，清静得乐，返回故乡小屋，犹如返璞归真。颜斶之言，朴实无华。我想腐败自当受惩处。但是，只讲返璞归真，难出高级艺术品，只图自安，怎么共同达到小康。社会是多彩、发展的。出于良志善心，各种好主张都可以提。但是，社会发展无顶点理论永远是不完善的，事物总是不完美的，已经尽善尽美之说，属于绝对论，是形而上学一边的，是一种虚夸。

感思语

大王士人谁为贵，评高论低看修身。
勤学善思通圣路，德高才大是贵人。
身居高位不修养，骄蛮奢惰必满身。
喜欢虚名必削弱，重德重才富贵来。
无功享禄会受辱，虚夸造假生祸灾。
凭空成名古今无，圣哲必是好学人。
虚怀若谷很谦逊，做事必有好帮衬。
尧舜禹汤周文武，友多佐众是贵人。
高善策略好人订，坏人多出坏政策。
一方富足或穷困，便知当政何等人。
尊贵都是贱为本，高从下起基为根。
孤寡原本贱称谓，君主自谦称寡人。
农亩鄙野出虞舜，皇后能生亡国君。①
颜斶慎独有高论，齐王听了颇受震。
面求颜斶为王师，许其全家受优待。
颜斶推辞不接任，言之有物理充分。
璞玉长在深山中，琢磨虽贵面貌损。
士人生活在边鄙，食禄尊贵神受改。
臣愿能够回故乡，晚饭当肉香喷喷。
安步当车很自由，无罪便是富贵身。
故乡小屋很安稳，人之常乐靠自身。
颜斶是个知足人，返璞归真不辱身。

---

① 开国皇、王多起于下层，由小到大，由贱到贵。亡国之君多生在宫廷，由皇后王妃所生，在富中长大，无本事，无经营管理领导才能，不会干事，亡国之君，多属此类。

阅策四语

151. 先生王斗造门而欲见齐宣王

简散语

王斗见齐宣王，与颜斶见齐宣王类似。王斗说士求见王是趋炎附势。王接见士是礼贤下士。齐王到宫门迎接了他。齐王夸王斗直言敢谏。王斗回应说，臣生乱世，不敢直言。这可能是王斗说溜了嘴，使齐王不悦，一时冷场。王斗转弯快，说齐王有四点和齐桓公相同。王斗口出名典，说齐桓公九合诸侯，一匡天下，折服了齐王。但是，王斗说齐王与桓公四个相同点是，都好犬、马、酒、色，一个不同点是，桓公喜贤士，齐王不喜贤士，并以做帽子为比，说齐王爱贤士不及一尺绉纱①。齐王表示歉意，选了五位贤士，命为重臣，竟使齐国日趋强盛。

感思语

一个国家要前进，须有贤君与能臣。
贤君喜才善纳谏，能臣善治谋良策。
王斗进谏有本领，他说齐王似桓公。
说话艺术用典好，引得宣王倾耳听。
缺点齐王桓公同，优点两人大径庭。
犬马酒色俩同爱，桓公喜贤王不同。
宣王比较能纳谏，举贤五人充朝廷。
爱惜贤能学桓公，朝有能臣国运兴。

---

① 王斗说齐王做帽子用工匠，不用左右亲近宠信，怕把布料（绉纱）做坏了。因为工匠有能力把帽子做好。治理国家却专用亲近宠信，不用贤能，不怕国家治理不好。关心治国不及一尺绉纱。

152.齐王使使者问赵威后

简散语

赵威后即赵太后,赵惠文王之妻,是一位很有见解的女政治家,熟知"民为贵,社稷次之,君为轻"的民本主义思想的核心内容。她曾提出:"天下者,天下人之天下。"君是人民认可的管理者。

齐襄王派使者给赵后请安,书信未开,赵后便问收成、民情和齐王安好。使者认为,先问收成和百姓,后问齐王,是先卑后尊,很不高兴。赵后认为使者错了。她认为无好收成则国贫困,无民则无君。民是根本,先问君是本末倒置。接着又问了接济百姓衣食的处士钟离子和怜孤寡、抚孤老的叶阳子及北宫孝女婴儿子,认为这是社会安定的因素,应为官或慰劳。对于於陵的子仲这个人,上不能忠君尽臣礼,下不能治家,中不能交游,属于懒惰民,要从严惩处。赵后的思路很清晰。治理主要是管教,对下层是教做人做事,技能是很重要的。对中上层是教做人管事,中心是用人。现在人们讲道德滑坡,主要原因是教育差。

感思语

孟轲颜斶和王斗,英明有为赵威后。
民贵士贵君为轻,民本思想已初树。
关心收成关心民,有了百姓才有君。
轻重缓急是固然,做事必须重根本。
处士钟离、叶阳子,北宫孝女好人伦。
行善有功当授官,尽孝名显给爵勋。
於陵子仲人品坏,无所事事白为人。
错引百姓走邪路,齐国不应留此人。

153. 齐人见田骈

简散语

齐国有个人去见田骈，说听邻人之女讲，田先生不愿意当官，只愿意为百姓办事出力。并说邻居之女立志不出嫁，但是，不到三十岁，就生了七个孩子，比出嫁的生的还多。田先生不当官，却有俸禄千钟，仆役过百，比做官的还富有。田骈叫此人走开。

感思语

齐女立志不出嫁，不到三十生七娃。
田骈放言不当官，禄丰役众气魄大。
言行不一自古有，政治骗子擅作秀。
善人要想少受害，了解情况处事慎。

154. 管燕得罪齐王

简散语

齐臣管燕获罪，想出逃。他对门客说，谁愿意陪我出逃。无人应声。管燕凄然泣下，说士人易得难用。田需对他说，不是士人难用，是你重财轻士，人们不想跟随你受苦待。

感思语

管燕得罪欲出逃，他问门客谁陪跑。
门客默然静悄悄，管燕茫然泪花漂。
管燕沉痛想不开，田需挑开此中妙。
您鹅鸭肉吃不完，门客稀饭喝不饱。

您家美女曳绮縠,^①门客没有丝布条。
您把门客当乞丐,在您门下受苛待。
门客穷困命难熬,为了活命想跳槽。
生命是人宝中宝,谁还随您把命抛。

155.苏秦自燕之齐

简散语

公元前288年,秦昭王派魏冉出使齐国,商请与齐湣王同时称帝,齐王不知如何答复,正好苏秦从燕国来,齐王便请教苏子。苏秦也觉着仓促。但是,他很快就想出了办法,说请秦王先称帝,自己观察形势,如果天下不反对,齐王便顺势称帝。如果列国反对,便不再称帝。秦国因称帝孤立,那是他自找的,活该。

感思语

秦派魏冉出使齐,商议秦齐同称帝。
齐王不知如何答,便请苏秦拿主意。
苏秦聪慧有能量,他教齐王先骑墙。
拥立秦王先称帝,站在高处看闹戏。^②
若是各国不反对,顺势也称太平帝。
假若列国都反对,笑看秦国受孤立。
此法各国不得罪,进退自如净得利。

---

① 曳绮縠:拖地的、带皱纹的、有图案的丝服。
② 苏秦把秦王称帝看成闹剧,教齐王先站在旁边观势,根据情况,采取措施,以保持不败。

156.苏秦谓齐王

简散语

公元前288年，秦国与齐国相约同时称帝，之后，两国联合攻赵，瓜分赵地。苏秦劝齐湣王放弃帝号，让天下诸侯爱齐憎秦，以卑换尊。不与秦合兵攻赵，而趁秦伐赵时，齐独吞宋国，说这是汤、周之业。

苏秦还另有打算。苏秦亲燕，他让齐吞灭宋，使齐在灭宋中耗实力。齐灭宋后，齐必因灭宋之战而疲惫，这对燕攻齐有利。

感思语

苏秦说齐扣中心，趋利避害抓得紧。
劝齐放弃同称帝，以利谦卑换位尊。
表面好像对秦好，驱秦当了出头鸟。
使秦孤立引众恨，未讲价钱把秦卖。
不同伐赵独吞宋，谋善策高很实用。

第十二章 齐策（五）

157.苏秦说齐闵王

简散语

战国时代战事多，胜负转换快，如何多胜少负，纵横家苏秦主张：一是要后发制人，顺应时势。率先挑起战争和领头攻击他国的易孤立，后患多。后发制人可以明了情况，具有顺应时势的天时性和自卫性的优势。二是要讲理，主持正义。大国不要无端欺负他国，注意卫护自己的名声，注意不要引起众怒。要远离仇怨，避免当众矢之的。小国要谨慎，所谓谨静，不贪利，不挑事，保护名声。战争和政治具有一体性，没有无政治的战争，政治本身就是战争，所以，叫政治战线。三是不要把使用武力放在首位，尽量避免实兵相接。重视不战屈敌。要讲谋约于座席之上，策划于酒席之间，定计于高堂之内，败敌于厅堂以里，擒敌于帷幄之中，酒宴上夺城，枕席上折断敌兵车。要学习商鞅戏魏惠王。四是要取胜，就要多谋善断，重视运筹，谋略策划，勤学善思，学很重要，不学无术，有学才有术。要先谋后战，无谋乱闯代价大，要谋长思远。谋后要动，空谋无为，谋思后要干，光谋不动无作为，所以，得天下叫打天下。

感思语

足智多谋善思索，后发制人有凭借。
会抓时机能权变，实施德政必强国。
善治国者顺民意，谨慎守静讲仁义。

阅策四语

独立自主不投靠,防止被人暗卖掉。①
圣君贤相称英明,取胜用智不动兵。
请看商君戏魏王,美言屈敌胜枪刀。②

---

① 莒国投靠晋国,被齐兼并,蔡国依仗越国,被楚灭亡。这都是投靠之祸。

② 魏惠王拥有千里土地,甲士三十六万,联合十二位诸侯,西向谋秦。秦孝公寝不安席,食不甘味。商鞅请求使魏,朝见魏惠王。

商鞅对魏王说,大王功业极大,劝魏王换天子服饰。魏王非常高兴,便扩建宫殿,照天子规格制服饰。魏王的举动激怒了齐国、楚国,两国出动大军讨伐魏国,杀魏太子申,歼魏军主力。魏王忙向齐求和。秦国趁机夺取了魏的河西。这是商鞅计生于席间,取胜于朝堂之上。

第十三章 齐策（六）

158.齐负郭之民有狐咺者

简散语

齐湣王昏庸，杀谏臣，狐咺、陈举向他进忠言被杀，司马穰苴因为有政声也被杀，国人离心离德。这时，燕国昌国君乐毅率军攻齐。齐派触子迎战败北，又派达子抵抗，达子建议犒军，齐王惜钱不肯，齐军又败。齐王逃到莒，被宰相淖齿弑之。太子法章改装逃到太史敫家中当园工。后来，齐将田单坚守即墨用计胜燕，迎太子回都，立为齐襄王，立太史女为后，生齐王建。

感思语

齐王连杀三忠臣，抗燕遭到连续败。
相国淖齿弑齐王，① 田单才是救齐臣。

159.王孙贾年十五

简散语

王孙贾十五岁时，侍奉齐闵王。公元前286年，乐毅率燕军攻入齐都，闵王逃跑了。王孙贾不知齐王去向。他母亲对他说，你早上出去，晚上不回来，我倚门而望。你晚上出去不回来，我倚门里望你。如

---

① 淖齿原是楚将，领兵抗燕救齐。齐拜淖齿为国相。因齐王无道，淖齿弑齐王。齐人认为淖齿作乱，杀死淖齿。

今你事君王，却不知君王去向，你为什么还回家来呢？王孙贾听了，就到市场上说，淖齿作乱，杀死大王，想诛淖齿的随我来！市场四百多人随他去，刺死了淖齿。

感思语

湣王昏残可该死？淖齿弑君可合适？
王孙招众刺淖齿，高人对此怎处置？

160. 燕攻齐

简散语

燕将乐毅率军攻齐，夺取齐城七十余座，并攻占了聊城。齐国只剩下莒和即墨。这时，燕王听信谗言，用骑劫代替乐毅为将。齐将田单趁机用计败燕军，杀骑劫，进而围攻乐毅据守的聊城，一年未下。但是，此时聊城已是食人炊骨。齐人鲁仲连羽书劝乐毅，要轻小节，树大功，忍受小辱，成大威名。用赞扬、威胁、激发、诱导的方法，晓理动情；乐毅阅书后，立即撤出聊城，引军而去，解除了聊城的兵祸。外交手段，有时胜于兵刀。

感思语

乐毅才高扫齐国，形势逆转困聊城。
田单围聊攻一年，不及鲁连书一封。
鲁连劝乐重大节，学习曹沫和管仲。①

---

① 曹沫是鲁国的将军，领兵和齐国交战，三战三北，失地千里。如果继续硬拼，不是战死，就是被擒。这时，曹沫忍辱离开战场，与鲁庄公重新谋划。齐桓公称霸天下后，诸侯都来朝拜，曹沫在坛上突然持剑劫持齐桓公，三次战败失去的土地，一朝全部返回，天下震惊，威扬吴、越，名重天下。管仲曾箭射齐桓公，中衣带钩；齐国乱，未随公子纠死，贪生惜命，身陷囚笼，这是耻辱，加上他曾与人合伙经商，多分钱财，贪小利，身兼三恶。后来事齐桓公掌政，九合诸侯，一统天下，使齐桓公成为春秋五霸之首。管仲还有其他劣迹，如生活极端奢侈等等。管、曹都不重小节，能忍小辱，成就大业，名满天下，光耀邻邦。

> 管仲三错曹沫逃，后来都立惊天功。
> 不拘小节行大威，不恶小耻显大荣。
> 乐毅阅书撤军去，救民水火鲁连功。

161.燕攻齐齐破

简散语

齐襄王，名法章，齐闵王之子。闵王在莒被淖齿杀死后，太子法章改装逃到太史敫家中当园工。田单打败燕军后，迎回太子继位。田单为人，将勇心善，有一次，他看见一位老人徒涉淄水，受冻后不能走，便把自己的皮衣送给老人御寒，此本善举，但是，齐襄王得知后，嫉妒心生，醋意大发，认为这是田单买人心，有异志，欲动杀机，还想把知情者贯人（采珠匠人）一勺烩。可见，其地位与才德、素质、水平是不相等的。采珠人为齐王出主意，教他通过表彰田单，把田单的善举变为齐王的主张，齐王采纳了。匠人未因知情死，田单未因行善亡，老人未因挨冻伤。齐王未因吃醋杀人披恶名，匠人一举四赢，世上少了两个冤魂。田单不知道自己因行善几乎丧命，如若知道，该如何想呢？

感思语

> 田单行善几引祸，襄王位高醋意多。
> 贯人职低水平高，一举四赢大收获。

162.貂勃常恶田单

简散语

貂勃欲出任为官，便故意说田单的坏话，并让田单知道。田单闻知后，便宴请貂勃，在热饮中，田单问貂勃，何故与自己过不去？貂勃说，跖犬吠尧，犬不会分贤愚，只因尧非其主。如果贤圣成了犬的主人，犬就不咬他了。于是，田单就把貂勃推荐到朝廷任官。齐襄王有九个宠臣，朋党比周，颠倒是非，恶意诽谤田单，影响了田单和齐王的关系。貂勃出使楚国回来听说后，便向齐王进谏说，周文王得了吕尚封为太师，齐桓公得了管仲尊为仲父。周文王、齐桓公的威望都比齐襄王高，田单的功劳比吕尚和管仲都大，更应该受尊重。齐王听了貂勃的忠谏后猛醒，处置了九宠，并把夜邑万户加封给安平君田单。

感思语

田单忠智复齐国，[①]侠胆义肝迎新君。
对齐功勋超管仲，良将贤相第一人。
貂勃为了入仕群，竟说田单是小人。
"跖犬吠尧"因非主，[②]圣贤变主犬就亲。
田单不怪貂说坏，根据德才举荐人。
貂勃入朝为职官，各得其所社会稳。
齐王内有九宠臣，阿谀奉承媚惑君。
朋党比周害忠良，是非颠倒好说坏。
田单为人多善举，九宠偏说田单坏。
搜肠刮肚造谣言，离间田单与齐君。
混乱不单怪九宠，乱根是在齐王昏。[③]
好人坏人处处有，有的一人兼好坏。[④]
貂勃耿直很有才，是非好坏分得开。
九宠劣迹看得准，进谏正确说理真。
揭破九宠赞田单，襄王醒悟亲贤臣。

---

①乐毅风扫齐国，田单守即墨。他用计杀燕将骑劫，败燕兵，恢复齐国。
②"跖犬吠尧"，犬只忠于主人，没有分好坏、贤愚的智能，所以，对圣人尧也咬。
③乱的根源，最终在于决策者，下边的吹捧或打压只起推波助澜的作用。
④人有思考能力，思念会变化，所以，人的一生看事、处事，不会像俗话说的，"从小看大，三岁至老"，一成不变。而是随着客观、主观情况的变化而变化，时好时坏，有的人一身兼有好坏。

九宠罪该受惩处，田单加封更受尊。

163.田单将攻狄

简散语

田单攻狄城前，拜见了鲁仲连。鲁仲连说田单攻不下狄城。田单说，我曾以即墨小城，老少残兵，打败万乘之燕国，收复失地，为何不能克狄城。说完登车，不辞而去。但是，田单攻狄城，三个月未攻下来。田单再去请教鲁圣。鲁仲连联系战事，讲了"哀兵会胜，骄兵必败"的道理。田单猛醒，幡然改过，亲冒石矢，激励士气，奋勇攻城，狄人投降。

感思语

哀兵能取胜，骄兵必然败。
古训人皆知，躬行有几人。①
居功图享乐，自会生腐败。
即墨曾复国，狄城攻不进。
原因在哪里，鲁圣最明白。
田单很聪明，再将鲁圣拜。
智能借过来，知过立即改。
大舜、禹、子路，为世大圣人。②

---

① "哀兵会胜，骄兵必败"的古训，广为人知。但是，世上没有几人能照行。因此，人们说知易行难。但是，孙中山说行易知难。孙中山说，农村的普通劳动者，并不懂高等数学和力学原理，但是会盖房，对这些空间理论并不知道。知是指导行的，有时会行，不懂理论。田单有骄气，不自知，鲁仲连看出来了，所以，知道狄城攻不下。能发觉自身腐败苗头者，是当下的最高明的人。

② 舜、禹、子路都是闻过则喜的大圣人，三人虽然都称圣，大舜做得最好。

164. 濮上之事

简散语

公元前312年，秦、魏、韩在濮与齐开战，齐败，齐将赘子阵亡，章子逃跑。这时，齐臣田盼劝齐王把余粮送给宋，解除宋的粮荒，宋王一定很高兴，这样，魏国也就不敢越宋攻齐了。现在以粮阻敌，将来齐强盛了，再向宋讨粮债。宋若不还，也可以用此为借口攻宋。

感思语

齐军战败濮水上，田盼劝齐给宋粮。
以粮阻止魏进兵，齐国强盛再讨粮。

165. 齐湣王之遇杀

简散语

齐湣王被淖齿弑后，太子法章改姓名、乔装，逃到莒太史敫家中当仆人。敫女看出法章不是普通人，对他特别照顾，并将终身托付给他。田单施计打败燕军，恢复齐国，迎太子回朝继位，为齐襄王，立敫女为王后。襄王死后，儿子建继位，敫女为王太后，掌实权。太后与诸侯交往非常讲信用，对秦国很谨慎。齐王建在位四十年，未遭兵祸。秦昭王曾派人送给王太后一个玉连环，请齐人解环。太后以环示群臣，无人会解。太后拿来槌子，一槌将环击破，并告诉秦使，就这样解。太后将朝政处理得很妥善，齐王建不用管事。太后去世后，齐王建不知如何理政。这是一个大教训。

感思语

敫女慧眼识法章，法章后为齐襄王。

敫氏入朝为王后，相夫理政才能强。
襄王归天子建继，太后替子掌朝纲。
对待诸侯重信义，谨慎对待秦昭王。
太后举措甚妥当，儿子稳当太平王。
秦国送来玉连环，请齐解环把才亮。
太后把环示群臣，众官无知互相望。
太后举槌击破环，告诉秦使就这样。
太后确实很力量，[①]儿子不是人中强。
太后理政包办多，齐王成了施政盲。
太后去世王傻眼，不知国家如何管。
齐国就像断了梁，又如房塌又倒墙。
不教子女长才能，教训和齐一个样。

166.齐王建入朝于秦

简散语

齐王建西去朝秦，齐都临淄西门司马官横戟挡在车前，问为何设王，齐王答为国家设。司马官说，既然是为国家设王，大王为何抛弃国家去秦国？齐王调转车头回宫去了。即墨大夫以为齐王可以接受意见，便向齐王进谏，曾提出与三晋及楚联合，提高齐国的威望，灭掉秦国等策略。其实，齐王建根本听不进去，进谏成了对牛弹琴。齐王建听信秦人陈驰的欺骗，幻想得到秦国的五百里土地，西去秦国，被秦扣留在荒僻的共邑，后来饿死在松柏林中。

感思语

田单复齐国，心慈恤国民。

---

① 力量，这里是精明强悍、能力强的意思。

> 忠心保齐疆，为国筹谋深。
> 若施即墨计，有齐没有秦。
> 齐王不采纳，忠臣白费心。
> 齐王信陈驰，西行去朝秦。
> 幻想得土地，饿死松柏林。

167. 齐以淖君之乱秦

简散语

淖齿本是楚国将领。乐毅率燕军攻齐，楚派淖齿援齐，入齐为相，杀死昏君齐闵王，引起齐国大乱，导致齐人恨楚。秦国看到齐、楚有缝隙，想把齐拉到自己一边。派苏涓到楚国，表示秦、楚亲近，势力大。派任固到齐国游说，以秦、楚亲近为筹码逼齐联秦。这样对楚国不利。楚臣齐明看透了秦昭王的招数，及时向楚王揭破秦谋，提出楚、齐联合，这样可以收回被秦占有的汉中。战国时期，国间关系复杂，斗争激烈，变化快，变化多，逼着人动脑筋。所以，战国期间出人才多。

感思语

> 淖齿本是楚国将，援齐杀了齐闵王。
> 齐人因此恨楚国，秦王见隙就插杠。
> 本意联齐倒楚国，派使两国去游说。
> 说辞都是各顾各，对楚不是真心合。
> 齐明看穿秦王计，便把秦王诡计揭。
> 同时献策夺土地，可为楚国争利益。
> 斗争逼人动脑筋，因之战国能人多。

第十四章　楚策（一）

168.齐楚构难

简散语

公元前301年，齐、楚交战，宋国请求中立，齐国不允许，宋国就答应与齐结盟。楚国也来威胁宋国。齐、楚都是万乘之国，交替向宋国施压，使宋国形势风雨飘摇。

感思语

楚齐两国大交兵，弱小宋国夹当中。
宋欲中立齐不许，被迫与齐结联盟。
楚国也来威胁宋，宋王无奈听楚令。
随人呵喝来回跑，宋王就像小玩童。
齐楚都是万乘国，宋少实力难安生。
可怜充当应声虫，像小油灯遇大风。
立世本来并不难，励精图治贵践行。
重视知行结合紧，强化政治大练兵。

169.五国约以伐齐

简散语

楚、韩、魏、赵、燕合纵伐齐。楚相国昭阳对楚王说，五国破齐后，肯定会南图楚国，韩相公仲专权，此人贪婪怕事，我们可以利诱他，破坏这次联合行动。于是派人游说韩国，许给韩国五座城，并把楚国的军队交给韩国指挥，条件是韩国退出五国合纵，和楚国一起攻齐，两国分胜利果实。韩国为了得利，便与赵魏绝交。楚国见韩国退出合纵，已经孤单无力，便什么也没有给韩国。韩国听信楚国，破坏了合纵，中了计，上了当。

感思语

楚韩魏赵燕伐齐，昭阳为楚暗捣鬼。
他知韩相胆小贪，诱骗公仲改主意。
假许给韩五座城，楚军交给韩指挥。
韩相上当绝赵魏，楚国什么也没给。
昭阳看透公仲心，计谋得逞对楚利。
韩国中计无所得，楚相昭阳心眼黑。
合纵组织坚不坚，这里已经露端倪。

170.荆宣王问群臣

简散语

楚（荆）宣王问群臣："听说北方国家都怕昭奚恤，是真的吗？"众臣不言。江乙讲了一个"狐假虎威"的故事，接着说，现在大王的领土方圆五千里，军队百万，把这些都交给了昭奚恤管理，北方各国实际上是怕大王的百万大军。"百万大军"四字把问题点透了。从此，"狐假虎威"成了经典寓言故事和成语，并发展为各种表述，如"鼠凭社贵""狐借虎威""隼翼鹦披"等，只要意思近通，不一定抠字。狐狸很聪明，它知己知虎，并把虎的威名收归己用。虎对己对狐都不明白，自己的力量被他人所用，自己却不知道，此便是昏君浑官。

感思语

昏君浑官就像虎，对己对人都糊涂。
自己能量被拿走，误认人有自己无。

171.昭奚恤与彭城君议于王前

简散语

昭奚恤与彭城君在楚王面前讨论国家大事，楚王又叫来江乙，问他有什么意见，江乙说两位之言都很好，不怀疑贤者言论。

感思语

不是结论人，不出结论语。
没有真高见，不瞎充本事。

172.邯郸之难

简散语

公元前353年，魏国和赵国发生战争，赵不抵魏，赵便向楚国求救。楚国令尹（宰相）昭奚恤主张不救赵，让赵、魏互斗，让他们都在战争中被削弱，以便将他们控制。将军景舍认为此法不妥，不救赵，赵或投魏，赵、魏或联合谋图楚国。应该派少量兵援赵，赵会因有楚援救，大力抗魏。魏看到楚援兵少，不值得畏惧，继续大力攻赵，赵、魏才会两败俱伤。楚王采纳了景舍的意见，结果魏破了邯郸，楚国也出兵占了大片领土。楚国将相不出兵或少出兵的主张看似有分歧，总的目的一致，都是为了使魏、赵消耗，楚国伺机夺利。

感思语

　　魏国攻击赵邯郸，赵请楚国兵支援。
　　楚国将相玩权术，先诱赵魏互相煎。
　　待到赵魏都消耗，楚再出兵来救援。
　　山东各国重私利，合纵自然很松散。

173. 江乙欲恶昭奚恤于楚王

简散语

　　公元前352年，江乙想在楚王那里谗毁昭奚恤，又自感势单力孤，于是就求为魏国的山阳君请封地，楚王答应了。昭奚恤劝阻楚王说，山阳君无功于楚，不应封。请封告吹，江乙却取得了山阳君的好感。江乙便多了一个反对昭奚恤的朋友。

感思语

　　江乙欲毁昭奚恤，自感势单力量薄。
　　竟为魏人请封地，国土行贿给魏国。
　　讨封虽然未成功，争得山阳君同伙。

174. 魏氏恶昭奚恤于楚王

简散语

　　魏国派人到楚王那里说昭奚恤的坏话，楚王告诉了昭奚恤。昭奚恤说，外人在我们君臣之间挑拨扰乱，我很害怕，更可怕的是，我们内部有人这样做。我获罪的日子不远了。楚王安慰他说，我心里明白，你不用担心。

感思语

魏人毁谤昭奚恤，昭子闻言有话说。
既怕外人来干扰，更怕内外搞联合。
楚王劝昭别担忧，寡人心明怕什么。

175.江乙恶昭奚恤

简散语

江乙为恶昭奚恤，给楚王讲了一个忠狗咬邻居的故事，说有人因为自己的狗很守职很喜欢它。有一次，这个忠狗把尿撒到井里了。邻居看见了，想告诉狗的主人。狗怕邻居告状，挡在门口咬，不让邻居进门。江乙接着说，邯郸之战时，楚兵攻取了大梁，昭奚恤趁乱掠取了魏国很多宝器归为己有。当时我在魏国，知道此事，所以，昭奚恤不愿意让我见大王。

感思语

忠狗守职主人爱，尿撒井里狗挡门。
咬着邻居不让进，狗怕邻居告主人。
楚军当年取大梁，奚恤掠宝私自藏。
害怕此事报主上，阻挡江乙见贤王。

176.江乙欲恶昭奚恤于楚

简散语

江乙对楚王说，下边的人比周结党，上级就危险了，下面的人纷争不和，上面安稳，大王知道这个道理吗？楚王说："经常讲别人好话的人是君子，我亲近他。经常说别人坏话的人是小人，我就疏远他。"江乙说，有一个儿子害了老人，又杀了国君，最终大王还不知道。这是大王只喜欢听好话，不想听坏话造成的。楚王听了很震惊，说我以后要兼听。

感思语

江乙进言讲理论，其理正歪一块混。
说下结党上危险，下面不和上安稳。
楚王喜听扬人善，听说人恶即疏远。
江乙说了大恶人，害亲之后杀国君。
此等大恶王不知，国家之乱必来临。
楚王听了为之震，决心要做兼听人。

177.江乙说于安陵君

简散语

代理安陵君没有什么功劳，也不是王亲，位尊禄厚。江乙对他说，以财交者，财尽交绝，以色交者，色衰爱灭。所以，美女坐不坏席子，幸臣用不坏马车。您没有长期受宠的根基和办法，恐怕后果堪忧。安陵君请教办法。江乙说最好是请求从死，做王的殉葬品。安陵君说好。可是，三年不见安陵君的行动。江乙见到安陵君说，我给您出了主意，您不采用，以后不要再见我了。安陵君说，我不是不用您教的办法，是没有找到用的机会。不久，楚王游猎云梦泽，楚王一箭射死兕牛，高兴异常，说寡人万岁千秋之后，谁还能与我如此同乐？安陵君满脸泪水说，我愿以身试黄泉，与大王同此乐。楚王非常喜欢，立刻正式封他为安陵君。人们知道后，都说江乙善谋，安陵君善于抓时机。时机是多种情况汇聚的焦点，抓住它，要有睿知善识，心恒能熬善断，浅薄者多不识时机，怎么能抓住呢？

感思语

媚略谋划深,① 江乙很劳心。

时机抓得准,谁如安陵君。

178.江乙为魏使于楚

简散语

江乙为魏国出使楚国,他问楚宣王,听说楚国民俗是不掩盖人的优点,不讲人的错误,是吗?楚王说是这样。江乙说,这样办坏事就不会受惩处了。

感思语

事物本来是多面,只说优点嘴眼偏。

古人之言应思践,兼听则明偏听暗。

179.郢人有狱三年不决者

简散语

楚国郢都有一个人遇上官司,可是,过了三年,官方都不裁决。那个人就请说客去找昭奚恤,说想买那个人的宅子。昭奚恤说,那个人不应当被刑,所以,你得不到他的住宅。听了昭奚恤的回答,说客高兴地走了。此案才了结。昭奚恤明白,自己上了当,进了圈套。

感思语

楚国官员很懒惰,有狱三年不裁决。

---

① 媚略:讨好献媚的策略,有诙媚性的主意。

无所作为是大恶，腐败不是一般错。
别人厚道与宽和，自骗自己要不得。
错误不揭捂盖子，对国对民埋下祸。

180.城浑出周

简散语

周人城浑和朋友结伴游楚国，到了新城县，看了新城防务，认为楚国军队布防不当，对于弱敌郑国和魏国用重兵对付，对于强秦却用小小的新城县来防御，布防颠倒失衡，建议把新城县升为郡，布重兵。新城县令非常支持他的意见，并资助他们游说楚王。楚王采纳了他的意见，新城县升为郡，并调整了军队部署。

感思语

城浑是游客，战阵能看破。
分析甚入理，县令重请托。
入都说楚王，新城升了格。

181.韩公叔有齐魏

简散语

韩国的韩公叔有齐、魏两国的支持，太子几瑟有秦、楚两国的支持，互相争夺权力。楚国的官员郑申出使韩国时，假借楚怀王之名，把新城和阳人两地给了太子几瑟，楚王闻知大怒，准备处罚郑申。郑申辩解说，我这样做是为了楚国。韩太子如果得到了新城和阳人两地，齐、魏必然要联合攻击太子，韩国危急，顾不上索要土地，如果太子战败，必然要逃到楚国，这时，一个寄食者怎么还敢要土地呢？楚王说，对，不处罚郑申了。

感思语

事物都有多面性，牵一发而全身动。
聪明必须知关联，连锁反应脉络清。
谋事虑远反复比，审事周详细又精。
重能信勤不碰运，细观深思心中明。
愚钝见利蒙头争，如鼠偷食关进笼。
发觉上当已经晚，气急乱碰不管用。
勤学善思永牢记，欲筹高策须冷静。

182.楚杜赫说楚王以取赵

简散语

楚国人杜赫游说楚王，建议楚王派他去联络赵国，使楚、赵亲善，以扩大楚国的势力。楚王同意，并想封赏他为五大夫的爵位。但是，令尹陈轸说，杜赫到赵国游说，不成功等于白给了他五大夫的爵位，是赏无功。如果游说成功了，已经给了他五大夫，回来后还能封赏什么。不如先给他十辆兵车去赵游说，成功了，回来再封赏他为五大夫。楚王采纳。杜赫闻知大怒，不肯出行。陈轸说他不去，说明他游说不会成功。

感思语

先封赏无功，后封使白丁。[①]

[①] 从无功不赏的角度讲，陈轸的意见有一定的道理，可是，提出联赵的意见算不算功呢？如果算，功值是多大呢？如果不封，杜赫就是白丁使者。作用不同。如果带官爵出使，作用还是杜赫自己的功吗？爵位的作用占多大的比例呢？战国游说之士，开始都是无职位游说，因才获职。陈轸最后的结语，也有些武断，是给未知下结论，是凭空而定，臆断走向。

王相意见左,联赵吹了灯。①

183.楚王问于范环

简散语

战国时期,国君为了在别国培养亲己势力,往往推荐自己的意中人在他国任要职。楚怀王想推荐甘茂为秦相,征求范环的意见,范环不同意。范环说甘茂贤明,邻国用贤人,不是本国之福,是隐患。范环认为,应该推荐公孙郝,因为公孙郝是秦的亲信,但是,碌碌无能,他当秦相,对楚国大有好处,是最佳人选。

感思语

荐相弃甘茂,② 首推公孙郝。
甘茂因贤落孙山,郝为无能却占先。
用人之妙问范环,本国利益在里边。

184.苏秦为赵合纵

简散语

苏秦初次入世,推行连横说秦王。秦惠王不善治道,苏秦说连横法,秦王如牛不识律,无听兴。当时,苏秦的学术也不够精深通透,而且,时机不对,游说如对牛弹琴,失败了。苏秦在秦耗尽了游资,潦倒回乡,立志再苦学,真学懂后,二次入世,改为推行合纵成功。苏秦以

---

① 楚王采纳了陈轸的意见,杜赫非常不满,杜赫自有己理。事多思善处,方能比较周全。可是,历史跟着时间走,时间从不为人所思停步,时间不等人,思索的时间永远是有限的。

② 弃,在这里是不推荐的意思。

赵国为基地，游说楚威王。他先说楚国强大，楚王贤明，以鼓气。次说秦国恶劣，如狼似虎，而且必然与楚势不两立，争斗不可避免。但是，楚国独战秦国，无胜利的把握，必须约山东诸国合纵抗秦，方能必胜。这是楚国的唯一的出路。

楚王认为秦国残暴贪婪，欲吞巴蜀、汉中。邻国韩、魏不可与谋，国内大臣也不可靠，楚国危亡即至。为此，楚王卧不安席，食不甘味，心摇如悬旌飘，不知所是。苏秦游说献策，正是楚王急需，一拍即合。楚王表示谨奉社稷以从。

感思语

苏秦先赞楚国强，再斥秦恶似虎狼。
献计治国于未乱，① 谋事当在事发前。②
临事举措很难办，事后忧愁白伤叹。
加盟合纵策略强，诸侯来朝楚称王。
连横要成秦称帝，山东诸国都没戏。
楚王深信苏秦语，想靠合纵安社稷。

185.张仪为秦破纵连横

简散语

苏秦、张仪师出同门，不过，他们不是师父手把着手教出来的，其才能主要成于自学，勤学善思苦揣摩。故，苏秦有"头悬梁、锥刺股"的经典行为，流传千古。术是才能的重要内容，术来于学，故称学

---

①《黄帝内经》中说："圣人不治已病治未病，不治已乱治未乱。"临渴掘井，战乱发生了再造兵器，都有些晚。但是，不治已病，不治已乱也不准确。防重于治的思想是对的。有病不治，办医院干什么，有乱不治，不平息，养军警干什么。谁说过头话都不好，过犹不及。

②事发前准备充分，事发后可以从容处置。事先无备，临事急、气、慌、怕、愁都没用。凡事预则立，不预则废。枕戈待旦未必，预筹对策，必要。

阅策四语

术,不学无术。苏秦当宰相后,张仪投奔他,希求推荐为官。但是,苏秦对他很冷淡,意在逼他游秦。在送张仪赴秦的路上,驾车人对张仪很殷勤,照顾非常周到。在秦国分别时,车夫才告诉张仪,说这是相国苏秦特意安排的,一路费用,都是苏秦资助的。苏秦认为,秦国是张仪的用武之地。后来,张仪在秦国推行连横很成功。不是张仪高明,而是时机使然。时局、形势未助苏秦行连横。不以成败论英雄。张仪才能高,人品低,有人说"张仪是个心肠较为歹毒的说客"。张仪游说,多以势压人,威逼利诱,恐吓敲诈,武力威慑。他谈话背后,仿佛烽火、硝烟就在眼前。他说楚国战秦,是以羊攻虎,败定了。张仪很高傲,说苏秦是欺诈虚假反复无常的小人,靠他的合纵理论统一诸侯,经营天下,是不能成功的。张仪污损师兄,不留情面。对苏秦暗助他到用武之地秦国,从不提及。

感思语

张仪大讲秦国强:"国君英明很贤良。
将相智勇双全好,士卒勇猛似虎狼。
地物天半人众多,① 天下哪个能抵抗。
合纵诸国像群羊,驱赶小羊攻虎狼,
如给饥汉送口粮。诸侯应当争侍秦,
后附必定先灭亡。当今天下秦楚强,
楚不联虎结交羊,大王实在欠思量。
合纵诸国信苏秦,燕国封他武安君,
并在多国佩相印,欺诈虚假一小人,
终被高人看穿心,在齐车裂命归阴。
秦楚两国地相接,本来就是好邻国。"
话赛风雨如冰雹,一会冷来一会烧。
吓得楚王没主意,宣布全国向秦靠。②

---

① 当时说秦国物产丰富,土地已占天下的一半。
② 楚王宣布,楚全国服从秦国。

186.张仪相秦

简散语

张仪任秦相时，让楚人昭雎游说楚王，说只要楚国驱逐了昭过和陈轸，秦国就把鄢地、郢地和汉中归还给楚国。楚王高兴地答应了。有个楚人看透并揭穿了张仪的阴谋，对昭过说，要进攻一个国家，对外要断绝这个国家的邦交，对内要逐出这个国家的能臣。张仪要逐出昭过，是为了搞垮楚国的内政管理，逐出陈轸，是为了毁坏楚国的邦交。这是张仪的内攻术，楚王未察。楚应联齐。齐、楚联合，张仪就不能得逞了。

感思语

楚王真是糊涂人，治国不应轻人才。
张仪虚许还领土，要逐昭过和陈轸。
国家不能没物质，物质全靠人才来。

187.威王问于莫敖子华

简散语

楚王想在国内树良风，向莫敖子华求问一心为国的朝臣。莫敖子华向楚王讲了五个毫不为己的贤相、良将、忠臣，并以楚灵王好细腰的故事，说明官风和君王的行为关系很大。朝中媚臣、附炎者、败类多，使君不贤明、不尊贤、不爱贤。这是主要原因。

感思语

楚王很想树正气，便在传统打主意。
求问老臣哪些官，不为俸禄忧社稷。

阅策四语

莫敖子华谨答对，一连说出贤五位：
令尹子文很勤政，未明立朝天黑归，
衣食不华无日积，廉爵贫身忧社稷。①
叶公子高优才华，平乱振国作用大，②
楚王封他六百畛，爵崇禄丰爱国家。
昔日吴楚大交兵，莫敖大心很英勇，
清廉从不谋私利，爱民为国满身忠。
柏举之战楚大败，君王官民都逃奔，
棼冒勃苏求秦兵，复国远胜死硬拼。③
战后无章秩序乱，多亏蒙谷献法典。④
国家治理有法循，爵封执珪又赐田。
蒙谷辞封隐磨山，子孙数代不当官。
当今官员只喜钱，因为大王不尊贤。

---

① 令尹子文廉洁，穿黑丝衣上朝，在家穿鹿皮衣，无积蓄，家无隔夜之粮，早上朝，晚回家，一心为国。

② 叶公子高，才华高，能力强，平民出身，在平定白公胜挑起的内乱中，起了很大的作用，是稳定楚国的重臣。

③ "棼"音"焚"。吴、楚柏举之战时，楚国大败，楚国君臣民逃亡。棼冒勃苏到秦国搬救兵，在秦廷站立七天，米水不进、晕倒，感动秦王，秦发兵救楚，驱吴复楚。

④ 蒙谷在吴兵侵入楚国时，携典籍逃入云梦泽。楚复国后，在混乱时献出法典，使国家有章可循，国家大治。事出汉相萧何之前，境界高于萧何。封六百畛，蒙谷辞封不受，为民不做官。

第十五章　楚策（二）

188.魏相翟强死

简散语

魏国宰相翟强死后，最有希望继相位的是公子劲。公子劲亲秦，他任相，魏、秦关系必然会加强，楚国必然被轻看。有谋士建议楚王联齐，和齐国共推甘茂继相。甘茂与秦相樗里疾是誓不两立的宿敌。甘茂任相，秦、魏关系会紧张。秦、魏都积极和楚国搞关系。如果魏不同意任甘茂，齐会对魏不满，因此，齐、魏也会积极联楚，楚国地位就会提高。

感思语

谁继翟强任魏相，楚国谋臣费思量。
公子劲如继魏相，魏秦关系会加强，
楚国地位将下降。楚要联齐举甘茂，
成功与否都起浪。①任甘魏秦关系凉，
魏秦都会事楚王。如果魏不用甘茂，
魏齐关系会紧强，魏齐都会亲楚王。
谋士只为本国利，不怕他国骂心黑。
他国若骂谋士坏，本国便称是忠良。
谋士若是伤本国，全国骂他是间谍。

---

①甘茂和秦相樗里疾是宿仇，魏若用甘茂为相，秦国会反对，起风浪。如果不任甘茂为相，就驳了齐国的面子，齐国不满，也起风浪。

办事不谋本国利，谁都骂他卖国贼。
敌我评价不一样，因为政治讲立场。

189. 齐秦约攻楚

简散语

公元前305年，齐、秦相约联合攻楚。楚王派大将景翠许给齐六座城，并派太子到齐国做人质，求与齐友好。楚谋臣昭雎建议，楚派景鲤和苏厉带重金使秦，让齐国怀疑楚、秦暗中联合，挟制齐国。齐国就不向楚索要六城了。这样，齐、秦都会与楚国结盟，使两个敌国变成盟邦。

感思语

秦齐相约攻楚国，楚拟贿齐城六座。
并派太子做人质，争取与齐搞合作。
楚臣昭雎献妙计，派使给秦送重礼，
让齐疑秦楚暗合，不要六城请合作。
不送土地和人质，巧使秦齐变盟国。

190. 术视伐楚

简散语

公元前312年，秦将术视率军攻楚。楚将昭雎领兵打败秦军。昭雎想借昭鼠一部分兵力，乘胜追击，彻底打垮秦军。这时宛公昭鼠领十万兵守汉中。苏厉对昭鼠说，您向楚王报告，说秦要攻汉中，这样楚王就不分您的兵力了。昭鼠采纳了苏厉的意见，暂时保全了兵力，也使秦兵得以缓解。秦兵休整后卷土重来，打败昭鼠夺走了汉中。

感思语

秦将术视伐楚国，昭雎挥师败秦兵。
欲借昭鼠部分兵，乘胜追击求全胜。
昭鼠为了保兵力，假称秦要攻汉中。
昭鼠兵力暂保全，也让秦兵得休整。
秦用精兵攻昭鼠，汉中落入秦手中。

191. 四国伐楚

简散语

公元前301年，秦、燕、赵、魏四国联合攻楚。楚王派将军昭雎率师御敌。楚王想先打秦军，催昭雎出战。昭雎不同意，并派亲信桓臧向楚王陈说理由：楚国如果战胜秦军，会激怒秦王，调动全国之兵与楚国拼杀，燕、赵、魏三国也会憎恨楚国强大，加强攻楚，以增强秦国战胜楚国的信心。同时，秦国又怕与楚国大战互耗，使燕、赵、魏坐收渔利。桓臧建议楚王增加昭雎的兵力，表示与秦决战到底，以迫使秦国求和。这样，燕、赵、魏三国也只好休兵，以免除兵患。楚王不听桓臧的建议，竟派唐昧代替昭雎为将出战，结果被四国联军打败，失去大片领土。

感思语

战争是政治，政治亦战争。
是打还是停，由情况决定。
实力要有数，关系要厘清。
畏敌是右倾，乱撞更不行。
昭雎心里明，楚王不甚清。
水平高与低，不是地位定。

盲目催出战，临战换将领。
结果打败仗，忙乱瞎吹灯。
历代糊涂头，都像走马灯。
为改朝换代，起催化作用。[1]

192.楚怀王拘张仪

简散语

　　楚怀王拘留了张仪，拟处死。楚臣靳尚拐弯抹角地救了张仪。靳尚先对楚王说张仪是秦王的宠臣，拘留张仪就得罪了秦王，楚国将失去盟邦秦国，从而降低楚国的国际地位。靳尚又对楚王宠幸的夫人郑袖说，夫人将失宠，因为楚王拘留了秦王的宠臣张仪，秦王必定设法把他救出来。秦王有一位美丽的公主要送给楚王为妻，陪嫁貌美、善歌舞的女子、黄金珠宝名器和上庸六县作汤沐之费。秦公主凭借美貌、国势和厚资夺宠，您必受冷遇。郑袖问解救之法。靳尚说，您让楚王放了张仪，秦王就不送公主了。这样，您对内不失宠，对外结交秦国，还留张仪驱使，后代可为太子，一举四得，利益重大。郑袖立刻说服楚王，放了张仪。

　　郑袖与张仪本无关系，靳尚杜撰的故事使张仪成了与郑袖有切身利益的人物，调动郑袖努力为张仪服务。

感思语

　　郑袖、张仪没关系，释放张仪郑卖力。
　　不是郑袖爱管事，而是靳尚环转力。

---

[1] 昏君、浑官能使国家速败、灭亡。他们是改朝换代的催化剂之一。

193.楚王将出张子

简散语

公元前311年,楚王放了张仪,但是,又不放心,派靳尚监视。楚宫中有一个侍从小臣与靳尚有私仇。该小臣对魏相张旄说,张仪很聪明,受秦、楚两国重用,将来您一定会困窘。您不如将靳尚暗杀,使楚王怀疑张仪,张仪窘迫,您会受到重用。张旄派人刺杀了靳尚,引起秦、楚两国交战,两国都争取魏国,张旄受到重用和尊敬。

感思语

侍从小臣,靳尚仇人。
挑动张旄,靳尚遭害。
秦楚交战,起因小臣。
炮弹爆炸,因有引信。
部件虽小,能引大害。①

194.秦败楚汉中

简散语

公元前299年,秦军在汉中击败楚军,并把楚王骗到秦国扣留。楚臣游腾为楚游说秦昭王,说挟持楚王,与齐、魏、韩三国攻击楚国是不义行为,如果不与三国联合攻楚,又会失去利益。大王不如与楚王结盟,放楚王回国。楚王怕秦国,不敢背盟,如果楚王背盟,秦再与三国联合,一道攻楚,就名正言顺了。

---

① 有时大的矛盾的起因并非大事,小人物也能搅乱大局。引信虽小,能引起大的爆炸。

阅策四语

感思语

楚王入秦遭囚禁,游腾为楚游说秦。
扣主攻国名声坏,不攻又会利益损。
不如结盟放楚王,楚背盟约兵再进。①
兴师不可忘仁义,名正言顺形不损。②

195.楚襄王为太子之时

简散语

楚襄王横为太子时,在齐国当人质。楚怀王病死,齐湣王要求楚太子给齐东地五百里,才放太子回国奔丧。随行的太子师慎子教太子答应,以奔丧即位。之后,齐国派使到楚国索地。慎子教襄王召集群臣商议对策。上柱国子良主张将东地给齐,以示守信。将军昭常主张不给,自己领兵守卫。大臣景鲤主张不给,自己赴秦搬兵抗齐。楚王不知所是。慎子说三人的意见都采用:派子良赴齐献地;派昭常领兵守土;派景鲤到秦搬援兵。子良奉旨到齐献了地,齐到东地接收地被昭常以兵阻止。齐派兵来强收。秦援军已到。秦指责齐扣留太子,抢夺东地,不讲仁义道德。齐见秦兵众多,士气旺盛,又自感理亏,只好退兵。楚国未动兵,未失信,未失地,未遭兵祸。

感思语

慎子真是有水平,两害相权取其轻。
集思广益用众智,广采众意保安宁。③

---

① 游腾说秦与楚结盟后,把楚王放归,如果楚王背盟,再约三国联兵攻楚。
② 游腾主张行事要注意保护自己的声誉和形象。
③ 众臣的意见看似相左,经慎子集思广益,把正、反、高、低多种意见采纳,分时、地,择人而用,各种意见都发挥了好作用。

196.女阿谓苏子

简散语

　　楚太子横的保姆（女阿）对苏秦说，秦王扣留楚王和谋害太子，都是因为您苏秦，如今楚王死了，太子将归楚即王位，您的处境将不妙。她教苏秦派人对太子说，我苏秦知道太子怨恨自己，为了弥补过去的过失，苏秦将帮助太子回国。苏秦照保姆的话做了，太子便与苏秦友善了。

感思语

　　保姆没有官爵位，主意不比高官低。
　　指导苏秦说太子，扭转危局变安逸。

第十六章　楚策（三）

197.苏子谓楚王

简散语

苏秦对楚王说了三种好人，一是仁人，真心爱人，对人态度好，言善。二是孝子，尊爱孝养双亲。三是忠臣，真心爱主，不嫉妒贤能，进贤，礼让贤能。不管纵横家们个人品质如何，也不管他们讲的是否周到全面，提倡善道，对社会有好处。苏秦是富裕农家出身，其家厉行耕织。苏秦个人读书用功，善于思考。这都是好的，不能因为纵横家们为捞官，想发财，不择手段，就认为他们一无是处。人品是多样的，变化的。说人好就一切都好，说人坏就是一无是处，而且是一贯的，这种好坏一贯论，是识人上的形而上学。凡事都要具体分析，忽视人品的多样性和变化性，是不符合实际的。

感思语

世间传说历史人，明君、昏君、奸忠臣。
概括起来两个字，人们就讲好与坏。
好人公道保护民，子女真心孝双亲。
心善正直不坑人，贤才多数出平民。
坏人也出多家门，遇事为己重私心，
爱行贿赂拉帮派，就怕别人有威信，
总想危害忠厚人，坏人要是占要位，
众人必然要受害。好人坏人多源生，

自古至今未断根。世间没有清一色，
各个领域都一样，人品也是多种色，
红黄蓝白换着来，多彩自然不由人。
教育改造改变人，皇帝溥仪成平民。①

198.苏秦之楚

简散语

苏秦到楚国，楚王不见。苏秦脸皮厚，不心灰意冷，苦等如常。三个月后楚王才接见。苏秦不多言，说完俏话就辞行，使人难以捉摸，由于举止异凡，引起重视。苏秦不愧为合纵派的领军人物，举止异常，才能智思超群。

感思语

苏秦心理素质好，冷遇三月心不焦。
言词水平非常高，俏语巧把楚王臊。
饭少不说不够吃，说米如玉是楚宝。
水凉不说受慢待，说柴似桂一样好。②
谒者难见如小鬼，王如天帝难见到。③

---

① 清末代皇帝宣统，爱新觉罗氏溥仪，满族，辛亥革命后于1912年退位，1917年张勋复辟，拥其复出为帝，仅12天即告失败，1924年被冯玉祥赶出皇宫，避居天津租界。1931年九一八事变后，在日本帝国主义策划下，潜往东北，1932年伪满洲国成立，任执政，后称皇帝，改元康德，1945年日本投降，溥仪被苏军俘虏，1950年溥仪被移交中国，1959年溥仪被特赦释放，1961年任全国政协委员，1967年在北京病故。

② 楚国慢待苏秦，给的饭少不够吃，水也是凉的。苏秦不说饭少水凉，而说楚国的米好，如珠宝良玉一样贵重，楚国的柴薪像桂枝一样珍贵，舍不得烧水用。

③ 谒者，通报人，请谒者通报就像捉鬼一样难。见楚王像见天帝（玉皇大帝）一样难。

是骂是捧猜不透，见面辞行没想到。[1]
语言行动都超俗，佩六国印因才高。

199. 楚王逐张仪于魏

简散语

张仪相魏。楚王认为张仪不忠不信，欲让魏把张仪驱逐。陈轸对楚王说，张仪是魏臣，他不忠不信，对楚国没有害处，他忠信对楚国也没有益处，大王不必对此无关之事费心。

感思语

张仪相魏没相楚，楚王欲将张驱逐。
他说张仪没忠信，此人朝堂不可留。
陈轸说仪非楚臣，忠否与楚无利害。
信否都是他国事，大王不必枉劳神。
良犬守好自家门，捕鼠自有花猫在。
陈轸理事很明白，楚王犬猫活不分。[2]

200. 张仪之楚

简散语

张仪到楚国后，钱花光了。舍人想回去。张仪说你先等等，我去见楚王。张仪见了楚王说，大王如果不想重用我，我去三晋，问楚王想要三晋的什么东西。楚王说金玉、珠宝、犀角、象牙等，都是我楚国所

---

[1] 人们以为苦等三个月才见到楚王，可能长谈，谁知见面之后，只说了几句俏皮话便辞行。这些超凡异举，是常人不可能做到的，令人不可猜摸。

[2] 楚王理事不清，如同不知道猫狗各自应该干什么活。

产,没有什么需要的。张仪说韩国、两周的美女如同仙女下凡,大王可要?楚王一听,起了色欲,送重宝相托。受楚王宠幸的南后和郑袖听说楚王要托张仪从三晋物色美女,怕自己失宠,都很恐慌。南后送给张仪黄金千斤,郑袖送了五百斤。张仪临行前,与楚王喝告别酒,酒之半酣,张仪说这里没有外人,请和楚王的家人同饮。楚王招来南后和郑袖入席。张仪见了南后和郑袖,立刻向楚王拜谢请罪。楚王问何故,张仪说,我走遍天下,从未见过像这样漂亮的美女(指南后和郑袖),我还说为大王找美女,这不是欺骗大王吗?我真是死罪。楚王说,我就知道天下没有能赶上她俩长得再好的美女了。张仪通过说帮寻美女骗得楚王的珠宝和南后、郑袖的黄金,又以道歉谢罪之名,了却此事,解除了自己的经济困顿。

感思语

行骗多是聪明人,聪明在于知人心。
张仪揣透世间人,语钩下得非常准。①
楚王珠宝南郑金,都被张仪钓过来。
宴间酒语似道歉,感谢王家解困顿。

201.楚王令昭雎之秦重张仪

简散语

公元前311年,楚相昭雎与秦相张仪友善,楚怀王为了亲秦,派昭雎去秦国支持张仪。昭雎还未走到秦国,秦惠王就死了,其子嬴荡继位,立即把张仪赶出秦国。楚怀王为了讨好秦国,罢免了昭雎的相职。楚臣桓臧向楚怀王建议,让昭雎官复原职,支持张仪在魏、韩得势。桓

---

① 张仪知道富有者易贪色,所以,话如钓鱼钩,用语钩钩出了楚王的珠宝。张仪也知道美妇最怕失宠,又用语钩把南后和郑袖的黄金钓过来。楚王和南后、郑袖都因为自己或贪或怕之心,为张仪解决了一时之困顿。

臧认为，这样有利于楚国的稳定。

感思语

昭睢重用与罢免，和他德才不相干。①
张仪任相昭受尊，张仪被逐昭翻船。②
形势决定黜与陟，桓臧量事想得远。
分析形势破解难，建议恢复昭睢官。
支持张仪掌魏权，此策能稳方城邑，
可使楚国无战患。③ 操作层面重技能，
中层监督会指点，高层用人是关键。④

202. 张仪逐惠施于魏

简散语

　　张仪任魏相时，挤走了惠施。惠施到楚国，楚怀王收留了他。楚臣冯郝对楚王说，惠施与张仪不和，收留惠施会得罪张仪。如果惠施知道大王与张仪友善，惠施也会对大王不满意。这是一举两得罪。我听说宋王很敬重惠施，不如把他送到宋国，然后告诉张仪，因为你不喜欢惠施，我们也没有收留他。张仪会高兴。惠施在穷途中，大王把他送到宋国，宋王和惠施都会高兴。这是一举三高兴。

---

① 昭睢的重用和罢免，和他本人的德才没有关系，而以其友人张仪的处境沉浮而定。

② 张仪得势，昭睢也得势，张仪被逐，昭睢立刻被罢免（翻了船）。

③ 桓臧认为，张仪如果在魏、韩不得势，魏、韩就可能与秦结盟，那样，楚国的方城邑就危险了。如果昭睢官复原职，在楚国支持张仪，张仪在魏、韩得势。楚国可以通过张仪，借魏、韩之力抗秦，方城邑就会稳定无患。

④ 用人，操作层（基层）重视具体技能，层次越高，越重视用人。

感思语

万事平稳靠平衡，平衡基础就是平。
没有平就没有稳，没有平也没有公。
楚臣冯郝重视平，阻力少无负效应。
楚王一举两得罪，冯郝改为三高兴。

203. 五国伐秦

简散语

公元前318年，以楚国为首，楚、赵、魏、韩、燕联合伐秦失败。在战斗中，魏国打头阵，损兵一半。魏国想与秦讲和。魏王派惠施到楚国通报想法。楚国的谋臣杜赫向楚将昭阳建议，先拒绝惠施的意见，让他回国，然后暗中与秦讲和，再告诉魏国。这样，楚国就是和秦之首了。昭阳说好。

感思语

五国伐秦楚为首，魏国冲锋在前头。
损兵折将达半数，丧师全怪不善谋。
魏国想与秦讲和，杜赫教楚当和头。
先把魏使打发走，私下与秦暗通谋。
只要和议能成功，战和楚国都是头。

204. 陈轸告楚之魏

简散语

公元前322年，陈轸离开楚国来到魏国。张仪排挤陈轸，对魏王说，陈轸仍然忠于楚国。左爽教陈轸巧用谤语，把张仪的话传给楚王。楚王听了非常高兴，欲重新重用陈轸。①

感思语

  陈轸到魏足未稳，张仪谤言盖地来。
  他说陈轸仍忠楚，不会向魏献真心。
  左爽教陈巧用谤，张仪之语传楚王。
  楚王因之重陈轸，张仪谤言帮了忙。

205. 秦伐宜阳

简散语

  公元前308年，秦攻韩国的宜阳，韩将韩侈驻守宜阳。第二年宜阳危急。楚怀王认为，韩侈善战，秦兵攻不下宜阳，打算派兵援助韩国。陈轸用猎人巧计捕麋鹿的故事做比喻，断言宜阳必破，劝楚王不要出兵，以免被动。楚王采纳。后来秦攻破宜阳，证明陈轸判断准确。

感思语

  秦攻韩国宜阳城，楚对战事错判定：
  守将韩侈会用兵，秦国必定战无功，
  楚欲派兵援助韩，不费力气赚人情。
  陈轸判断正相反，认定此战秦必胜。
  麋鹿虽然很聪明，钻入猎人网罟中。②

---

  ①张仪想用谤语使陈轸陷入绝境，左爽教陈轸把张仪的话传给楚王，使谤言变为推荐书，楚王听了高兴，准备重新重用陈轸。
  ②麋鹿是比较聪明的动物。猎人张网捕鹿时，它知道前头有网，便调过头来顶撞驱赶它的猎人，以便借机逃脱。猎人知其习性，持网驱赶，麋鹿调头撞来，正好钻入网中，自投罗网。

陈劝楚王且观战,省劳节费不被动。
秦兵攻进宜阳城,陈轸判断高水平。
开国帝王有才能,有些儿孙转了种:
非龙非虎非彩凤,懒馋贪淫糊涂虫。
英雄后代成孬种,遗传不是个个灵。
救世星是穷人生,勤学善思践行功。①
爱民律己重节俭,决心坚持贵守恒。②

206.唐且见春申君

简散语

唐雎,也写作唐且(且读居)。春申君,名黄歇,战国四公子之一,当时任楚国令尹。唐雎赞扬孟贲、专诸和西施自身固有的素质,别人代替不了,并以博棋作比喻,说一枭难胜五散,希望黄歇多团结一般人,通力协作,把国事办好。

感思语

贲、诸藏刃不掩勇,西施粗衣美无穷。③
枭战五散难取胜,强弱协力可称雄。④

---

① 开国帝王无龙种,但是都很有才能。可是,帝王之后,龙子龙孙往往转种(变质),子孙后代,非龙非虎,懒馋贪淫糊涂,丧国,改朝换代。老子英雄,儿孙孬种。救世星往往是平民之后,英雄必是勤学善思会践行者。

② 能办成事的人,必定善谋,决心大,恒心强,成功是能量的结晶,重成果,能量守恒。

③ 孟贲和专诸都是勇士,他们即使把重槌和利刃揣在怀里,也掩盖不住他们的勇武之气。西施即使着粗布衣,仍然很美。对人配衣服马配鞍,持不同看法。马配好鞍能加速快跑吗?

④ 枭、散是六博彩名,枭为博头,散即五白,是除枭之外的五个子。博得五白,可以胜枭。唐雎以此为例,说明众弱协作,可以胜强。建议黄歇多团结一般人,强弱通力协作,便可以称雄天下。

第十七章　楚策（四）

207.或谓楚王

简散语

纵横家论事，多是褒己贬他，如，有合纵者对楚考烈王说，主张合纵的人，能在困难的环境中伸张正义，能在患难中奋进，有所建树，能预知祸患，把它转为福祉，能控制少数，变为多数，品德高尚，重视自我锤炼等。说搞连横的人不讲道德，利舌巧言，求主欢心，表面上利公为民，暗中谋取私利，轻公祸国。其实，客观地评价人的德才，才会有利于社会，只是，做到真正客观，在理论可以，实践上很难。

感思语

　　事物反复变，福祸暗中演。
　　祸福常贯通，祸能变福星。
　　困中伸正义，建树在困中。
　　积患重于岱，驾驭靠才能。①
　　公心为他人，胜利影随形。
　　处在困苦中，亦能轻脱颖。②
　　知足者常乐，廉洁最聪明。

---

①　在积患重于泰山之时，驾驭局面更要靠才能。
②　一心为他人着想的人，即毫不利己、专门利人的人，即使在困苦的环境中，也能轻松脱颖而出。

终日想助人，神欢身心轻。①

208.魏王遗楚王美人

简散语

魏惠王送给楚怀王一个美人。楚怀王很喜爱。楚王的宠妻郑袖对魏美人的关心超过了楚王。魏美人也把郑袖当作知心人。郑袖对魏美人说，大王很喜欢你，但是，不喜欢你的鼻子，你见到大王时，可捂住鼻子。魏美人非常感谢郑袖的指点，并照做。楚王对魏美人的捂鼻之举感到奇怪，问郑袖。郑袖答：魏美人讨厌大王的气味。楚王大怒，下令割掉魏美人的鼻子，赶出宫去。郑袖以关心换信任，害人固宠。

感思语

郑袖亲魏美，暗藏恶巧伎。
魏美中奸计，郑袖固宠位。②

209.楚王后死

简散语

楚王后死了，有人劝宰相昭鱼请楚王册立新王后。昭鱼不知王意，担心语违上意，徒劳尴尬，还可能得罪新王后。劝者说，可送五双耳环，其中一双最美，第二天就建议立戴上最美耳环者为后。昭鱼采纳此意见，果然正合王意。

---

① 终日思助人者，无私之累，心轻神欢。唐诗有"神欢体自轻"句。
② 楚王和魏美人都中了郑袖的奸计。恶狗咬人不露齿，郑袖害人固宠。郑袖也是著名的美人，貌美不见得心善。

感思语

政客多会巧营钻，投人所好讨主欢。
昭鱼五环钓王意，劝者无名招夺先。[1]

210. 庄辛谓楚襄王

简散语

庄辛是楚襄王的大臣，在进谏的过程中，曾讲到三物：一是蜻蜓，自由飞翔，捕食蚊、虻，与人无争，却被顽童粘住，抛弃在地上，落入蝼蚁腹中。二是黄雀，栖于大树茂林，自由玩耍，与人无争，公子、王孙用弹弓打下来，成了盘佳肴。三是黄鹄，鼓翅高空飘飖，游大江、大海，在沼泽中捕鱼，自由自在，与人无争，被人用箭射中，成了清炖的美味。此三物都以为安全无祸，不思防患，无端遭受残害。庄辛说到人：蔡圣侯只注意享乐，不思国事，落得红绳捆绑见楚宣王。庄辛指责楚襄王生活无节制，不思治国，郢都危险将临。楚王说庄辛老糊涂，盼败兴。楚王不纳庄辛忠言，庄辛请求到赵国避难。不久，秦国出兵夺取了楚国的鄢、郢、巫、上蔡、陈五地，楚王流亡到城阳。楚王接回庄辛问计。庄辛说见兔顾犬未晚，亡羊补牢不迟，商汤、周武王以百里昌，桀、纣以天下亡，楚国尚有数千里，整军卫国，收复失地。楚王授他执珪爵位，封阳陵君。

感思语

蜻蜓翱翔天地间，不知成为蝼蚁餐。
黄雀昼在茂林玩，晚上被夸味道鲜。[2]

---

[1] 给宰相昭鱼出主意的，不是名人高手，却能一招中的夺魁。高人是普通人成长起来的，不要小看了普通人。

[2] 黄雀白天在茂林中自由活动，晚上却变成一道味道鲜美的菜肴，人赞其好吃。

黄鹄白天江海戏，鼎鬻清炖供晚餐。①
蔡侯尽享人间福，红绳捆系见楚宣。
四者为何下场惨，只知安乐不思险。②
楚襄正在步后尘，庄辛犯颜进忠谏。
襄王说他盼败兴，糊涂专把妖咒念。③
昏君都厌忠直谏，良言扔在脑后边。
秦兵突扫楚五地，楚王此刻傻了眼。
接回庄辛问计策，见兔顾犬不为晚。
亡羊补牢不算迟，庄辛救难称典范。
居安思危传美名，庄辛、魏征谁更贤。

211.齐明说卓滑以伐秦

简散语

东周人齐明想让楚国出兵伐秦，游说楚臣卓滑，卓滑不同意。齐明立刻改口说，我是替樗里疾来试探你们的关系的，你态度明确，我可以向樗里疾回报了。

感思语

齐明伐秦搬楚兵，游说卓滑不成功。
改口说是来试探，骗得卓滑暂尊重。

---

① 黄鹄白天在江、海、河、湖、洋中游戏、捕鱼，晚上被炖成美食。
② 蜻蜓、黄雀、黄鹄、蔡圣侯都居安乐，不思危，下场都很惨。
③ 庄辛向楚王进忠言，楚王说他老糊涂盼败兴。念妖咒是败亡的预言。

212. 或谓黄齐

简散语

黄齐是楚国大臣，黄国之后。黄国在春秋时期亡于楚国，黄国的后代以国为姓。黄齐与楚国大臣富挚不和。有人以老莱子教孔子侍奉国君的故事，劝黄齐与富挚友善。说老莱子先让孔子看自己的牙齿，说原先这些牙坚固整齐，六十岁后全坏了，是互相研磨的结果。富挚有才能，你与他关系不好，如牙齿互磨，会两败俱伤。谚语说看到君王的马车，就要从自己的车上下来，看到君王的手杖，坐着的也要站起来。现在君主很喜欢富挚，你却与他不和，这不是做臣子的本分。

感思语

老莱子教孔圣人，尊重车杖是敬君。①
如今大王喜富挚，你应善挚免齿损。

213. 长沙之难

简散语

楚太子横在齐国做人质时，楚怀王死后，齐国才让太子回国。不久，齐国又联合韩、魏攻楚。楚臣昭盖建议让屈署用东国（淮北，也叫东地）贿齐求和，借以引动秦国对齐不满。太子同意，即命屈署去齐国割地求和。秦国怕齐国壮大对己不利，命令辛戎告诉楚国，不要割地给齐，秦发兵援楚。

---

① 老莱子以谚语教人，拘小节，敬他人，从点滴做起。

感思语

齐联韩魏攻楚东，①昭盖建议引秦兵。
屈署奉命割淮北，秦怕齐霸忙出兵。②

214.有献不死之药于荆王者

简散语

有人向楚王（即荆王）献了长生不死药，谒者③拿着药进宫。卫士问谒者，这药可以吃吗？谒者说可以吃。卫士夺过去把药吃了。

楚王闻知大怒，要杀卫士。卫士说谒者讲此药可以吃，我才吃了。此事罪在谒者，不在臣下。再说，客人进献的是长生药，如果因吃药被杀，岂不是成了欺骗大王的催死药了吗？于是，楚王赦免了卫士。

感思语

卫士吃了长生药，楚王大怒欲动刀。
长生立刻变速死，此事滑稽成笑料。

215.客说春申君

简散语

有客人对黄歇说，商汤在亳京兴起，周武王在镐京兴起，其领土都不过百里，荀子贤能，给其百里土地有点多，对国家不利。黄歇说对，于是，就把荀子辞谢了。荀子离楚入赵。赵王任其为上卿。客人又说，伊尹去夏到殷，殷胜夏亡。管仲去鲁到齐，齐强鲁弱。国有贤

---

① 楚东即楚国的东地，也叫东国，淮北地。
② 秦怕齐强称霸，出兵援楚，抗击齐、韩、魏联军。
③ 谒者是传达工作的人员，谒是拜见。

人，王尊国昌。黄歇又派人去请荀子回楚。荀子给黄歇写了一封信，说麻风病人可怜被权臣杀害的君主，可见无能的君主的处境之惨，还不如麻风病人。权官为了维权与保命，选继位王时，便采取杀长立幼、废嫡立庶、弃贤拥昏的手段，还讲了楚公子围弑父自立，崔杼弑庄公立齐景公，李兑饿死赵武灵王，淖齿抽齐湣王的筋，将湣王倒悬庙死，所谓"绞缨射股""擢筋饿死"，后边引用了赋、诗："宝珍隋珠，不知佩兮。袆布与锦，不知异兮。闾姝子奢，莫知媒兮。嫫母求之，又甚喜之兮。以瞽为明，以聋为聪，以是为非，以吉为凶，呜呼上天！曷惟其同。"《诗》曰："上天甚神，无自瘵也！"也可改为白话："珍贵的隋侯珠，不知道佩戴。皇家的龙袍和杂布，不知道分开。梁国的美女闾姝和郑国的美女子奢，没有人给她们做媒人。向丑女嫫母来求婚，又很喜爱。把瞎子说成眼睛明亮，把聋子说成听觉灵敏，把是当作非，把吉利当作灾祸，唉！天啊，为什么不分好坏？"《诗经》上说："天神的眼睛最明亮，不要自取祸殃。"

感思语

> 操作群中重技能，中层质量能分清。
> 上层必须会用人，识才择善靠水平。
> 黄歇养士很有名，决策用人都稀松。
> 心思如同墙头草，有风就会乱摇动。

216.天下合纵

简散语

天下合纵抗秦，赵国派魏加去楚国见黄歇。黄歇告诉魏加，说楚国准备委任临武君为大将军统率楚军。魏加给黄歇讲了一个更羸用虚弦无箭射大雁的故事，说临武君曾被秦军打败过，如惊弓之鸟，用他统军抗秦不妥。

感思语

雁闻弦声掉下来，事不真实分析深。①
讽刺黄歇没能耐，重用破胆统楚军。②

217.汗明见春申君

简散语

说客汗明求见春申君，等了三个月才见到，谈了一席话，黄歇听了很高兴。汗明想再谈，黄歇说我了解先生了，休息去吧。汗明说，尧了解舜用了三年多，您在很短的时间就了解我了，说明您比尧还圣明。接着汗明说了一个千里马拉车的故事：骥到了驾车的年齿时，拉着装满盐的车去太行山，上坡时，骥施尽全身解数，累死累活，就是上不去。伯乐看见了，执缰为骥而泣。千里马见到知己，仰头长鸣，声如发自金石，直冲九霄。汗明说，我生活悲惨，让我也在太行城为您高声长鸣吧。汗明自比千里马，在太行山拉车，用非所长。古人就业也不容易。

感思语

汗明楚国拜黄歇，接见等了三个月。
黄歇如与周公比，两人相差实太多。③
汗明说黄超过尧，褒贬讽刺请思索。
汗明又讲千里马，拉盐太行上山坡。

---

①惊弓之鸟，可能是有才者杜撰的故事。因为分析得比较细致，合乎逻辑，使人觉着真有其事，广泛流传，成为成语。如，说这只雁飞得很慢，是有伤，叫声悲是久离群。射雁者未用箭，只用弓弦空射了一下，雁闻弦声就掉下来了。这是因为雁听到弦声，用力高飞，用力过大，使旧伤破裂而致其落地。

②被吓破胆将军如惊弓之鸟，战易败。

③周公姬旦求贤若渴，握发吐哺，来者立即见。后世的英杰刘邦、曹操也都曾跣足迎客。黄歇养士有名，但是，侍人和这些英杰相比，相差甚远。

189

阅策四语

宝马使尽平生力，车不挪动无奈何。
汗明自比如骐骥，①金玉之声响天彻。

218. 楚考烈王无子

简散语

楚考烈王无子。黄歇为宰相，寻找了很多有生育能力的妇女，献给楚王，都未生男。这时，赵国的李园想把自己的妹妹献给楚王。李园先到黄歇门下当舍人，不久请假回家，故意误了归期。黄歇问他误期的原因，他说齐王派人来聘娶其妹，陪齐使喝酒而误期，并告诉黄歇，齐未下聘礼，未娶走其妹。黄歇想见其妹，李园答应了，就把妹妹送给黄歇。其妹与黄歇同床怀孕。李园与其妹商量了计策。李妹对黄歇说，楚王无子，去世后将有兄弟继位。新王用其亲，您的相位就保不住了。您当相国多年，对大王的兄弟必有失礼之处，那时您的祸患就临头了。如今我自知怀孕，别人不知道。我受您宠幸的时间短，如果借您的高贵身份，把我献给楚王，楚王必定宠幸我。我如果生下男孩，继了王位，您的儿子当了楚王，楚国就在您手中了。黄歇认为此话很对。于是，就把李妹迁出，安排在馆舍，然后报告给楚王。楚王召李妹进宫同床，后生男孩，立为太子，李妹立为王后。李园受重用，掌了朝政。李园怕黄歇泄密，暗中养了刺客，想杀死黄歇灭口。此事国内许多人知道。黄歇任相二十五年时，楚王患重病。这时，朱英对黄歇说，世上有出人意料的洪福。您任相二十多年，名为相，实为王。您的五个儿子都是诸侯的辅臣。现在大王病重，早晚必会驾崩，您辅佐幼主，代掌朝政，如同伊尹、周公，还可以南面称王。这便是意料之福。又有始料不及的横祸。李园是君王的妻舅，暗中养了刺客。楚王驾崩，他一定抢先入宫，按预先谋划，假托王命，杀您灭口。这是出人意料之灾祸。还有出人意料之

---

① 骥是千里马，是马中之杰，用千里马拉盐车上山，如同用金砖玉瓦垒厕所。汗明自大比千里马。古人游说求职换饭也不容易。

人。您先任命我为郎中，君王驾崩，李园入宫，我先把他杀死。我就是出人意料之人。黄歇说，您不要说了，放弃这种想法吧。李园是个软弱之人。我对他很好，不会发生这种事。黄歇不用其谋，朱英怕事泄，离开楚国。十七天后，楚考烈王病死，李园先入宫，埋伏好刺客，黄歇入宫被杀。李又派人杀灭黄歇家族。太子继位，为楚幽王。此事非信史，不可信，能借鉴。

感思语

荀子确实很聪明，预知黄歇必遭凶。
致函春申曾点化，列出齐庄、赵武灵。
朱英也是极聪明，问题解法都讲明。
春申愚蠢不能用，朱英出走为避凶。
黄歇是个糊涂虫，朽木不能敲出声。
以瞽当明聋充聪，是非颠倒混吉凶。
李园不是省油灯，假装亲近为利用。
自己先去当舍人，再把妹妹送进宫。
杀黄心黑手很硬，黄歇全家被扫空。
李园办事讲过程，从头到尾步骤清。

219.虞卿谓春申君

简散语

虞卿是游说之士，曾游说赵孝成王成功，被赵王封为上卿。公元前248年，虞卿游说春申君黄歇，说《春秋》有言，"于安思危，危则虑安"，建议黄歇早定封地。封地要远离楚国，远则安。请楚国借道魏国攻打燕国，夺燕地定为自己的封地，并表示自己愿意为楚使魏，说服魏王允许楚借道。虞卿到魏国，对魏王说，楚国跨国攻燕，是对楚国力量的削弱，对魏国有利，请魏国借道给楚。说客都是见神说神话，见鬼说鬼话。这是当时说客的行为之风,也是社会情况使然。

感思语

居安思危是经典,封地远安理由偏。①
商君、太公危与安,不因封地近与远。②
远交近攻连横理,③借道远攻谋非善。④
理歪也能使人信,引诱私欲是关键。⑤
说黄是用寻封地,⑥说魏弱楚魏喜欢。⑦
抓住私心说取利,说客品格不值钱。⑧

---

① 封地越远越安全之说,理由片面。
② 商鞅和姜太公的危和安,不是因为封地的近和远。商鞅危,是因为朝廷顶层及上层不睦。姜尚是上层亲,而且善经营,国富强而安。
③ 远交近攻是秦相范雎提出的,是连横战略理论的核心内容,对连横战胜合纵,秦扫六合,统一中原发挥了重要作用。
④ 借道远攻已被范雎彻底否定,秦已改行远交近攻之策。这里虞卿又讲借道远攻,可见思想和行动的反复,古今难免。
⑤ 自古至今,行骗都是以利为饵引诱,不贪一般不容易受骗。
⑥ 虞卿说黄歇,是以为黄歇解决封地为钓饵的。这是黄歇的切身大利。
⑦ 虞卿游说魏王,是以弱楚强魏为诱饵的,无食饵,鱼不上钩,鸟不入笼网。
⑧ 虞卿总是说为游说对象得利,其目的为自己骗利。

第十八章　赵策（一）

220. 知伯诱韩魏兵以攻赵

简散语

知伯就是智伯，名瑶。他胁迫、利诱韩、魏攻赵，许诺灭赵后三分赵地。智伯兵围晋阳，并以水灌城，城墙被淹没得只剩下三版高了①。晋阳城里，臼灶生蛙，人马相食，破城在即。郄疵通过察言观色，表情举止，判定韩、魏必反，并告诉了智伯。智伯不信，还把郄疵的话端给了韩王、魏王。因此，韩王、魏王对郄疵恨之入骨，并同声咬定，郄疵心奸亲赵，想挑拨离间，破坏智、韩、魏的关系。郄疵得知智伯不听其言，并已泄其谋，为了避祸，请求出使齐国，智伯同意。郄疵走后，不久韩、魏反，灭智，韩、魏、赵三分其地。郄疵如不离开，赵、魏、韩必然让他为智伯殉葬。

感思语

郄疵察知韩魏反，韩魏咬定郄疵奸。
郄知智伯泄己谋，使齐实为避祸端。

---

① "版"同"板"，原来是古人筑墙的工具（夹板），高二尺，长六尺，也有说八尺为一版的。

221. 智伯帅赵、韩、魏而伐范中行氏

简散语

智伯，智宣子之子，贪婪无厌，残暴鸷愎，势大权重，职高才疏，对人阳亲阴疏，居心叵测。曾带领赵、韩、魏灭了范氏（晋臣范吉射）、中行氏（晋臣中行寅），分其地，又依次向韩、魏、赵索地。韩、魏为避战祸，无奈割县献土。赵不从智命，智伯便胁迫利诱韩、魏攻赵，许诺灭赵后三分其地。智伯水淹晋阳，并趾高气扬地对韩康子、魏宣子说，现在知道水可以攻城灭国了。韩、魏二君闻言皆恐。智伯之臣郗疵和智过皆察知韩、魏将反，并提出了解救之法。智伯自负，不纳其言。郗疵和智过知谋泄，为避祸，郗疵借口使齐，智过改智为辅，出走不知所终。后来，赵、韩、魏里应外合攻智氏，擒杀智伯，智氏国灭人亡，为世所笑。赵、魏、韩三分其地，史称"三家分晋"。赵襄子，赵简子之子，赵国君主，抗智意志坚定。他明知道智伯索地，不给会被攻击，却不向强敌屈服，为对抗智伯，做了认真细致的准备。他对家臣张孟谈深信不疑，言听计从。在水没晋阳城只剩三版时，城内臼灶生蛙，人马相食，巢居而处，悬釜而炊，财食将尽，士卒病羸。赵君意志有所动摇，曾想开城降敌。赵襄子采纳了张孟谈的意见，坚持固守，终获胜利。

张孟谈是赵襄子的家臣，足智多谋，是赵国的得力谋士。他对晋阳城的情况、人心、战资、供给等很清楚，在极端困难、赵襄子摇摆时，他及时分析了战降利害，并出城以唇亡齿寒之理，策反韩、魏成功，使韩、魏阵前倒戈，对灭智伯起了关键性作用。

韩康子，名虎，晋大夫，韩国君主。魏宣子，名驹，晋大夫，魏国君主。此二人才智相当，都不及其下人，都能采纳属臣的善言，这是政治品质优良。

段规，郑国共叔段之后，当时任韩国宰相。

赵葭，晋人，魏氏家臣，此二人职务不同，才智匹敌，识敌透，

虑事远，受主重视。曾以土地换平安，把兵祸推出去，使本国免遭战祸，最后与赵联合灭智氏获胜。文中还提到尹泽、赵氏家臣，延陵生、赵氏武臣。此文不长，说到十一人。

感思语

智伯昏昧地位高，表面亲和心藏刀。
灭了范氏、中行氏，回头又把韩魏叼。
康子、宣子智不高，段规、赵葭有妙招。①
韩、魏君主能从善，这个品质不得了。
智伯手下人才好，郄疵、智过察秋毫。
智伯刚愎不用能，两人无奈都出逃。
势大才疏欲吞赵，水围晋阳动兵刀。
韩魏要反未察觉，国灭人亡天下笑。
赵襄怀志有能力，不把智伯放眼里。
知道智氏不两立，为了应对准备细。
晋阳被围三年多，粮尽财匮加病魔。
眼看水涨城将没，赵君不知该如何。
赵氏家臣张孟谈，暗会韩、魏搞策反。
讲透唇亡齿寒理，韩、魏反智心更坚。
担心变故反提前，智伯死于赵魏韩。
三家分晋定大局，运筹多靠张孟谈。

---

① 智伯向韩索地，韩康子不想给。韩相段规说，智伯贪利，残忍狠毒，刚愎自用，不给他会兴兵来攻，不如给他土地，先免除兵祸，静待变化。韩君无奈，给了智伯一座万户县邑。智伯又向魏索地，魏宣子也不想给，魏家臣赵葭劝魏王给了智伯一座万户县邑。智伯向赵索要蔡和皋狼，赵襄子不给。智伯胁迫韩、魏，联合攻赵。

222.张孟谈既固赵宗

简散语

　　张孟谈助赵灭智后，为了防止自己功大震主，名高盖主，主动要求捐弃一切功劳归隐。他宣扬传统，说荀子执政时曾说，五霸强是因为约束得当，使君主能控制臣，不使臣控制主。列侯不当宰相，将军不当朝中近臣，以防尾大不掉。这是掌政的方略。张孟谈为了不当大尾巴，交还了封地，辞掉了一切职务，到小山上躬事农耕，当田农。有这样的自控能力，世上稀少，被后人评为贤人之行。三年后，韩、魏、齐、燕四国谋联合攻赵，张孟谈应赵襄子之请，再次出山掌政。他命其妻出使楚国，命三个儿子分别出使韩、魏、齐。各国搞不清他与赵的真实关系，互相猜忌，形不成攻赵的联合阵线，不战自弭。张孟谈为赵再立大功。

感思语

　　孟谈固赵立奇功，功成身退远百姓。
　　辞职交权当田农，为国不要利和名。
　　三年四国谋攻赵，孟谈复出再立功。
　　妻儿奉命使四国，战火未起事弭平。
　　若无刘向集此书，青史显着不公平。

223.晋毕阳之孙豫让

简散语

　　豫让的爷爷毕阳是晋国的侠客，隔辈传，豫让满身侠气。行侠者有本事，讲义气，很公道，喜助弱。豫让的处世铭是"士为知己者死，女为悦己者容"。入世后，豫让曾为范氏、中行氏服务，后来投到智伯门下。三家分晋后，智伯被杀，豫让逃隐深山中。赵襄子把智伯的头颅骨雕漆后当尿盆用，激起豫让的义愤，欲杀赵襄子，以命报答智伯。于是，他改姓名，扮成粉墙工匠，寻机行刺，在赵府被发现捕获，下人想杀了他。赵襄子说他是义士、贤人，把他放了。之后，他自毁容貌，吞炭变声，扮成乞丐，伏在赵襄子经过的桥下，又被搜出。赵襄子问他，你曾为范氏、中行氏服务，他们死了，你不为他们报仇，为何独为智伯冒死效命？豫让说，范氏、中行氏拿我当一般人，豫让就用一般人的态度报答。智伯给我国士的待遇，豫让就用国士的态度报答。赵襄子说，你为智伯报仇，已成就名声，我放了你一次也足够了。让士兵将他围住。这时，豫让对赵襄子说，贤君不阻挡人家的忠义之行，忠臣为志节不惜生命。君王已经宽恕了我一次，已驰誉天下。我想得到君王的袍刺几下，希成全。襄子将袍交给豫让。豫让拔剑、奋身、刺袍，仰天长叹，大仇已报，遂自杀而死。赵国忠义之士闻知，皆落泪惋惜。豫让这种报恩行为，是精神领域里的一种等价交换。现代社会的等价交换，主要表现在物质方面。古今社会都讲等价交换。投桃报李，是物质交换。"满招损，谦受益"，也是精神交换，有时精神变物质。有恩必报，以心换心，都是交换。不过，精神交换只表示趋势，不能那么精准地量化，因为精神难以准确计数，说不准轻重、长短、粗细、大小。以怨报德是不等价的，人们认为施怨者坏了良心，良是好的意思，坏了良心就是心坏了，就是坏人。人和物的好坏，衡量的标准不同，物破为坏，人破一点，甚至截肢残缺，只要心善，仍是好人。心恶，其他方面再完整也是坏人。因为衡量人好坏的是德，心是德的载体。女为悦己者容，也是精神交换。如果无感情，单纯地为获物而容，是娼妓行为。

  赵襄子把智伯的头壳做成尿盆用，是辱魂行为，说明赵氏心胸狭窄。尿盆是"溲器"，或叫"溺器""夜壶"之类。有的版本写成"饮器"，有的人说"饮"是"溲"之误。我想，也许是编者有把"溲"写成"饮"的，是说赵襄子无宽厚、宽容、宽和之气度，是只配喝尿的小人。伍子胥死后进不了文庙。人说死后无仇，他与死骨为仇，心窄。这也不必看作信史，只是作为人心的趋向。讲平衡就不要过头，过犹不及。

感思语

士为知己死,女为悦己容。
豫让豪壮语,鬼泣神亦惊。
范氏待豫让,只当一般众。
豫让报范氏,也如一般众。
智伯敬豫如国士,豫让为之献生命。
精神虽然难量化,趋势亦能近公平。
加强法治反腐败,保持平衡会安定。
自然、社会如紊乱,宇宙、人事必失衡。

224.魏文侯借道于赵攻中山

简散语

公元前408年,魏文侯想借道赵国攻中山,赵烈侯不想答应。赵臣赵利劝赵侯答应,理由有二:一是魏攻不下中山,魏便削弱疲惫,相比之下,赵就强了。二是魏如果攻下中山,却不能越过赵国去管理,中山的土地会归赵。这样,用兵的是魏,得利的是赵。但是,不要表现得太积极了,以免被魏看出赵想渔利,要表示借道给魏是无奈之举。

感思语

魏侯借道攻中山,赵侯不想给方便。
赵臣谋远知其利,劝君答应又装难。
谋臣赵利心眼活,设置圈套请魏钻。
做事三思想在前,上当怪己别埋怨。[1]

---

[1]如果被骗上当,不用埋怨骗子,怪自己智少能力低,只有提高自己,自己强了,对手就弱了,埋怨、气、急都不管用。

225. 秦韩围梁

简散语

公元前283年，秦国和韩国攻魏的首都大梁，赵国和燕国准备派兵救魏。这时有人对山阳君说，如果赵、燕、魏三国联合攻秦，即使不能破秦，也可以占领韩国的新郑，这比单纯的救援效果好。

感思语

秦韩联军攻大梁，赵燕救魏策划忙。
人劝赵燕魏攻秦，效果定比单救强。[①]

226. 腹击为室而钜

简散语

腹击是楚人，在赵国当大官，赵国人却不信任他，说国有大事不会重用他。于是，腹击便用大量俸禄买了建材，把府第修得非常壮丽。有个叫荆敢的人把腹击的作为报告给了赵王。赵王问腹击修巨大豪宅的缘故。腹击说，臣是做客的外乡人，宫室狭小，家属也少。大王虽然信任臣，百姓却信不过，建此大宅可以取信于民。赵王称善。

感思语

腹击建豪宅，壮气又提神。
看似闹排场，实为取信民。

[①] 如果把援救改为赵、燕、魏三国联合攻秦，就由被动变为主动了，这是对以攻为守的发展。

227. 苏秦说李兑

简散语

苏秦游说赵相国李兑，开始他想用自己的困难、苦处唤起李兑的同情，岂不知李兑官大、位高、权重、心黑，根本不理他这一套，而是以不听人事为名，想把他轰走。苏秦机灵，随机应变，立即编了一个土偶、木偶对话的故事，讲给李兑，并大胆地揭穿李兑杀主父、灭族的恶行，指出李兑处境不妙，危如累卵，引起李兑的重视。这是苏秦才高胆大的表现。如果游说者站在下位，求人解困，是不能成功的。站在平等或者站在更高之位，不是求助，而是指教，情况就好多了。世上行骗者总是把自己打扮成救世者，行骗才轻易得手，世间事怪，眼明者请盲人指路（瞎子算卦），有识者受无识者教训，试想，如果算卦者能教人发达，他自己为何受贫。行骗者多文化不高，一些受过良好教育的人，竟然甘受其骗，不是活该吗？

感思语

苏秦虽有高才华，口若悬河理不差。
权臣李兑已塞耳，天花乱坠不理他。
苏秦智商确实高，眨眼鬼话说一套。
舍人识才又忌才，劝说李兑助苏秦。①

---

① 苏秦游说李兑，李兑的门客偷听，观察后，认为苏秦口才好，知识渊博，便告诉李兑说，如果不想接受其计划，明天再谈，请紧紧塞住两耳。李兑照做。第二天苏秦长谈一天，李兑不理。后来苏秦问门客原因，门客说，李兑已经塞了双耳。之后，门客请李兑资助苏秦。李兑送给苏秦明月之珠、和氏之璧、黑貂皮大衣、黄金百镒，苏秦携资入秦。

228.赵收天下

简散语

公元前285年,赵国联合秦国和天下诸侯共同伐齐。苏秦为齐国上书赵惠文王,说贤君圣王,总是修行道德,施行仁政,惠播万民,恩降甘露,风调雨顺,五谷丰登,人民喜乐。他自己却经常反省不足之处。指出秦国表面上为盟国考虑,实际上只为自己乘机夺利。还说,物有势异而患同,又有势同而患异。过去秦、齐、韩、魏、燕五国合谋攻赵,出兵的日子快到了,齐国背盟弃约,西向伐秦,迫使伐赵中止,齐、赵友好。如今大王以怨报德,恐怕天下诸侯不再与赵为盟了。如果大王现在与齐结盟,诸侯们必然认为大王有德有义,名重天下。齐国为报答恩主,必然率诸侯尊大王为宗主,大王号令便能行天下,请大王与群臣重新谋划。苏秦之说,言之皆物,说理哲通。

感思语

苏秦游说不空谈,条分缕析根据全。
情况必由调查来,勤学善思可通天。
败事多因心身懒,天道酬勤永不变。
善思才会知事透,刻苦实践能兑现。

229.齐攻宋

简散语

齐国想趁宋国内乱时攻宋。有人劝奉阳君李兑说,您年岁大了,封地还没有定,您助齐攻下宋国,既可以讨好齐国,又可以确定自己的封地,这是百代不遇的好机会。

感思语

引诱都用利,利能管心意。
权大贪心重,见利会忘义。
浑人只看利,掉进陷阱里。
指望捞一把,受骗挨了黑。

230.秦王谓公子他

简散语

秦、楚蓝田之战时,韩国不遵盟约,没有信用,反复无常,是秦国的心腹大患,秦昭王嬴稷在公元前263年兴师伐韩。韩桓惠王惊恐万状,许割上党十七县给秦请和。韩王命韩阳告知上党太守靳黁。太守不从命韩王,韩王撤了靳黁,命冯亭接任。冯亭到职三十天,经反复谋划,暗中派人告诉赵孝成王,说要把上党拱手让给秦国,但是,百姓不愿意归暴秦,愿意做赵民。赵王闻信大喜,召来平阳君赵豹商议。赵豹说圣人甚祸无故之利,以避招之惨祸。赵王说,他们慕我仁义,不为无故。赵豹说,秦国出兵,劳师动众,正准备收上党,赵国却坐享其成。这样的利益,强国尚不能取之弱国,小小的赵国怎能虎口夺食。这是韩国转嫁兵祸,请大王考虑。赵王大怒说,我动大兵,战累年尚不能得一城,今不费吹灰之力得十七城,何乐而不为。赵豹默退。赵王又召来赵胜、赵禹商议。赵胜、赵禹忙贺喜,说这是大王的福气。于是,赵王派平原君赵胜到上党接收土地。赵胜到了上党,赏给冯亭一座三万户的城池作为封地,给各县令千户城,大小官员加爵三级,居民户给六金。冯亭辞封,回到韩国,说赵已袭取了上党。韩王派人报告秦国,秦王大怒,派白起、王齮帅兵攻赵,在长平大败赵军。

感思语

靳䵍为国有忠心，^①冯亭权谋显智才。
赵豹清醒虑事远，赵王见利智就昏。
赵胜养士称能人，鼠目寸光无大才。
今日白得上党地，明日长平大祸来。
只见小城十七座，不知国运根本衰。
糊涂君主不从善，自古兴败在决策。
白起用兵很高明，处置降卒太残忍。
坑杀赵兵四十万，满山遍野是冤魂。

231. 苏秦为赵王使于秦

简散语

公元前332年，苏秦为赵国出使秦国，回来后，三天赵王都未接见他。苏秦怀疑有人在背后说了他的坏话，就用"砥柱山二树"的故事辩证，暗示有人进谗言诋毁他。

感思语

苏秦为赵使秦还，赵王三天未接见。
苏秦随口说寓言，从此词林添"雕钻"。^②

---

① 䵍音"zhōng"，是人名用字。
② 苏秦对赵王说，从前我路过砥柱山，山上有两棵大树，一棵呼叫同伴，一棵哭泣。呼者问泣者为何哭泣。答曰：我身高年大，木匠在我身上印了绳墨，要按规矩雕刻。呼者说这是我们应该做的，我不怕。我怕铁钻那样的东西，钻进别人体内，把屑挤出来。从此，词林里便有了"雕钻"，后来演变为"刁钻"。"刁钻古怪"即狡猾奸诈，使人感到离奇。

232. 甘茂为秦约魏

简散语

公元前308年，秦国派甘茂出使魏国，又向北到赵国，欲联合攻韩国的宜阳。冷向教唆赵臣强国扣押甘茂作人质，用以和齐、韩、秦做交易。齐王想救宜阳，会献出狐氏县。韩国想保住宜阳，会用路县、涉县、端氏贿赂赵国。秦武王想得到宜阳，将用名宝换取。秦还会因甘茂被赵国扣留，另任用公孙赫、樗里疾，此二人也会感谢赵国。

感思语

一座宜阳城，① 引得五国争。②
扣使为人质，闹得乱哄哄。

233. 谓皮相国

简散语

公元前243年，山东诸侯合纵攻秦。有人对赵国的皮相国说：合纵攻秦不会成功，还会损害与秦国关系，是下策。赵国的建信君明明知道这个恶果，不知他为何还这样做。上策是出兵帮助秦国攻灭魏国，并与楚国的春申君联合，瓜分齐国。这样做既可以获利强国，又不损害与秦国关系，您应该深思熟虑，择善而为之。

感思语

战国互斗为争利，谋划施策只顾己。
山东谋臣目光短，远交近攻秦统一。

---

① 宜阳在当时地理位置重要。
② 五国指秦、齐、赵、韩、魏。

234.或谓皮相国

简散语

自从苏秦的合纵与张仪的连横两种战略思想诞生后,纵横之争从未停过。范雎提出远交近攻,策略高明,连横胜出。范雎受蔡泽的点拨辞相后,人去政策延续。精神一旦形成,便脱离物质而独立存在,如同杀了商鞅,商鞅之法照行,秦国仍然强盛一样。公元前239年,有人为赵国的皮相国分析形势说,魏国杀了秦臣吕辽,秦国出兵进攻卫国,攻下北阳,魏国情势危急。三晋担心齐国不参与合纵,合纵联盟会失败,因此,忧患大的国家不计得失,与秦国结盟,猜疑大的国家也急侍秦,而秦相文信侯吕不韦为自己的封地不稳而心忧;同时,因三晋可能叛变而忧心更重,所以,魏国未曾割地就与秦联合成功。秦、魏联合后,秦国便会让楚国和魏国进攻齐国,秦国吞并赵国。这样,齐、赵必然被秦国灭亡。

感思语

合纵连横不停争,山东、山西都动兵。[①]
谋士点拨皮相国,夺利还须形势清。

235.赵王封孟尝君以武城

简散语

赵惠文王把武城封给了孟尝君田文。田文在门客中选派人到武城任守吏。田文深知人的懈怠性,所以,在出发前警诫他们,要扔掉"借来的车猛驰,借来的衣服狠穿"的思想,因为借来的东西都是善亲好友的,应当关爱胜过己物。到了武城不要砍树毁屋,以便将来把完好的武

[①] 山东指当时的函谷关以东。山西主要是指秦国。

城交还给赵王。

感思语

田文自称无才能，凸显谦逊和自明。
嘱咐舍人爱武城，破除俗见亮高明。

236. 谓赵王

简散语

公元前299年，秦将伐韩、魏，陈轸对赵武灵王说，韩、魏、赵三晋如果联合，秦就显得软弱无力了。三晋如果离心离德，便无力抵抗秦国。建议赵国联合韩、魏抗秦，移祸于楚。赵王接受了陈轸的建议，起兵助韩、魏防秦。秦国见三晋联盟牢不可破，便图谋楚国。

感思语

赵武灵王陈轸劝，分析形势很精练。
战国强权就是理，合纵连横都弄权。
如果三晋联合紧，强秦只能干瞪眼。
糊涂相斗变弱势，会成秦狼口中餐。

第十九章 赵策（二）

237.苏秦从燕之赵

简散语

苏秦对自己的合纵主张充满了热望。他对赵王宣扬合纵之道，其游说层次性、递进性、逻辑性很强。他先对赵肃侯说，国家的根本在安民和邦交。民为国之本，邦交也非常重要。接着，他勾画出合纵的美好前图。他认为连横不会成功，对连横派多方贬斥。他分析了赵国的实力和地缘政治，优势大大超过了尧、舜、汤、武，可成大业。还通过山东六国联合与秦国相比，得出合纵必胜的结论，讲了搞合纵的具体方针。理论讲得很好。但是，社会历史的发展和苏秦的理论相悖，结果合纵失败了，连横胜利了，秦统一了中国，历史为什么这样嘲弄苏秦的合纵，我想主要应从哲学上理解发展的本质。历史发展的趋势，不理睬人们的愿望。历史按规律走自己路。

感思语

国家根本是人民，德高道正得人心。
尧、舜、禹、汤、周武王，道义高尚会统民。
合纵首领数苏秦，各国情况了解深。
利害分析非常透，才高理通能服人。
赵侯深信苏子论，初定纵约同抗秦。
社会运行有规律，规律不听人指挥。
观察细致思索深，利用时机抓得准。

聪明不光会适应，践行专心有学问。
连横胜利秦统一，苏秦高论成瞎掰。

238.秦攻赵

简散语

苏秦有民本思想，主张贵民，提出明君教民长本事，广采善意，让民休养生息。君主也应该修身善己，谦恭谨慎，还提出怀重宝不夜行等，有气度，很宝贵。苏秦作为合纵派的首领，并用事实说话，说合纵力量大时讲："诸侯之地五倍于秦，料诸侯之卒，十倍于秦，六国并力为一，西面而攻秦，秦破必矣。"（《战国策·卷十九·赵二》）这对于鼓舞士气非常重要。秦国进攻赵国，苏秦游说秦王，劝秦王按兵息民。秦王担心秦不动兵，诸侯会合纵来攻。苏秦说，他们"收破齐、罢楚、弊魏、不可知之赵，欲以穷秦折韩，臣以为至误，臣以从一不可成也"！这种说法大大贬低了六国，看似前恭后倨。苏秦这样做，实际上是为了麻痹秦王。

感思语

人说舌下没骨头，说客表现更突出。
苏秦曾吹山东强，又说六国全都休。[①]
田单曾是齐名将，[②] 现在称雄搞内斗。[③]
此文也有小亮点，不妨简单凑一凑：
贤君教民长本事，广听民意善采收。
承担大事别轻敌，对人和悦少受妒。
明君必定惜民力，怀宝绝不走夜路。

[①] 休，不行的意思。
[②] 田单是齐国的名将，复国的功臣，名响当世。
[③] 现在田单在齐国横行，却不敢伐秦。

谦虚恭谨是聪明，粗野逞强是糊涂。

239.张仪为秦连横

简散语

张仪对赵惠文王的游说词是绵里藏针，他先说赵国势力强大，赵王率领诸侯合纵抗秦，使秦国十五年不敢出函谷关。赵王的威声传布天下，秦国被赵国慑服。但是，秦国并未被赵国吓倒，而是谨慎行事，忿悁含怒，①积极备战，缮甲厉兵，饰车习射，已经西举巴蜀，并汉中，东收两周，迁九鼎等，现在准备对赵开战。张仪说赵王以苏秦的合纵之策为指导，可是，苏秦的理论以是为非，以非为是，只能迷惑诸侯。苏秦阴谋颠覆齐国，事败被齐车裂而死。用这样的小人的思想作指导，合纵是不会成功的。张仪说自己是奉秦王之命来送信的（实际上是下战表）。他对赵王说，秦国已派出三路大军，兵指邯郸，破赵之后，由齐、魏、韩、秦四分赵地。兵攻之前，要赵王到渑池朝秦王，当面与秦王商定和约，以避免战祸。在张仪的威胁下，赵王同意赴渑池朝秦，割地求和。

感思语

赵恃苏秦合纵策，威风凛凛震慑秦。
苏秦死后纵解体，张仪连横便逞威。②
秦国举兵要灭赵，发兵已将邯郸围。
称霸必须凭实力，空话无用没人理。
连横能够胜合纵，大军良将是根基。

---

① 悁，怒躁的意思。
② 苏秦任齐相时，曾阴谋颠覆齐国，阴谋泄露，被齐王车裂而死。此后，合纵派逐渐衰落、灭亡。张仪是苏秦的同学，曾投奔苏秦。苏秦知张仪有才能，以冷淡的方法，逼荐张仪到秦国用武。苏秦为张仪派车，并暗助路费。在这一点上，苏秦比庞涓、李斯（对孙膑、韩非）大度、品位高。

> 苏子曾掌六国印，仪使战国都归秦。
> 历史本是群众创，英雄率众旋乾坤。

240. 武灵王平昼闲居

简散语

赵武灵王名雍，自号主父，是赵肃侯之子，赵惠文王之父。他根据边防和强国的需要，推行胡服骑射，对强国、强军、安邦、固国、拓疆、富民有大作用，是赵国历史上的大事之一。本篇还讲到一些值得商榷的为君、为臣、为民之道，罗列于后，以便阅后思索参看。

一、继位为君者，不忘先主功业，并要宣扬先主的功绩。

二、贤明的君主，要教民众养成方便易行的习俗，静而有道，便民之教，因民而教，增民智。做事要考虑利民厚国，利民为本。

三、为臣要使君主的长处发扬光大，家事要听父母的，国事要听君主的，子不反亲，臣不逆君。

四、穷困时要保持尊长、谦谨、逊让的品性。显达时要为国效力，遗福为民。这是君臣的本分。

五、建盖世之功，庸人俗流会反对；见解独到，一般人会怨恨；愚蠢者对已经办成之事不知原因（暗于成事），聪明人在事还未发生或刚有苗头时就知道缘故（见于未萌，有预见能力）。论至德不和不俗，成大事不谋于众（商鞅有此意，其实，这思想有愚民弃众之嫌）。疑事无功，疑行无名。

六、狂夫乐，智者哀，愚者笑，贤者戚，穷乡多异，曲学多辩。见世面少的人，少见多怪、层次低、知识理论水平低的人，不懂的理多，喜欢争论，甚至争吵。通达之士，睿智擅辨，自己不知道的，以不表示否可为宜。

七、在下位者，应竭意不讳（知无不言，言无不尽）为忠；在上位者应无蔽言（不堵塞言路，言者无罪）为明。明不拒人，忠不避危，是国之福。隐忠不竭（言而不尽不是竭尽忠）奸之属也，以私诬国贼之类，犯奸当死，贼国者族（奸当杀，国贼当灭族）。当然，也应看到，现实中祸从口出的事实。

八、承教而动，循法无私，是民众的天职，知学之人，能与闻迁，达理之变，能与时化（与时俱进），否则便是顽固不化。

九、公子成（赵王之叔）、赵文、赵造都主张拘守成法，求善维稳，他们说服奇者淫，俗僻者乱民。赵王雍用大量的史事，教他们改变观念，说三代不同服而王，五伯不同教而政，古今不同俗，何古之法。帝王不相袭，何礼之循，宓戏神农，黄帝、尧、舜诛而不怒（不株连），禹、汤、周观时制法，历事制礼，各顺时宜。夏、殷不易礼而灭，儒者一师而礼异。邹、鲁没有奇装异服，却有奇风异俗。吴、越有奇装异服，也有杰出人才。便国不法古。

十、推行新政要有主见，不随末流，同时要使权贵拥护，抓关键。

赵武灵王针对北、西边防，搞了胡服骑射，对南、东水域如何强边，未深涉及。他抓住关键人物，亲自做工作，打通思想，变阻力为动力。

感思语

赵国君主武灵王，雄心勃勃为国强。
平时静默思韬略，胡服骑射威名扬。
实行新政未硬推，思想工作做得细。
成叔不知新政利，赵文、赵造也反对。
赵王登门与之谈，讲史论理如聊天。
三位权贵都说服，新政顺利推向前。
世人多知武灵王，肥义之名很少见。
此人韬与商鞅近，对赵强国有贡献。[①]

---

① 大臣肥义是协助赵王推行新政的关键人物，提出成大事者不谋于众的思想，和商鞅变法的理论相近。

阅策四语

> 胡服骑射很成功，灵王识人很稀松。
> 宰相李兑专了权，饿鬼沙丘魂飞天。①

241. 王立周绍为傅

简散语

公元前301年，赵武灵王得知周绍孝老忠君，德才出众，智谋、口才皆佳，想用周绍为太傅，教王子。周绍推辞说，大王选错了人，我不胜任。辅佐官有六条标准，我一条也不具备，我任太傅是辱其职，请另选贤能。赵王说你能自觉以六条为镜，对照律己，说明你的品格高尚，我选对了人。周绍的推辞变成了自荐，坚定了赵王的信心，于是，下了任职令。

感思语

> 赵武灵王重教子，初选周绍当老师。
> 周绍自称不够格，谦逊谨慎忙推辞。
> 师德六条标准明，② 自己哪条也不行。
> 建议赵王另选人，要让大家能认同。
> 德才为镜自对照，自觉律己品格高。
> 王对周绍更倾心，认定太傅选对人。

---

① 赵武灵王推行胡服骑射很成功，但是，识人水平不高，用李兑为相，赵王被宰相专政，囚于沙丘，减食百日，英主成了饿死鬼。

② 周绍说的为师之六条标准：一是为人老实，思虑周密细致，通权达变；二是宽厚、宽恕、宽容、宽和、宽仁，通情达理；三是威严不能改变他按政策、规定、制度办事，原则性强；四是遵纪守法，不贪财，不重利，不能用金钱收买其心，使其昧心失德；五是对人恭敬谨慎，不懈怠，不放纵；六是对属下和蔼亲善，亲和力强，真诚，不虚伪，不诡诈。

242. 赵燕后胡服

简散语

赵武灵王推行胡服骑射，宗族赵燕以功倨傲，迟迟不穿胡服，向后推得过了期限。赵王派人对他进行了严厉的批评，指出，臣不能借树私心扬名，违背君意是最大的违法乱纪，最大的犯罪，如不快改正，将正国法。赵燕大惊，拜谢改正。

感思语

古代王旨非常严，言出法随如倒山。
违背王命罪可死，怠懈软抗罪难免。
臣贪私利国危险，儿行私心家必乱。
为国效命当竭力，一心为公人皆欢。

243. 王破原阳

简散语

赵武灵王实行胡服骑射，以强兵攻占了原阳，并准备把原阳作为胡服骑射的训练基地。大臣牛赞表示反对，说这是改变固法，抛弃法制的做法，有损君王的声誉，削弱国家的力量。还说，没有百倍的利益，不改变风俗，没有十倍的功效，不要更换器具，以免得不偿失。赵王说，古今利害不同，阴阳变化有不同的规律，四季推移各有所宜。聪明人观察时势而不被时势牵制，制造兵器而不被兵器所制约，讲信用不能抛弃功利和放弃机会。你不要用旧的法典扰乱基本国策。未采纳牛赞的意见，拓疆千里。

感思语

赵国疆域拓展快,多因赵王思路新。
保守意见他不采,甩开旧框与时进。
思想解放出良策,改革强国又富民。
赵王治兵是强人,饿死沙丘该不该。

第二十章 赵策（三）

244.赵惠文王三十年

简散语

赵惠文王三十年，齐相安平君田单与赵国的马服君赵奢说，我听说古帝王用兵三万，天下即可归服。阁下用兵动辄十万二十万，人太多，影响生产，军需供应也不方便。我对此不服。赵奢说，古时神州万国，国小人少城小。现在战国七雄统天下，国大城大人多。古时三万人可以围一座城。现在三万人还占不满城一角。用兵要根据形势发展，不能固守旧法。田单闻言，如拨云见日，表示服气。

感思语

田单打仗想到民，用兵不超三万人。
赵奢动辄二十万，全国都要为前线。
田里农活没人干，筹运军需也困难，
田单反对这样干。马服辩理非常清，
古今用兵不相同，古时神州上万国，
国小城小人不多，三万兵能灭一国。
战国七雄统天下，城坚兵多国也大。
赵攻中山齐攻荆，赵齐都用廿万兵，
苦战五年才取胜。如今仍派三万兵，
攻城兵少守兵众，野战攻城都不行。

干将踬石槌砸上,宝剑百碎石无恙。①
与时俱进说打仗,具体分析论对象。
事物时刻在发展,死守旧法必傻眼。
田单本来不糊涂,对奢表示很敬服。

245.赵使仇郝之秦

简散语

公元前295年,秦昭王欲任用赵人楼缓为相国,这对赵国不利。赵国派仇郝游说秦王,以改任魏冉为相。宋突对仇郝说,为了避免楼缓恨你,你可以暗中对楼缓说,劝秦王不要急于改相。这样,如果秦不改任魏冉,楼缓会感谢你,如果秦改任魏冉为相,魏冉会感谢你,你可两头讨好,不得罪人。

感思语

办事靠德才,德才有正歪。
德正人品好,德歪是坏人。
成事靠才能,败事因德坏。
使臣不好当,求助很应该。
有的真援救,也有是发坏。
宋突教仇郝,假话巧骗人。
战国千年过,是非分古今。
标准如何定,请君仔细斟。②
不把今当古,也别古当今。

---

① 吴国人干将铸剑时,选材和工艺都独特超群,所铸之剑举世无双,后人以人名干将为剑名。"踬"同"质",石砧,在此是垫的意思,是说干将虽宝,如把它垫在石砧上,用槌猛砸,干将便碎为百片,石砧则完好无恙。

② 斟即斟酌,这里是仔细思考判断之意。

246.齐破燕

简散语

战国七雄互相联系又互相牵制，保持一种均势和平衡。齐国攻燕，夺取了河北，战火烧到赵国门口，唇亡齿寒，赵欲救燕以自保。乐毅建议赵国用河东地换河北地。当时河东包括黄河下游以东，又称河南，含概今河北省的清河一带，齐国占了便宜，增强了国势，但是，破坏了七国均势，引起了各国的不安，成了众矢之的。楚国和魏国的淖滑、惠施到赵国，共商讨齐救燕。

感思语

齐国攻燕夺了地，战火燎着赵嘴皮。
唇亡齿寒寻常理，赵要救燕保自己。
七国并立靠平衡，乐毅深通此道理。
劝赵与齐换土地，让齐从中多得利。
齐国以为占便宜，未料背后藏问题。
破坏平衡震荡激，齐国成了众矢的。

247.秦攻赵

简散语

秦国进攻赵国，占领了赵国的蔺、离石、祁。赵准备用焦、黎、牛狐等邑换回失地。后来赵国违约。赵惠文王说，不是寡人毁约背信，是臣子不听命令，拒绝割地。秦王大怒，派胡易伐赵，攻阏与。赵国派赵奢援救，魏国派兵夹击秦，秦败。秦又攻魏的几地，赵派廉颇援救，秦又败北。

阅策四语

感思语

秦国武力夺赵地，赵王用计又骗回。
秦再兴兵干戈起，秦军两战皆败北。

248.富丁欲以赵合齐魏

简散语

公元前298年，战国分成秦、楚和齐、韩、魏东西两大对立的集团。赵国内部有富丁的亲齐派和楼缓的亲秦派。赵武灵王倒向何方，举棋不定。大臣司马浅建议主父亲齐，赵和齐、韩、魏结盟，但暂不出兵，集中兵力吞灭中山之后，再以余兵与齐、韩、魏联合攻秦。这样，赵可以一战从秦和中山两国得到土地。

感思语

纵横两派不停争，主父举棋难落定。[①]
纵派大臣司马浅，陈情明白说理清。
赵齐韩魏结联盟，可得两利占上风。
赵王采纳此建议，决定联齐搞合纵。

249.魏因富丁且合于秦

简散语

魏国要与秦国连横结盟，赵国恐惧，表示要割地贿赂魏国，并表示愿意听魏相田文的。富丁还请子欴劝说赵相李兑割地给周最，并恳求

[①] 当时以秦为首的连横派和以齐牵头的合纵派势均力敌。赵国倒向何方，赵武灵王拿不定主意。

魏国任用周最为相。周最疏秦，他任相，秦、魏连横必毁。齐、魏虽然势大，无秦不伤赵。秦、魏虽强，无齐也不伤赵。如果这种新格局形成，对赵国和周最都有利。

感思语

秦欲联魏赵恐惧，便想割地贿赂魏。
请魏宰相用周最，以使秦魏连横吹。
齐魏无秦空势大，秦魏无齐不成气。
如果形势如此变，赵国喜欢新格局。

250. 魏使人因平原君请从于赵

简散语

秦国围攻魏国，魏国托平原君说情，请与赵合纵抗秦。赵胜三番五次说赵孝成王，王皆不睬。赵胜请虞卿语助。虞卿见了赵王，赵王说平原君要我与魏合纵，我未答应。虞卿说魏错了，王也错了（王亦过）。凡弱联强，弱者必自受其害，而强者得其利。魏错在自领其害，王错在白弃其利。赵王听了，立刻改变了主意。

感思语

赵胜三番磨嘴唇，赵孝成王不理睬。
虞卿只说"王亦过"，竟使赵王大受震。
口若悬河称有才，"妙语三珠"能击心。[1]

---

[1] 妙语三珠。虞卿说"王亦过"三个字，并不是三颗明珠，但是，由于注入了精神价值，精神的力量虽然难以量化，这三个字的作用就胜于三个宝珠了。

重槌可以砸破鼓，描鱼不及绣花针。[①]

平原、虞卿谁厉害，轻重自会掂出来。

251. 平原君请冯忌

简散语

秦、赵长平之战，秦将武安君白起七战七捷。赵将马服子（马服君赵奢之子赵括）使赵国遭到致命的惨败，元气大伤。在此情况下，赵胜欲提兵攻燕。谋士冯忌说，赵国元气未复，燕有锐兵守卫，赵是以弱攻强，守易攻难，此时兴兵，对赵不利，劝阻赵胜息兵。赵胜采纳。

感思语

赵胜真是糊涂蛋，元气未复还想战。

能请冯忌来参谋，说明糊涂不很透。

辩证哲学讲内因，弄清自己很要紧。

如能知彼又知己，避败获胜没问题。

252. 平原君谓平阳君

简散语

魏国公子牟游秦国结束后，应秦相范雎之请，口述了一个人生滑坡的公式如下：尊贵—财富—美食—骄奢—死亡。此结果不是约定的，却不期而至，历来败亡者众。范相以不忘于心共勉。平原君赵胜将此原封转给了赵惠文王的母弟平阳君赵豹。

[①] 描鱼是一种刺绣工艺。过去北方农村把会绣花的妇女称为会插花描鱼。槌子可以砸，破坏东西，其威力不可小视，但是，要插花描鱼，作用就不如绣花针了。人们常说四两拨千斤，差之毫厘，失之千里，不可忽视"巧"。

感思语

权力能来钱，钱能变美餐。
美餐化骄奢，死亡到跟前。
魏国公子车，公式传千年。①
范雎曰共勉，落实非常难。
请看腐败者，张口吞亿万。
捞钱红了眼，后果全不管。
只望辈辈富，进牢才觉晚。

253.秦攻赵于长平

简散语

秦、赵长平之战，赵国惨败。秦国乘胜兵围邯郸。但是，秦国在长平战中，兵力、国力消耗也很大，已是强弩之末。急兵再无力攻城，无奈撤围回国。同时，秦又派赵郝为使，向赵索要六座城邑。赵孝成王举棋不定。亲秦大臣楼缓稍作掩饰后，便力劝赵王割地侍秦。赵国谋臣虞卿闻知后，立即求见赵王，说秦国不遗余力攻赵，无能为力，现在兵疲，不得已而退兵。秦动大兵，一座城也未攻下，现在白白送给他六座城，这是强敌弱己，不如用五座城贿赂诸侯，合纵攻秦，秦兵疲必破。赵国贿赂诸侯，失去的土地还可以从秦国得回来。事经三番，说服了赵王。楼缓为秦诈取之计失败后，出逃。

---

① 魏国公子车的公式，是战国时期列的，至今已过两千多年，知道者不多，践行者不少，顺坡而下者多。腐败分子聚财上亿，想守住不义之财，以达到辈辈富，结果变成"虎"。秦始皇让秦家皇位无限世，结果二世而亡。我曾问过长辈老人：古人讲君子之泽，五世而斩，过去我们村的富户有富过五辈的吗？老人讲，没见过，也没听说过。那些大地主多是一世起家，二世红火，三世落台。腐败分子糊涂，妄想自家辈辈富，秦始皇做不到，腐败分子怎么能做到呢？要想让后辈生活好，办法只有爱学习、爱劳动，知勤俭，教后辈勤学善思，热爱祖国，长本事，保健康。

感思语

楼缓本是赵重臣，但他心却向着秦。
古时论臣讲忠奸，坑害本国是奸臣。
虞卿爱赵驳楼缓，站在斗争第一线。
不辞劳苦劝赵王，楼缓计败便逃窜。
君主水平在掌权，也应术多技艺全。
能分是非好坏人，为人处世会择善。

254. 秦攻赵平原君使人请救于魏

简散语

秦、赵长平战后，秦兵围攻邯郸。赵国宰相平原君赵胜派人去魏求救。信陵君魏无忌率领魏救赵，秦兵退去，邯郸围解。虞卿劝赵王给赵胜加封，赵王同意。赵胜的宾客公孙龙劝赵胜辞封。公孙龙说，赵国的才士，德能超过阁下者很多，您是因亲任相。这次也未杀敌将，覆敌军，又因亲加封，不妥。为长远计，不如辞封。赵胜说："谨受令。"

感思语

赵国退秦兵，赵胜搬兵功。
虞卿说赵王，给平原加封，
赵王很赞成。宾客公孙龙，
劝赵胜辞封：君无覆敌军，
无斩敌将功，任相不因能，
因亲又加封，为君长远计，
最好是辞封。胜说"谨受令"。
虞卿、公孙龙，谁是高水平。

255. 秦赵战于长平

简散语

公元前 260 年，秦、赵长平大战，初战赵国失利。赵臣楼昌建议派使赴秦讲和。谋臣虞卿建议，先派使携重宝到楚、魏，拉拢楚、魏声援，对秦形成压力，在有利的条件下，再赴秦讲和。赵王不听虞卿之计，即派亲信郑朱入秦。秦昭王和范雎假装亲善，并加以宣扬，给诸侯造成秦、赵和好的假象，再用兵突袭赵国。这时，其他国家对秦、赵关系不清楚，不敢贸然派兵救援。赵国大败，秦、赵签订城下之盟。以后赵王入秦朝贡被扣留。

感思语

虞卿可称赵忠臣，建言总是很中肯。
赵王采纳虞卿言，效果灵验都很神。
招养文士很有益，能够帮助出主意。
文士如无好主意，供养便是白浪费。
赵王糊涂未透顶，曾经择善有过功。
长平战时自逞能，打谈都受秦摆弄。
虞卿善言他不听，精神浪费难算清。

256. 秦围赵之邯郸

简散语

秦兵围困赵国的都城邯郸。魏安釐王和大将军晋鄙都很畏秦。但是，魏王却派晋鄙领兵救赵，魏兵行到汤阴，不敢再前进。魏王又派客将辛垣衍潜入邯郸，劝赵王尊秦昭王为帝，以换秦退兵。此时，赵相平原君不敢置喙。齐人鲁仲连去见赵胜说，听说你是贤公子，其实你不贤。鲁仲连请求见辛垣衍，赵胜为之引见。鲁仲连以其侠气、节义、骨气慑服了辛氏。辛氏对鲁仲连说，开始我以为你不过是个庸夫，现在才知道，你是天下高士。辛氏辞谢而去。之后，魏无忌杀晋鄙，夺兵权击秦，秦兵引退。赵胜为感谢鲁仲连，欲对其加封、赐金，鲁仲连均不受，并说："所贵于天下之士者，为人排患、释难、解纷乱而无所取也。"辞赵而去，终不复见。鲁仲连行侠，仗义疏财，不齿见利忘义、唯利是图的奸商。鲁仲连以利他为是，名享当时。

感思语

齐人鲁仲连，才高善解难。
名高因理真，受尊为清廉。

257. 说张相国

简散语

赵国的张相国是魏国人，常在人面前说魏国的好处，贬低赵国。有人认为他的行为很危险，建议他多讲赵国的长处，以免言失引祸伤身。

感思语

人劝张相国，处世心要活。
鸿毛借风飞，胶黏不远合。①
在赵说赵好，夸魏会招祸。
相国如梦醒，此后赞赵多。

---

① 鸿毛虽轻，自己不能飞上天空，要靠风力才能高飞。胶能黏合物体，物体靠在一起才能黏合，如果两物离得远，挨不着，胶也不能发挥黏合的效用。

258. 郑同北见赵王

简散语

郑国人郑同向赵王讲兵法。赵王说我不喜欢兵法，郑同笑着说，魏王也说不喜欢兵法。兵法本来就是狡猾的家伙喜欢的，不过，现在世界上私欲纵横，只靠仁义是行不通的。如果你怀揣重宝，野宿荒郊，没有强力保护，便会失财丢命。没有强兵，祖业难保。国防薄弱，你的邻国就高兴了。

感思语

赵王、魏王不喜兵，他们都是糊涂虫。
世界私欲已横溢，单靠仁义行不通。
没有强力做保护，财多怀宝会丢命。
只讲富裕不重兵，丧权辱国败大兴。
志士奋斗为什么，鲜血生命换光明。
不要闭目唱太平，强国必须听郑同。

259. 建信君贵于赵

简散语

魏国的公子牟路过赵国，赵王欢迎他，并请他讲治国之道。赵王座前放着一块绸子，准备让工匠们做帽子。魏公子牟说，大王如果能像重视这块绸子一样重视治国，国家必能治理好。

赵王听了不悦，脸色已变。魏牟说，别生气，让我说明白：大王这块绸子，用身边的人做王冠，即使做坏了，对国家能有什么损失呢？可是您一定要用工匠。大王为什么不把治理国家的事交给真正会治国的"工匠"呢？犀首和马服君都是治国的能臣良将，您不重用，却妄信男宠建信君，将来赵国与秦国争雄，我担心赵国会失败。

感思语

公子魏牟不简单，话语真像除腐剑。
不管赵王脸色变，剑指劣迹猛刺砍。
批评赵王轻国事，不及帽料绸一片。
轻视人才喜男宠，将相良谋不能展。
良莠颠倒不改变，社稷虚庑不可免。①
秦国大军进邯郸，大王两脚没处站。②
为客没有讲客气，未给主人留情面。③
此类嘉客不多见，魏牟品格值得赞。

260.卫灵公近雍疽弥子瑕

简散语

卫灵公很宠爱雍疽和弥子瑕，他们二人恃宠堵塞言路。有一个杂技艺人对卫灵公说，我梦见了灶君，现在果然见到了君王。卫灵公闻言大怒说，见到人君会梦见太阳，你却梦见灶君。你要解释明白，有理便罢，无理处死你。艺人说太阳的光辉普照挡不住，灶君不同，一人在灶口烧火，后边的人就被挡住不能烧了，现在有人挡在灶口，蒙蔽了君王。卫灵公听后，罢免了雍疽和弥子瑕，重用了司空狗。

感思语

本是君主昏，却说怨近臣。
君主如英明，哪会亲小人。

---

① 虚庑是国空人跑，萧疏的样子。
② 说赵王无立足之地。
③ 说魏牟不讲客气，讲实际。

261.或谓建信君

简散语

　　建信君和茸都是赵王的宠臣。建信君因长得漂亮得宠,茸是因才华出众得宠。有人对建信君说,美色岁长老衰,知识年增识多。你和茸竞争,你终将惨败。此人出主意说,以色比作人,以知识比作马,人与马竞走,人必输。但是,让马拉车,让人坐车,马累人欢。你可请大王多给茸工作,让他不停地处理内政外交事务,并严格要求。建信君采纳照行,使茸终日忙累不堪,不到一年,茸就被累跑了。建信君这样的人,本无德才,却也有人以智相助。我见过类似的情况,单位人员忙闲非常不均。我当时认为,这是主官不会"弹钢琴"的工作方法。深入分析,才感觉这也许不是单纯的工作方法问题。

感思语

　　智者明敏见识远,懂得年增人必变。
　　知与年岁同增长,色随年长失美颜。
　　美色与知竞胜负,与时俱进色败惨。
　　美色比人知比马,竞走人输马得先。
　　让人乘车马拉车,路远马累人轻闲。
　　智者智助建信君,个人得利国家乱。①

---

　　① 智者以智帮助建信君,挤跑了茸。但是,劳逸失衡,破坏了公平原则。在任何一个领域,失衡必乱。

262.苦成常谓建信君

简散语

赵国想收回河间,正好山东诸侯搞合纵联盟抗秦,赵国本应加入合纵联盟,壮大抗秦力量。可是,建信君不顾形势的发展,装病不起。这时,一个姓苦名成常的人劝建信君说,合纵联盟成功了,收回河间不成问题。合纵不成功,收回河间也就没有意义。

感思语

> 山东搞合纵,建信君装病。
> 赵人苦成常,劝其快加盟,
> 建信君漂亮,做事没水平。

263.希写见建信君

简散语

建信君认为,秦相国吕不韦对他不礼貌,很生气。赵国人希写劝他说,执政者的水平应当高于商人,不应当低于商人。高明的商人不与人争论价格,而是仔细观察,等待时机。物价贱时买进,贵也是贱;物价高时卖出,贱也是贵,自然有利可图。古时候周文王被商纣王囚在牖里,周武王也曾被拘在玉门,最后周武王打败了商纣王,将纣王的首级悬挂在辕门示众。现在秦国势大,您不能与吕不韦抗衡,责怪吕相欠礼也没用,应该隐忍。

感思语

> 希写劝说建信君,水平应该超商人。
> 良商贱买贵时卖,不用争价有利润。

文王曾被殷纣禁，武王也曾拘玉门。
无力抗衡暂隐忍，^①纣王首级悬辕门。

264. 魏魀谓建信君

简散语

魏魀^②是战国谋士。魏魀对建信君说，有人用捕兽器夹住老虎的蹄子。老虎挣断了蹄子，逃走了。老虎并不是不爱自己的蹄子，但是，不挣断蹄子就会被捕，权衡利弊，决心舍蹄逃命。赵国比老虎身子大多了，阁下和虎相比，还不及虎蹄，应该谨慎处世，以免被赵国像舍虎蹄一样舍弃。

感思语

魏魀提醒建信君，行事必须很谨慎。
虎为七尺舍数寸，赵国大于老虎身。

265. 秦攻赵鼓铎之音闻于北堂

简散语

公元前258年，秦军攻打邯郸，深夜大铃声传进宫。赵臣希卑认为，城墙、宫墙高厚，城外的鼓声、铃声不能传入宫内。这是内应招引外兵的信号。大臣中有人主张连横，明日探问一下，首先提出主张连横的人，就是摇大铃者。结果，建信君首先提出连横主张。

---

① 人应有肚量，无抗衡的实力，且隐忍，机会来了再抗衡，暂忍则安，责怪、埋怨无用。

② 魀"jiè"，人名用字。

感思语

秦兵攻打邯郸城，宫中深夜响铎声。①
赵臣希卑善判断，有人暗中通秦兵。
摇铃为敌通信息，此事明日能查清。
内应竟是建信君，黑更半夜摇大铃。

266.齐人李伯见孝成王

简散语

赵孝成王任命齐人李伯为代郡郡守。李上任不久，有人密告其谋反。这时赵王正在吃饭。赵王听如罔闻，继续吃饭。没多久，那人又来告李谋反。赵王仍置之不理。不久，赵王接到李伯的报告，说齐兵攻燕，我担心他们以攻燕为名，袭击代郡，已做好自卫的准备，现在齐、燕交战，我准备趁他们疲惫时，先发制人，以多割其土地。此后，赵国的外官都不再担心被怀疑了。此案便成了用人不疑的范例。

感思语

齐人李伯受器重，任为郡守镇边城。
有人密告李谋反，赵王吃饭不吭声。
不久王接李报告，边城守备安排定。
赵王坚信李忠贞，用人不疑是典型。

---

① 铎：大铃。

第二十一章 赵策（四）

267.为齐献书赵王

简散语

公元前284年，燕国的乐毅约韩、赵、魏等国合纵伐齐，以赵为核心。赵国之所以被如此重视，是有改革势盛的余威。齐国为了改变被动的局面，派使者游说赵惠文王。但是，赵惠文王不接见。于是，齐使献书说，只要赵能接见他，齐国就尊赵王称帝，并割地献宝。齐国这样做了，其他国就会跟进，这对赵国大有好处，还说，齐国地位也很重要，战国之事，没有齐国参与，什么事也做不成。轻视齐国的人，不是想借赵国的势力行自己的私欲，就是智力低下，不善谋划，希望赵王认真考虑。齐国这位说客大张齐势，这是职责所需，但是，从历史发展的史事看，其言不准。乐毅辅燕攻齐，东下齐城七十二，齐国若无田单，可能灭亡。历史不能假设，要凭史实。齐有田单复国，已是不可改变的历史事实。

感思语

燕联诸侯搞合纵，赵国地位非常重。
齐派说客游说赵，尊名献地把宝送。
齐国地位也很重，无齐啥事都不成。
若有何人轻视齐，不是私心即智穷。
齐使张势是职责，历史不管人心情。
齐国退势挡不住，最终齐亡秦国胜。

阅策四语

268. 齐欲攻宋

简散语

齐国想攻打宋国，秦国派重臣起贾制止。齐国联合赵国攻击秦国。秦昭王怒迁于赵。赵国宰相李兑便联合五国攻秦，联军未胜。李兑就让各国军队驻扎在成皋，同时暗中出卖各国，自己还私下与秦勾结，想连横攻魏，以消除秦对赵的怨恨，并借以讨取自己与儿子的封地。魏惠王对此很生气。这时，苏秦到了齐国，他向齐王表示，愿意为齐国游说魏王，让魏疏赵亲齐。游说成功，魏国善齐恨赵。苏秦教齐王挑起诸侯间的冲突，然后暗暗从中调解。如：让韩、魏、赵与秦冲突，派顺子暗中调解，让所有诸侯互相冲突，暗中派韩呡调解。使所有诸侯背秦向齐，再择利而交。通过制造矛盾和解决矛盾，保持和提高自己的地位。战国战乱不停，各国不得安生，加之苏秦这种智者自扰，合纵派内部也不得平衡稳进，为合纵派的彻底失败埋下策略和指挥艺术上的祸根。①

感思语

国际关系无永恒，朋友敌人常变动。
谈判动武皆为利，利字圭臬永固定。②
今日联甲攻击乙，明天孤甲把乙攻。
纵横关系似复杂，利益使它简单化。③

---

① 苏秦是合纵派的首领，他应该使合纵联盟内部团结一致，共同对抗连横。他却为了便于控制，在合纵内部制造矛盾，破坏平衡，再调解。中国有个成语叫"庸人自扰"。苏秦本是智者，"智者自扰"，其危害深远，要注意聪明人糊涂一时的负效应。

② 圭臬："臬"读"聂"，标准。古代测日影的标杆。

③ 纵横的斗争，关系看似复杂，简单地说，只是为争利，搞清一个"利"字，就说清了。

合纵连横不稳定，观察苏李便知情。
攻秦李为合纵首，通秦攻魏暗连横。①

269.齐将攻宋

简散语

公元前 288 年，齐国想攻打宋国，可是秦、楚都在暗中阻止。齐国想和赵国结盟攻宋，赵王不同意。于是，苏秦为齐湣王派公孙衍去游说赵相李兑。游说的主要内容：一是宋国内乱，好打；二是奉阳君李兑年岁大了，还没有固定的封地；三是攻下宋之后，把宋的陶地送给李兑作封地。分析了陶地的优势：韩、魏靠近秦，易受秦国的攻击，危险；燕、楚偏僻；中山土地贫瘠，陶地最好。好的说客都很了解情况，说话针对性强，言之有物，贿赂随理而至。选择李兑为游说对象，是因为李兑在赵专权，而且物欲重，很贪婪。

感思语

齐想攻打宋，秦楚不同意。
齐便拉拢赵，赵王不愿意。
苏秦诱李兑，陶作李封地。
李兑很贪婪，见利智昏迷。
说客先用嘴，紧跟是行贿。
遇上打虎队，②必定要倒霉。

---

① 苏李：苏秦、李兑。苏秦是合纵派的首领，他为保持自己的地位，在内部挑争端再派人解决，这是一种策略性的典型内耗，也为合纵派的联盟松散做了坏样子。李兑的行为，是合纵联盟攻秦失败的影子。

② 打虎队是说现在的打虎拍蝇反腐败的队伍。这是今语述古。

270. 五国伐秦

简散语

公元前288年，齐、楚、赵、魏、韩五国合纵攻秦，不胜而退，兵驻成皋。赵国想与秦国讲和，楚、魏、韩准备响应，但是，齐国不愿意这样做。苏秦不甘心这次合纵失败，对齐湣王说，他已经游说了赵相奉阳君李兑，合纵离散，各国必然争相侍秦，秦就会占领宋国。秦王贪得无厌，秦相魏冉妒忌。这样，赵相想得到陶邑为封地，必然告吹。诸侯侍秦国，必然推行六个方案：

一是秦与齐结盟，秦和以前背叛连横者复交，控制中原，向三晋索利。

二是秦将起用亲秦人员，在齐、魏、韩任事掌权，恢复与赵、燕的连横。

三是秦与齐、赵三强结盟，控制魏国，索要安邑。韩国也会倒向秦国。秦还会要求赵国割让土地。

四是秦会加强燕、赵外交，并联楚攻齐，联韩攻魏，包抄二周，削弱赵，使赵自身难保。

五是秦加强与三晋的外交，用三晋攻齐，使其国力削弱，财力耗尽，军力疲惫。

六是秦国假装行仁义，复兴灭亡，接续绝祀，巩固危亡，扶持衰弱，审定无罪，复兴中山和滕国。这时，赵国的命运如宋，奉阳君想得到陶邑为封地，已无可能。

秦国这六条计策，都对赵不利。要想改变局面，就必须放弃与秦讲和，或者联齐、魏攻宋，灭宋得到陶邑之后，再与秦和解。苏秦用这种选言推理之法，折服了李兑，使其连连称善。

感思语

山东诸侯合纵成，可惜攻秦未打赢。

李兑为己想和秦，合纵联盟面临崩。
苏秦不甘就此休，亲说李兑坚合纵。
合纵散了连横兴，秦国六策将实行。
诸侯争相侍奉秦，李相封地要吹灯。
苏秦选言推理法，① 私利牵着李兑动。
放下和秦联齐魏，为夺陶邑作己封。

271. 楼缓将使

简散语

楼缓为赵出使，临行前他向赵王表示，自己一定要尽忠竭智，以死为国效忠，劝赵王不要听信别人毁谤他的谗言。赵王与他互相发誓。赵王表示对他深信不疑，静候其佳音。但是，楼缓走到中牟，造反叛逃魏国。赵王不知人，也使用人不疑的原则，结果被佞人所骗，成为千古笑话。

感思语

楼缓出使前，向主表竭忠。
行到中牟地，造反逃出境。
侦探报赵王，王说不可能。
赵王不知人，不疑成笑柄。②

---

① 苏秦的选言推理法是，先列举对象所有可能的情况，然后一一排除，得出相反的结论。

② 用人不疑是以知人为前提的。赵惠文王糊涂，受了骗，在事实面前仍不清醒。知人善任，用人不疑是一套，知人在先，使用不要硬套。

272. 虞卿请赵王

简散语

公元前266年，山东六国合纵联盟成功。此事是魏相范座促成的，所以，魏王被推为盟主。赵惠文王争当盟主不成，怀疑是范座作梗，挡了路。赵臣虞卿向赵王献策：用方圆百里土地或一座万户城邑送给魏国为条件，要魏国杀死范座，说范座死了，赵王便可当盟主。魏王贪利轻才，居然命司徒逮捕了范座，但是没有杀。这时，范座及时做了两件事：一是上书魏王，说杀座事小，获利事大，值得。但是用死人做交易，如果万一得不到土地，人不能复活，将贻笑天下，不如用活人交易。二是给继任宰相的魏无忌①写信说，自己有功无罪，就凭赵王的一封信捕杀我。您现在继任相国，将来如果秦国用加倍的土地，请杀魏相，阁下的下场可知。信陵君是战国四公子之一，有时很会动脑筋，为救赵曾用计杀晋鄙，夺军权，破秦军，救邯郸，名震当时。他看了范座的信，同病相怜，兔死狐悲，很受触动，于是，劝魏王释放了范座。虞卿是赵国的重要谋臣，曾以忠贞正直闻名，这次给赵王出了个杀贤的坏点子，使人对他的看法有了折扣。

感思语

赵王未当合纵长，怀疑魏相范座挡。
百里土地万户城，要范座命作抵偿。
魏王贪利轻人才，居然逮范准备宰。
范座两招巧出手，如同天神将他救。
损人利己是坏人，坏人大多比较浑。

---

① 魏无忌是战国四公子之一。战国四公子：一是齐国公子孟尝君田文，也叫薛文、商文，其父是靖郭君田婴，封薛地（在今山东滕州市南），称薛公，世代袭封。田文曾任相国，并担任过魏相、秦相。二是赵人平原君赵胜，赵国公族，赵惠文王之弟，曾为赵相。三是信陵君魏无忌，魏昭王之子，曾任魏相，爱养士。四是春申君黄歇，黄国（嬴姓国，为楚灭，在河南潢川西部）人，后裔以国为姓。春申君曾四出游学，见多识广，任楚令尹二十五年。

有的好人不常好,私心作怪也发坏。
自认偶尔不要紧,人品声望大受损。
出了一次坏主意,污点将会带终身。
发坏有的也上瘾,以后发坏就难改。
虞卿本是赵能臣,谋杀范座不应该。
皇帝有个唐玄宗,半世英明半世昏。
保持英明不容易,昏君享福又省力。

273.燕封宋人荣蚠为高阳君

简散语

公元前265年,燕国封宋国人荣蚠为高阳君,并任命为将军,领兵攻赵。赵国割让济东高地上的卢、高唐、平原三座城邑和五十七个封邑给齐国,求得安平君田单入赵,任命为大将军,率军抗燕。赵将马服君赵奢对相国平原君赵胜说,这些城邑和封邑,都是通过打仗败军杀将夺取的,现在白送给齐国,只是为了换田单来赵为将。难道我们赵国就没有人才吗?我曾因抵偿罪责在燕国,燕用我为上谷太守。我对燕通往上谷的要塞完全了解,百日之内,诸侯的兵还未集合起来,我就能攻占燕国全境。您为什么不任命我为大将军呢?您认为齐和燕有深仇大恨,您错了。田单如果愚蠢,就不能战胜荣蚠,如果聪明,又不肯为赵国打败燕国,以免赵国增强势力,影响齐国称霸。赵胜说,您别说了,我的计划大王已经采纳了。结果,田单领兵与燕交战,双方都耗尽实力,最后,赵夺燕三座小城,战争结束,赵国收不抵支。田单采用的是赵奢预言的聪明之举。

感思语

荣蚠率军攻赵国,赵胜重资请田单。
赵奢高明量事透,赵胜用权堵正言。

能人有术没有用，权臣无能决策偏。
才能并非皆能展，愚夫掌权不稀罕。

274. 三国攻秦

简散语

韩、齐、魏三国合纵攻打秦国，赵国乘虚攻占了中山国的扶柳，五年后还占有了滹沱河。齐国人戎郭和宋突劝赵臣仇郝把新占领的土地还给中山，这样，齐国就会把鼓地奉献出来，其实是诈取。

感思语

韩齐魏国与秦战，赵国乘虚取中山。
齐人劝赵还夺地，齐国会把鼓地献。

275. 赵使赵庄合纵

简散语

赵国派旧将赵庄搞合纵联盟，准备伐齐。齐国害怕，欲献地给赵，讨好赵国。赵王认为已达到目的，便轻视赵庄。谋臣齐明对赵王说，齐国因为怕合纵成功被讨伐，才主动表示献地。现在大王轻视赵庄，重视反对合纵、拥护连横的张懃贵，齐国得知，就不会献地了。赵王采纳了齐明的意见，重新重视赵庄。

感思语

赵王能力低，如同心眼黑。
用人就重视，卸磨不管驴。
不是齐明语，功劳将被弃。

能够从善言,事未坏到底。

处世讲公道,一定要牢记。

276.翟章从梁来

简散语

翟章由魏国来赵,很受赵王器重。赵悼襄王曾三次请他任宰相,他都坚辞不受。田驷与翟章无私仇,但是,田驷为人生性嫉贤妒能,又党同柱国韩向,欲杀翟章,并让赵王怀疑是建信君干的,以怒杀建信君,如果嫁祸建信君不成,建信君不死,就设法与建信君结为朋友。

感思语

谦逊心田好,忌妒是恶徒。

翟章和田驷,同朝无私仇。

田驷党韩向,想把翟章除。

嫁祸建信君,不成就结友。

人坏思维周,作恶备两手。[①]

德坏有才能,要害两人命。

建信、翟章未惹人,哪知身后恶狗来,

害人之心不可有,防人之心不可无。

---

① 田驷心恶,思虑周密,有智能,作恶有两手准备。不能置人于死地,便与人结为朋友。这样的朋友,实是伪善狼。德和才不同,德坏就是坏人,坏人才越高,点子越多,恶果越大。好人如果能力差,斗不过坏人。所以,好人应勤学善思,长才自强,心善愚笨,会受制于人。翟章将遭祸,不因己过。建信君遭贼盘算,也是无故。完整的好人,应德才兼备。

阅策四语

277.冯忌为庐陵君谓赵王

简散语

公元前256年,赵孝成王欲驱逐自己的弟弟庐陵君,说客冯忌认为,这种做法不足称道。排内和任人唯亲都不可取。为此,曾三次向赵孝成王进谏。

感思语

> 用人两忌讳,排内与唯亲。
> 唯亲愚占位,排内亦失才。[①]
> 选贤任能好,不应分疏亲。
> 贤能有实权,民安国亦泰。

278.冯忌请见赵王

简散语

说客冯忌求见赵王,见到赵王后,拱手低头,欲言却止。赵王问故,冯忌讲了一个故事:有客人向宓子[②]推荐了一个人,不久,客人问宓子,这个人有什么过错?宓子说此人有三过:望我而笑是轻视我;说话不称我老师,有违师道尊严;交浅言深,是迷惑我。客人说不是这样:望人笑是和蔼;言不称老师,是因为老师这称呼太平常了;交浅言深是忠诚。同一件事,不同的人,或者观察的角度不同,会得出不同结论。韩非子的《说难》篇中,讲到近似的情况。

---

① 用人的标准,唯在德才,亲近有才,也要一视同仁使用,不应因亲废才。
② 宓子:孔子的学生。

感思语

事物本来是多面，说准必须全面看。
深思熟虑细钻研，谦虚谨慎善判断。
高傲偏激又武断，自作聪明出错乱。

279.客见赵王

简散语

有客人对赵孝成王说，听说大王想派人去买马，为什么老不去呢？赵王说还没有找到会相马的人。客人说叫建信君去吧。赵王说他不懂马。客人说叫纪姬去吧。赵王说她是妇道，也不懂马。客人说，买好马、劣马对国有影响吗？赵王说没有。客人说，既然如此，大王为什么要等找到相马师呢？怎么治理国家却不注意选贤相良将呢？为什么把国之大权轻易交给不懂治国的建信君呢？郭偃①之法有"柔痈"②的说法。"柔痈"是指大王的亲近献媚之臣及夫人、美女等。人们都十分防备恶人，可是，祸患往往在自己亲爱的人身上发端。

感思语

客人未说赵王昏，和风细雨轻询问。
买马不关国兴衰，君王却等相马人。
治国用人是大事，大权轻授建信君。③
匪徒作恶人都防，柔痈败国不关心。
细雨浸润赵王悟，帮教技艺很要紧。
重槌能把鼓砸坏，要求太高白费心。
因材施教圣人经，别学杀猪烫水淋。

---

① 郭燕也写郭偃，是春秋时期晋国的掌卜大夫。
② 柔痈：隐疮。
③ 建信君是赵王的男宠，无治国的才能，却掌管国家大权。纪姬是赵王的宠妃。

阅策四语

280.秦攻魏

简散语

公元前286年，秦国攻占了魏国宁邑，各国纷纷派使入秦祝贺。赵惠文王三次派使入秦，秦昭王均不接见。赵王为贺礼送不出去心忧。众臣建议派辩士谅毅使秦。谅毅到了秦国，即上书秦王说，赵使来了三次，大王均未接见，如果使臣有罪，愿受惩处，无罪应当接见，不应慢待使者。秦王接见了谅毅，并说赵豹、赵胜几次欺骗我，赵王要杀了这两个人，否则我将率军攻打邯郸。谅毅说，大王的命令不好执行。赵豹、赵胜都是赵王的母弟，就和叶阳君、泾阳君是大王的亲弟弟一样。大王以孝治天下，要人杀亲弟弟，于礼不通。覆巢毁卵，凤凰不翔，刮胎焚夭，麒麟也不会再来。如果强硬推行大王的命令，恐怕叶阳君、泾阳君的心理也会受到伤害。秦王认为谅毅之言有理，立即将命令改为不许赵豹、赵胜掌管和参与朝政。谅毅满口答应回朝禀报照行。秦王接受了礼物，接待了谅毅。谅毅圆满地完成了使命。

感思语

秦王欲杀豹与胜，否则兵临邯郸城。
赵使谅毅陈情由，申说此令难执行。
豹胜都是赵王弟，如同大王叶与泾。
覆巢毁卵凤不翔，刮胎焚夭麟不行。[①]
大王以孝治天下，命人杀弟理不通。
此令如果强推行，恐怕叶泾会受惊。
秦王认为有道理，当场立即改命令。

---

① 夭，指刚出生的兽或禽。

281.赵使姚贾约韩魏

简散语

赵国派姚贾到韩国和魏国订盟约,韩、魏都对姚贾非常热情。但是,韩、魏不久都背约叛赵。赵王怀疑姚贾与韩、魏间有私密。这时,赵臣举茅对赵王说,姚贾是忠臣,韩、魏都想得到他。韩、魏都热情接待姚贾,就是为了引起大王对姚贾的怀疑。如果大王驱逐姚贾,韩、魏就会趁机收姚贾为己用。赵王醒悟,未中韩、魏之计。

感思语

韩魏极力亲姚贾,为了引起赵王疑。
举茅挑开此中秘,赵王醒悟未中计。

282.魏败楚于陉山

简散语

公元前301年,魏军在楚地陉山打败楚军,擒楚将唐明。楚怀王害怕,令楚臣昭应侍奉太子质于齐,托齐国的孟尝君田文与魏讲和。赵武灵王不欲魏、楚和好,拼力破坏,为了搅黄和局,先后牵动了六个国家,终使魏、楚之和失败。

感思语

魏在陉山败楚军,楚托薛公欲讲和。
赵武灵王搅和局,先后牵动六个国。①
主父拼力猛搅和,楚魏之和终散伙。

---

① 赵武灵王破坏楚、魏之和,牵动的六个国家是魏、楚、齐、秦、宋、赵,搞破坏很卖力气。

283. 秦召春平侯

简散语

公元前243年，秦相吕不韦把赵国太子春平侯召到秦国扣留。世钧建议把他放了，改扣平都侯，因为春平侯虽然是赵王最喜爱的人，可是，近侍之官（郎中等）很忌妒他。这些人谋划让春平侯去秦国，断定秦国会扣留他。现在扣留了他，无故断绝了和赵国的关系，无利可图，只能让忌妒者高兴，不如改扣平都侯。这样赵国会为赎平都侯，多割土地给您。文信侯采纳了世钧的意见。

感思语

秦相扣留春平侯，如同白给狗剃头。①
世钧知情说利弊，文信改扣平都侯。

284. 赵太后新用事

简散语

赵太后，赵惠文王之妻，赵孝成王和长安君及燕国王后之母。赵孝成王初立时，赵太后曾替子主政。赵太后是聪明人，有理政才能，是古代执政女后之一。新用事（"新"即"亲"），就是亲自主持政事。她很爱护子女，但是，对小儿子长安君溺爱过头，一叶障目，沉迷不悟，不视前路，一时成了头发长、见识短的近视眼，可见，偏爱能使人糊涂一时。为了国安，群臣主张答应齐国的要求，请长安君赴齐当人质，换

---

① 白给狗剃头是乡间口传的笑话：一个剃头的师傅为一位农民剃头，用挣的剃头钱买了一个烧饼，还未吃，放在小凳子上去拿东西，刚转身，一只狗跑过来，把烧饼叼走了。师傅回头，看到狗叼着烧饼跑了，无可奈何，随口骂道，他妈的，白为狗剃了个头。农民听了，以为是骂自己，说你怎么骂人？剃头的师傅正在气头上，说我是骂狗哩！为此两人吵起来。

救兵抗秦。赵太后舍不得，与群臣意见相左，闹得很僵。赵太后盛怒之下，居然宣布，谁再提让长安君当人质唾其面，堵死了言路。左师触龙足智多谋，用钓语之法，从平常小事引出大道理。古人说君子之泽，五世而斩。赵国之侯不过三世。爱护亲人，单纯赐给不行，要让亲人立功生威，自创、自立、自强、自保，否则赐予多，无能力，保不住。爱护亲人，应该让他们在政治上保持清醒，并要他们始终重视长本事，保健康。现代人事管理学讲选才应该注重德、能、勤、绩，很系统，很科学。人必须有志气，有决心，有恒心，做事勤奋，懒、笨、浑必垮。勤很重要，勤能生巧，懒必造笨。勤学善思，奋斗不止，才能通往成功之路。心要专，不要散，不要迷，不要痴。

感思语

赵后深爱长安君，赐宝封地授位尊。
无功却当人上人，只惜这都在身外。
身外之物不可靠，瞬间可能全失掉。
勤学善思长才识，才能入心永不失。
德才兼备人喜爱，蠢猪只能是杀材。
缺德少才忝高位，总有一天掉下来。
为啥富难过三代，德才流失是主因。
侥幸所得难长久，腾飞必须有真才。

285.秦使王翦攻赵

简散语

公元前226年，秦国派大将王翦领兵进攻赵国。赵国派李牧和司马尚率军迎敌。李牧多次打败秦军，并杀死秦将桓齮。王翦兵战不胜，改用离间计，用重金行贿，收买了赵王的宠臣郭开等。郭开等向赵王进谗言，说李牧欲叛赵降秦。赵王信谗，派赵葱与颜聚替代李牧和司马尚为将,捕杀了李牧,废弃了司马尚。王翦趁机猛攻,大败赵军,杀死赵将赵葱,俘虏了赵王迁和将军颜聚,赵国灭亡。

感思语

王翦虽是秦名将,败给李牧、司马尚。
刀兵败北改文攻,郭开获金帮秦忙。
郭开原是赵宠臣,进谗害死李将军。
不光王翦有能耐,更因赵王是昏君。
宠幸奸究杀良将,赵国立即就灭亡。

第二十二章 魏策（一）

286.智伯索地于魏桓子

简散语

古人说："将欲败之，必姑辅之；将欲取之，必姑与之。"这十六字诀，知道的人很多，会结合实际活用的人很少。当时魏国除任章外，包括魏桓子在内，都没有用此指导自己的行动，主要是善思不够，没有想透，遇事不能坚持不急、不气、不慌、不怕、不愁，冷静筹策。智伯向三晋索地，开始韩国、魏国的君主都想拒绝，经良臣疏导后，用土地换来本国的暂时平安。赵国断然拒绝了智伯的无理要求，并做好了抗智伯的准备，退守坚城晋阳。智伯围困晋阳，形成恶斗，最后，智伯因骄傲被擒杀，为天下笑。

感思语

委曲求全须会忍，会忍善思韬略深。①
智伯索地桓欲拒，任②请满足智贪心。
智氏得利心欢喜，魏氏忍耐恨加深。
助智生骄帮其死，仇智不是只魏君。

---

①忍耐是涵养和能力。忍有能忍、不能忍和会忍、不会忍及主动忍、被动忍之分。被动忍是无可奈何的忍，主动忍是软进攻。会忍是很重要的战略和能耐。智伯索地，魏桓子想拒绝，这是不会忍。任章劝魏君舍地求平安，是会忍，是韬略。

②任章，魏的相国。此人肚量大，思识远，谋事如神。这次斗智氏的妙计，皆由任章出，关键是他看透了智伯的贪心，助智生骄是主要手法。

将欲取之姑与之，迂回思维变化新。
思远巧计出臣下，任章量大谋如神。

287. 韩赵相难

简散语

赵国和韩国发生矛盾，都想借魏国之兵攻打对方。魏文侯分别对他们说，对方是魏的兄弟之国，不肯借给兵助攻。开始，韩、赵两国都对魏国很有意见。后来，韩、赵和解，都很感谢魏君。

感思语

赵韩都是姬姓国，翻脸便欲动干戈。
想借魏兵打对方，魏不给兵搞调解。
开始韩赵都生气，和后两国都感谢。
魏君没有助其恶，善意最终被理解。

288. 乐羊为魏将

简散语

魏将乐羊奉命攻打中山，当时其子在中山。中山君将其子煮成羹送给乐羊一杯，乐羊喝光了。魏文侯赞乐羊忠。魏臣睹师赞说，他儿子的肉他都吃，还有谁的肉他不吃呢？魏主听了生疑。乐羊凯旋，魏主赏了其功，以后未再重用。

感思语

中山君残忍，被伐应该败。
乐羊少人性，口啖儿子羹。

魏主奖其功，之后未重用。
做事凡过头，人便不同情。

289.西门豹为邺令

简散语

公元前407年，西门豹出任邺县令，他向魏文侯辞行时，魏主教他建功立业之法：要求他见乡里老人和年长德高望重的读书人，要以隐恶扬善的人为榜样，说世间的人和事，多有相似而不同，莠子（一种草）刚长出来时像禾苗（谷苗），黑牛中比较黄的像老虎，白骨如象牙，武夫（一种石头）像玉。分清这些似是而非的东西，不要以是为非，也不要以非为是，明显的好、坏、黑、白容易分清，近似的，在分界线上的和处在变化过程中的很难搞定和分清。魏文侯要求西门豹据德用才行事。德是听从、服从、为善；才是才能。无德不干好事，无才不会干事，用人必须坚持德才兼备，全面看德、能、勤、绩。

感思语

好坏总是在一起，近似分清不容易。
把好当坏好必怨，以坏充好事业毁。
处世首要重德行，为民为善和听从。
做事必须有才能，爱学深思会践行。

290.文侯与虞人期猎

简散语

魏文侯与看守苑囿的小吏约定好了日期，一同去打猎，到了那天下起了大雨，近侍之官劝文侯改日期。文侯说，事先约定好的，怎么能随便改动。于是，顶狂风冒大雨前往。文侯守信之名远播，魏国渐强，称雄战国。

感思语

文侯与吏约猎期，到日天变下大雨。
侍臣都劝改日期，文侯如约乐疲惫。
守信品格名远扬，声望能和齐桓比。
春秋强国称五霸，战国七雄名列魏。

291.魏文侯与田子方饮酒

简散语

田子方是孔子学生子贡的弟子，他德才兼备，被魏文侯聘为老师。魏文侯精通音乐，有一次，魏文侯与田子方饮酒听音乐，魏文侯随口点评演技，说得都非常准确。田子方笑了笑。魏文侯问老师为何笑。田子方说，贤明的君主应精通治道。文侯拜服。

感思语

魏君文侯懂音乐，点评精准老师笑。
君问老师何故笑，子方劝他精治道。
皇帝画家宋徽宗，书法绘画高水平。[①]
理政能力很稀松，误国误民误己命。
懂点专业算内行，不要自吹自逞能。
不把管理当一行，工作必然跟不上。
要想事业不落后，管理人才别凑数。
管理若有好人才，工作必然飞速进。

---

① 宋徽宗赵佶，书法、绘画水平都是当时一流，其书法创造了瘦金体，楷书、草书作品皆为上品。但是，他当皇帝不善治国，战败被俘，死在金国。

292.魏武侯与诸大夫浮于西河

简散语

魏武侯名击,是魏文侯之子。一天,武侯和诸大臣乘船游西河。武侯盛赞山河险峻、坚固。陪坐在他身边的侍臣王钟随声附和说,这是晋国强大的原因,好好治理,我们就可以称霸天下。吴起反驳道,君主的话是危国之言,王钟附和更危险。武侯生气地说,你的话有道理吗?吴起说,过去三苗、夏桀、殷纣的居住地都是山水环绕,但他们为政不善,分别被禹、汤、周所灭。过去您曾亲率我们攻占了不少城邑,敌人的城高墙厚都没有挡住我们。地形险峻虽然很重要,但是,不能单纯地靠地势固国,主要靠政策,善治理。

武侯说,你说得很对,今天我听到圣人的话了。武侯立即下令,把西河治理的任务委托给吴起。吴起没有把地缘的作用无限抬高。武侯贤明,能择善委能。

感思语

武侯君臣游西河,君赞山河能固国。
侍臣王钟紧附和,山河好能成霸业。
吴起①开口便反驳,指出君言会危国,
王钟附和害更多,三苗、桀、纣山水环,
败亡都因政不善,②强盛不因山水险,
政治清明是关键。制度不好政不善,
水秀山险也枉然。武侯听了吴起论,

---

①吴起是战国名将,卫国人,军事家,楚悼王的令尹,军事才能和白起、乐毅齐名。因推行改革政策,侵害了贵族利益,楚悼王死后,吴起被贵族杀死。

②三苗之居,左有鄱阳湖,右有洞庭湖,文山在其南,衡山在其北。夏桀国家,左面是天门北麓,右是天溪山的南面,北面有庐山、峄山,南面有伊水、洛水。殷纣王之国,左边有孟门山,右边有漳水、釜水,前面有黄河,后面靠着山。三苗、夏桀、殷纣之居,都是山水环绕,但是,最后由于政治腐败而灭亡。

> 忙说领教圣人言。当即下了委任令，
> 西河之政吴起管。明君民主容忠言，
> 选贤任能会择善，魏国强盛国大变。

293.魏公叔痤为魏将

简散语

魏将公叔痤率军在浍北与韩、赵交战获胜，魏惠王赏给他良田百万亩作为俸禄。公叔痤辞谢说，把军队训练好是吴起的功劳，根据地形设防布阵是巴宁和爨襄的功劳，明赏罚使全军深信不疑是贤君的法典。我只是进攻时右手击鼓，应该奖赏他们。惠王认为有道理，就奖赏了吴起的后人和巴宁、爨襄，并给公叔痤又增加了四十万亩，共赏他一百四十万亩良田。

感思语

> 魏国名将公叔痤，公平坦诚善团结。
> 讲劳不掩他人功，论功总说别人多。
> 赏来辞让很谦逊，品德超群能服人。
> 贵人处世如天平，品格高尚受尊敬。

294.魏公叔痤病

简散语

公元前361年，公叔痤病危，临终前向魏惠王推荐公孙鞅（后为秦国的商鞅），希望把国政交给他掌理，说如果不能重用此人，也别让出国。魏惠王把公叔痤的话当成重病的人糊涂话，并在背后嘲笑，不理睬。后来，公孙鞅为秦孝公所用，秦强魏衰。

感思语

世传伯乐会相马，少知叔痤善识人。
相马虽能称绝智，识人比其贵十分。
好马仅是人驱物，安民治国必靠人。
叔痤虽比伯乐明，① 但知臣下不知君。
临终推荐公孙鞅，惠王只作梦呓云。②
商鞅入秦成大器，魏王无能国家衰。

295.苏子为赵合纵

简散语

苏秦游说的方法，主要是正确运用褒贬之辞。当时山东诸侯都怕秦国，所以，苏秦采用了以褒为主的方法，目的是为了先鼓气治恐秦病，如，他说魏国国强君明，实力雄厚；弱胜强是普遍规律，弱能变强，变强的主要办法是联合抗敌。他说士气很重要，讲了越胜吴和周灭殷的故事。他贬斥连横，并说"涓涓不壅，终为江河""毫毛不拔，将成斧柯"③"前虑不定，终为大患"等古哲的格言，加强了游说的经典性，劝魏襄王下决心，立即加入合纵联盟。苏秦的游说显示出他深厚的知识积淀和对现实情况的把握。这说明他重视调查，事先了解情况，下过苦功夫。

---

① 公叔痤会识人，比伯乐的相马术高明而重要。

② 公叔痤能看出臣下的才气，但是，不知道君主的心智。所以，他向君主推荐公孙鞅，尽了为臣之道。可是，魏王把他的话当作重病发烧的糊涂话，只当笑料，未加重视。公叔痤未料到魏王如此轻视他。在这个问题上，是君臣互不知。

③ 毫毛，指小树苗。是说刚长出来的小树苗，细如毫毛，嫩如豆芽，拔掉很容易，如果不拔掉，就会长成斧子把，就不好拔了。

感思语

苏秦搞合纵，游说重鼓动。
巧说弱胜强，反秦贬连横。
言出有事实，做事情况明。
古人成大器，都曾下苦功。

296.张仪为秦连横

简散语

张仪搞连横游说魏襄王的方法和苏秦相反，是以贬为主。如，苏秦说魏国君明国强，地方千里，田舍相间，还列了二十一座城邑，百姓车马之多，昼夜往来无休止。兵七十余万，战车六百乘，骑五千匹，士气旺盛，超过越胜吴和周灭殷，能以少胜多。苏秦还说，主张连横的人都是奸臣。这些，在张仪口中都变了样。张仪说，魏地不足千里，兵不过三十余万（少了四十万），战车未提。把交通便利、城乡繁华说成是无险可守、防御费兵的累赘，优点都说成了缺陷。张仪还说，搞合纵的人遵循的理论是反复无常、权诈无度的小人——苏秦的余谋。他们指手画脚，瞪着两眼说瞎话，积羽沉舟，群轻折轴，众口铄金，说得诸侯头晕目眩，不可能成功。劝魏王赶快加入连横，否则，秦国发兵来征，大军一到，再想侍奉秦国就晚了，就来不及了。张仪的一席话吓得魏王立即表示投靠秦国。张仪游说成功了。苏秦和张仪都是非常懂具体分析的，都会灵活运用。比现在的教条主义和经验主义者高明。

感思语

战国纵横家，才能多不差。
努力学本事，刻苦世人夸。
困乏不休息，悬梁锥子扎。

要是论诚信，可别轻信他。
　　只讲一面理，论事多偏差。
　　同是一件事，会说成两岔。
　　苏秦若说好，张仪就说差。
　　他们当法官，冤案会成打。[①]
　　张仪很露骨，游说带欺诈。
　　直言攻合纵，贬苏带点骂。
　　游说才能高，人品难说佳。

297.齐魏约而伐楚

简散语

公元前333年，齐国和魏结盟攻楚。魏国派大臣董庆到齐国作人质。可是，当楚军大败齐军时，魏军竟然袖手不救。为此，齐相田婴大怒，欲杀董庆。这时，齐臣盱夷劝田婴善待董庆，以疑惑楚人。如果杀了魏国的人质，就等于告诉楚国，齐、魏联盟破裂，楚国攻齐就更加放心大胆了，再者，假如因杀董庆激怒了魏国，魏国倒向楚，魏、楚联合攻齐，齐国就更不好办。田婴采纳了盱夷的意见。

感思语

　　齐魏搞联盟，为向楚进攻。
　　楚国败齐兵，魏国不救应。
　　齐欲杀董庆，盱夷不赞成。
　　善待魏人质，为了疑楚兵。

[①] 打，在这里是数词，一打是十二个，如一打袜子。这里讲的不只是一打，而是打打叠加，摞成摞。

阅策四语

298.苏秦拘于魏

简散语

公元前286年，苏秦被魏国扣留。魏国封闭关塞，苏秦无法逃脱。这时，齐闵王派苏秦之弟苏厉替苏秦游说魏王。苏厉对魏王说，齐国要把宋国故地封给泾阳君①，秦国不接受，不是秦国不贪利，而是他们不相信齐王和苏秦。如今秦国看到齐、魏关系严重恶化，知道齐国更不敢欺骗秦国了。如果秦、齐联合，对魏国非常不利。大王不如放苏秦回齐国，让秦国继续怀疑齐、魏关系好。这样，秦、齐不和，天下无忧。魏国借机伐齐，就能扩大地盘。

感思语

苏秦入魏被禁拘，齐魏不谐秦得意。
秦齐不睦魏有利，魏攻齐能夺土地。
人言春秋无义战，战国之争为私利。②
合纵从来无真合，连横帮助秦统一。

299.陈轸为秦使于齐

简散语

公孙衍号犀首，曾是魏国宰相，因能力低被免职，无事可做。陈轸由秦使齐，路过魏国，给犀首献计，使犀首重掌大权。当时，魏惠王派李从率百车出使楚国。陈轸教犀首蹭搭其车，引起魏王的疑惑。然后，犀首亲自对魏王说，臣下与燕、赵两位国君是故交，他们多次约我

---

① 泾阳君是秦王的母弟，名叫嬴悝。
② 战国诸侯都是为自己争利，国与国之间都希望他国如鹬、蚌，自己当渔翁，不劳而多食。

无事时前去拜访，有十天或五天的时间就够了。魏王没有理由不同意犀首去。之后，犀首就在朝廷宣传，说自己有急事出使燕、赵，急需备车辆、行装。各国在魏的宾客获悉，以为犀首又被用了，立即派人回国报告自己的国君，说李从率百车使楚，犀首又率三十辆车使燕、赵。齐威王闻信，争先与魏结盟，并把国事委托给犀首。犀首接受了委托。可是，魏王不肯让犀首走，燕、赵听说后，也把国事委托给犀首。楚怀王闻知，就背弃了李从，把国事委托给犀首。犀首掌管了齐、燕、赵、楚四国之事，魏王还恢复了其相位。犀首独掌五国之政。

感思语

犀首才低在赋闲，饱食终日无事干。
陈轸献策作指点，教他巧把魏王骗。
说与燕赵君故交，关系一向非常好。
多次恳请他去访，时间一旬或五天。
魏王虽疑却同意，之后在朝大宣传：
"魏王命我为特使，任务重要全权办。"
各国宾客闻此言，当作大事往回传。①
得知犀首获重用，齐王国事委他管。②
另有三国紧跟进，便是楚赵还有燕。
魏请犀首复相位，五国大权一手揽。
犀首才能没有变，一条计策掌大权。
用人命官如儿戏，治国就像闹着玩。

---

①犀首是以个人私交会友之名，请假出国省朋，魏王同意后，却演绎成公使之名。犀首自己大肆张扬，说什么魏王派他为特使出访，先骗了魏王，又骗了群臣和宾客。

②齐威王首先把国事委托给犀首。当时中华各国，本来是一国之土，各国虽然分治，但是，在用人上，可以互荐互委互用。

阅策四语

300.张仪恶陈轸于魏王

简散语

张仪任魏相时,在魏王面前毁谤陈轸,说陈轸亲楚,割地给楚国。左华对陈轸说,魏王宠信张仪,不会听辩解,不如把张仪的话告诉楚王。陈轸采纳。

感思语

张仪恶语伤陈轸,魏王偏听信为真。
陈把张语传楚王,诽谤变成推荐信。①

301.张仪欲穷陈轸

简散语

陈轸是楚国人,曾先后在秦国和楚国为官。他与张仪是政敌。张仪多次陷害他。陈轸在楚国,张仪想加害他,就请求魏王以任用陈轸为相之名,骗陈轸入魏,等陈轸到后囚禁。魏王想利用陈轸破坏齐、楚关系,所以热烈欢迎陈轸。楚国不喜欢陈轸的人,也希望陈轸离楚去魏,便隆重欢送,目的都与张仪的预谋暗合。陈轸之子陈应足智多谋,对张仪欲害陈轸之谋了如指掌,转告其父,并提出了解救之法。陈应说:父亲到宋地后可称病不前,派人告诉齐王,说魏欲用我,是想破坏楚、齐邦交。齐王便把陈轸接到齐国加封。陈轸躲过了一次陷害。

感思语

张仪请魏要陈轸,骗去之后即囚禁。

---

① 陈轸通过关系,把张仪的原话转告给楚王。楚王听了,对陈轸非常满意,之后请陈轸到楚国任官。

陈应获知张仪谋,劝父此行须谨慎。
陈到宋地装病顿,①并把张谋告齐人,
齐王迎陈并加封,张仪谋划白费心。②

302.张仪走之魏

简散语

张仪逃到魏国,魏王准备接纳他。大臣张丑建议拒纳,魏王不听。张丑退下复还,给魏王讲了一老妾改嫁的故事。张丑说,老妾侍奉正妻,孩子大了,自己也色衰了,以后只好改嫁了。臣下侍奉大王,如老妾侍奉正妻。于是,魏王没有接纳张仪。

感思语

老妾色衰,主家不爱。
无人理睬,改嫁择门。

303.张仪欲以魏合于秦韩

简散语

张仪想要魏国与秦国、韩国结盟,联合攻齐国、楚国,而魏相惠施主张联合齐、楚息兵,很多人支持张仪。惠施对魏襄王说,平时为小事争论,赞成和反对的人各占一半,战争这样的大事,怎么会都赞成呢?即使都赞成,还有一半人闭口未言。权臣蔽君,会让君主失去一半臣子。

---

① 顿是停顿之意。陈轸行到宋地,便称病停顿下来,不再前进。
② 齐王把陈轸迎接到齐国任官、加封。张仪行事不秘,害人之谋枉费心机。

阅策四语

感思语

联秦韩或联齐楚,张仪惠施牛碰头。
张欲秦韩攻齐楚,惠欲按兵干戈休。
张派耀威唇舌鼓,惠派闭口低着头。
争辩成了单腔戏,张压惠施心不服。①

304. 张仪以秦相魏

简散语

张仪仰仗秦国的势力,出任魏相。魏国人认为,张仪有秦国作后盾,任张仪为相,可以不被他国侵扰,却不知齐、楚都恨张仪,两国联兵来攻,魏国想安反而来乱,张仪处境危险。魏人雍沮为了解救张仪,游说齐、楚,他对齐、楚的君主说,张仪来魏国前,已和秦王谋划约定,说他到魏国任相,齐、楚两国因恨他会来进攻。如果魏国战胜了,齐、楚两国损兵折将,国力耗费,张仪会大展宏图,使魏更加亲秦。如果魏国战败,会割地侍秦,倒向秦国。现在齐、楚攻魏,是落入了张仪设的圈套,不论胜负,都对秦国有利,都是对张仪的帮助。齐、楚君主闻言,如梦方醒,立即撤兵。

感思语

齐楚恨张②动刀枪,战火已经燎魏邦。
魏用张仪有打算,想得国安民无患。
不料反而引战火,想得太平成烽烟。
张仪处境很危难,一时不知怎么办。
魏臣雍沮智商高,熄灭张仪燃眉烧。

---

①张仪一派人耀武扬威,摇唇鼓舌,成为强势,惠施一派未开口。张派舌战胜利,心战未决。

②张指张仪。

将计就计说齐楚，凭怒攻魏非善谋。
谋臣能低错运筹，张设圈套捉齐楚。
齐楚已经进圈套，可怜智低不知道。
胜负都会受损失，利益全部归秦要。
兴师动众帮仇敌，白流血汗耗国力。
损兵折将不获利，张仪高兴秦欢喜。
撤兵才是高明举，别为仇人白出力。
齐楚君主都说对，迅速撤军烽火弭。

305.张仪欲并相秦魏

简散语

公元前322年，张仪为了揽权，欲兼任秦、魏两国的宰相。这时史厌劝赵献帮助张仪实现并任两相的目的。赵献也趁机兼任楚国和韩国的宰相。

感思语

张仪为了多揽权，秦魏两相欲独占。①
史②劝赵献帮张仪，为掌楚韩两相权。

306.魏王将相张仪

简散语

魏惠王准备任命张仪为宰相，使犀首赋闲。这对犀首非常不利。

---

① 张仪欲自己独任秦、魏两国宰相。
② 史是指史厌。史厌请赵献帮助张仪兼任双相。赵献帮了张仪，他自己也趁机独占了楚、韩两相。

于是，犀首便托人游说韩国重臣韩公叔，说张仪促成了秦、魏之盟，并约定魏攻南阳，秦攻三川，灭亡韩国。魏国重用张仪，就是为了多得土地。阁下可拿出点土地给魏国，算作犀首的功劳。这样可以使秦、魏之盟瓦解，让张仪的魏相梦破灭。请犀首任魏相，保住韩国。韩公叔认为有道理，采纳了此策。结果，秦、魏联盟散伙，张仪的魏相梦泡汤。犀首夺取了魏相一职。

感思语

魏欲相张仪，犀首很危机。

衍托韩公叔，① 巧夺魏相职。

307.楚许魏六城

简散语

公元前314年，楚国许给魏国六座城池，以联合伐齐救燕。秦相张仪破坏此事的玉成。他对魏王说，楚国不会给魏六座城邑，魏国得不到城，还会与齐、秦结仇，这是魏国的失策。张仪竭尽挑拨离间之力，但是，魏王始终未听取张仪之言。

感思语

楚国许魏六座城，联合伐齐搭救燕。

张仪从中搞破坏，他说给城是欺骗。

六座城邑得不到，还与秦齐结仇怨。

张仪枉费挑拨力，魏王没有纳其言。

---

① 衍是犀首公孙衍。他通过韩公叔活动，保住韩国，破败了秦魏之盟，为自己夺取了魏相之职。

308. 张仪告公仲

简散语

楚国想伐齐救燕，秦国想救齐。秦相张仪为了壮大声势，对韩相公仲说，以韩国闹饥荒为名，请求救济，让饥民移居河内，迫使魏国与韩国、秦国交好，请魏与秦、韩会晤，斥责楚国，使楚进攻齐国的谋划胎死腹中。

感思语

楚想救燕进攻齐，秦对此举不同意。
韩魏秦都压迫楚，伐齐谋划成死灰。

309. 徐州之役犀首谓梁王

简散语

魏国的首都由安邑迁到开封，开封曾称汴州、汴梁、大梁，所以，魏也称梁，魏王也称梁王。公元前333年，齐、楚在徐州交战，犀首向魏王献策：要魏国明里与齐交好，暗里与楚交好，如果齐胜了，就与齐共分胜利果实；如果楚胜了，就报了魏太子被杀之仇。

感思语

齐国楚国战徐州，犀首向魏献计谋。
明与齐好暗结楚，战时坐山观虎斗。[1]
齐胜与齐分胜利，楚胜报我马陵仇。[2]

---

[1] 犀首虽然曾因能力低，罢相赋闲。但是，他当骑墙派、坐山观虎斗和当拣利的渔翁，不劳而食是能手。
[2] 当年齐、魏马陵之战，魏军惨败，魏太子被杀。这次如果楚胜齐，就算魏借楚之力，报了马陵道魏太子被杀之仇。

> 观战就当看演出，只有胜利没有输。
> 犀首只想稳得利，人品自己亮个透。

310. 秦败东周

简散语

公元前293年，秦军打败东周后，又在伊阙打败魏军，杀死魏将犀武。此时，魏王欲派犀首赴秦，低声下气地向秦割地求和。这时，有人为窦屡向魏王建议，封窦屡为关内侯，给他丰厚的俸禄，让他去办理此事，割地可以减半。因为东周君、窦屡、奉阳君、穰侯之间关系复杂，秦太后怕此事办不成，一定会要秦王与东周及魏国减半割地讲和。

感思语

> 魏军伊阙被打败，想派犀首去求秦。
> 低声下气似朝拜，多割土地还求人。
> 和谈应该用窦屡，外事必须知关系。
> 挺起腰杆搞谈判，损失必定会减半。

311. 齐王将见燕赵楚之相于卫

简散语

齐王要在卫国约见燕、赵、楚三国的宰相，商量排斥魏国。魏王担心被他们孤立、打击，忧心忡忡，把这个情况告诉了犀首。犀首献计说，请大王给臣百金，瓦解他们。犀首携金率车队先入卫，用金贿赂齐国使臣，请求拜见齐王。犀首见了齐王后，宾主悠闲地聊起燕、赵、楚三国的恩怨，畅谈很久。三国宰相来了，犀首佯装诡秘，躲藏回避了。三国之相问起齐王与犀首密谈之事。齐王说闲聊，很琐碎，没有秘事，不值得说。三相不信，而且更加怀疑了，认为齐王暗结魏国。他们来此赴约，是被齐王耍了。他们都中了犀首的离间计，约会成了瀣黄蛋。

感思语

齐约燕赵楚国相，魏被四国甩一旁。
害怕被攻魏王忧，犀首献计给魏王。
咱用黄金插一杠，他们约会就泡汤。
犀首携金先入卫，收买齐使见齐王。
燕赵楚相来到卫，犀首装密假躲藏。
三相问王犀首事，王说闲聊难其详。
三相疑齐暗结魏，来卫赴约是上当。
犀首巧施离间计，四国约会蛋瀣黄。①

312. 魏令公孙衍请和于秦

简散语

魏国派犀首去秦国搞和谈，临行前，周相綦毋恢指点犀首说，即使和谈，也应讲策略，要以少割地给秦为原则。人必须有志气，要懂法、术、势。

感思语

犀首奉命搞和谈，临行周相作指点。
和谈必须讲策略，少割土地应为先。

---

① 燕、赵、楚三国宰相问齐王和犀首谈话的内容，齐王坦然说，只是闲聊，未谈秘事。三相不信，认为齐国暗结魏国，他们被齐国忽悠了，上当了。四国之会无功而散，如蛋瀣黄了。瀣黄蛋是蛋黄外膜破裂，蛋黄和蛋清混在一起了，是蛋的初坏，已不能孵化成幼虫或小动物了，之后便成为臭蛋。

313. 公孙衍为魏将

简散语

公孙衍是魏国的大将,田需是魏国的宰相。这两个人确实是将相良材。但是,他俩关系不和谐。宾客季子认为,同朝为官的将相不和,如同牛马同拉一辆车,牛驾辕,马拉套,走不到一起。服牛骖骥,难走百步,牛马俱死,不成其功。用人要匹配,如不调整,将相个人才能难展,国必受损失。

感思语

犀首为大将,田需任国相。
德才都称好,舛驰乖对抗。
牛马并驾车,没有好结果。
将相不调整,毁才又误国。

第二十三章　魏策（二）

314. 犀首田盼欲得齐魏之兵以伐赵

简散语

公孙衍曾被秦惠王任命为将。张仪入秦后，犀首回魏为将。犀首任秦将时，曾与齐人田盼谋定，联合齐、魏攻赵。但是，齐、魏两国的君主不大同意。于是，犀首便对两国的君主说，只要两国各出五万兵，不出五个月，就能攻破赵。这时，田盼却说，轻用兵者国易危，易用计者易身穷。先生说得太容易了，恐怕会有后患。公孙衍说，先生您太糊涂了。现在两位国君都犹豫不决，不想出兵，如果再说困难，吓唬他们，他们不出兵，我们的谋划就落空了，等到宣战出兵之后，国君能看着国家危险，放着兵不给我们用吗？田盼说，您说得对。于是，积极劝说两国君主听公孙衍的。犀首和田盼得到了齐、魏之兵。他们率军还未出国境，两国君主怕他们吃败仗，便派大军尾随其后，最终打败了赵国。

感思语

犀首伐赵欲借兵，国君犹豫难成行。
只说好胜不说难，说服国君得兵权。
攻赵虽然得胜利，单向思维近似骗。[①]
请君不必贬犀首，壮气得胜很普遍。

[①] 单向分析是只讲有利条件，说一面理。这种行为，在实践中有时也能成功。但是，从长远和全面来看，这不是应该被提倡的思想方法。

315. 犀首见梁君

简散语

宾客季子曾对魏王（即梁王）说，犀首、田需将相不谐，如同服牛骖骥，内耗严重，建议魏王调整将相。魏王未置可否。公元前317年，犀首对魏王说，臣尽力竭智，为王广土地，取尊名，田需从中破坏，使臣始终无功，请求魏王去田或去己。魏王舍不得，许诺，今后不让田需过问犀首之事，二人同留，犀首同意。牛马虽忠，驭手无能，用人应懂阻抗匹配。

感思语

犀首难展才，怪田需使乖。
要求田需去，或者己离开。
魏王舍不得，将相他都爱。
今后犀首事，田需不过问。
各走各的路，仍为同朝臣。
魏王处置法，请君细思忖。

316. 苏代为田需说魏王

简散语

犀首推荐齐人孟尝君田文做魏相国。犀首自己改任韩相。公元前314年，秦、韩交战，韩将犀首大败后回了魏国。犀首与魏臣田需不和。这时，苏代问魏王，对于齐国和魏国，田文重视哪个？魏王说他当然重视齐国。苏代又问，对于韩国和魏国，犀首重视哪个？魏王说他重视韩国。苏代建议魏王，把田需调到身边，有田需作耳目，犀首和田文就不敢为乱了。魏王采纳。

感思语

犀首荐文当魏相，魏将犀首去相韩。
可知他俩亲哪个，王说他们亲齐韩。
苏代建议魏君主，要把田需置身边。
王有田需作耳目，犀首田文不敢乱。①

317. 史举非犀首于王

简散语

史举是下蔡人，曾任上蔡门监，是甘茂的老师。公元前 322 年张仪任魏相时，派史举在魏王面前谗毁犀首。犀首获知后，便报复他，欲把他置于困境。犀首对张仪说，请魏王把江山让给张仪，这样，魏王就成了尧舜一类的君王了，叫张仪不要接受，这样，张仪就成了许由一类的大贤了。张仪虽然聪明绝顶，但是，在大名大利前，被犀首骗得晕头转向，又派史举拜见犀首，当着魏王的面奉承吹捧犀首。魏王见史举对人时而诽谤，时而吹嘘，就再不听信史举的话了。史举威信大跌，无法做人，挂冠而去。

感思语

史举曾是甘茂师，此人本来有才识。
张仪用他诽犀首，是非圈里乱游走。
犀首诈言骗张仪，大名大利大骗局。
张仪闪烁精明光，贪大名利上了当。

---

① 苏代是想利用田需和犀首的矛盾，制约犀首和田文。这是利用矛盾，制衡求稳。

史听张仪捧犀首，人格才识都折扣。[①]
　　魏王对史不再信，史举成了两面人。
　　镜里镜外露猪头，没脸见人偷偷走。

318. 楚王攻梁南

简散语

公元前323年，楚、魏襄陵之战时，楚国进攻大梁南境，韩国趁机包围了魏国的蔷地。成恢受犀首之托，劝说韩王放弃蔷地，以免楚国乘势猛攻魏，使魏国支持不住降楚，对韩国不利。魏无韩患，便能与楚决战。如果魏国战败，大梁保不住，自然无力顾蔷地。如果魏国胜楚，那时魏兵疲惫，韩国再攻蔷地，也可以轻取。

感思语

　　楚魏襄陵交战急，韩国出兵围蔷地。
　　成恢接受犀首托，劝韩将蔷暂放弃。
　　魏国不支降楚国，楚强韩陷危险地。
　　放弃比攻好处多，眼量宽远看利弊。

319. 魏惠王死

简散语

公元前319年，魏惠王死，到了发葬的日期，不料下起了大雪，积雪厚度能没到牛眼，城墙毁坏。太子准备修栈道出殡。群臣劝太子

[①] 史举任上蔡门监，职不高，名不显，但是，因为他是甘茂的老师，因弟子而名重。然而，他听信张仪指使，时而诽谤犀首，时而吹捧犀首，莫衷一是，闹得里外不是人，自降品位，失去信用，只好挂冠而去。

说，路没法走，花费也太多，请求改葬期。太子以孝道大义为词，不从众谏，并下令不许再提建议。人不敢言，把报告送给相国犀首。犀首自觉无能为力，告诉了惠施。惠施见了太子说，古时候周王季历葬在终南山，水泡了他的坟墓，露出了棺材。周文王说，这是先王想见群臣和百姓。于是，把棺材挖出来，搭灵棚，让官民祭拜三天后改葬。现在先王想多留几日，扶护社稷，所以叫大雪阻路，希望太子改葬期。这合乎文王大义，要以效法文王为荣。太子欣然采纳。

感思语

太子虽然讲孝心，思想僵化很愚蠢。
群臣理识浅且缺，劝语俗凡话没劲。
惠施才学深而厚，赞颂文王讲典故。
先王想多留几日，弛期更日大义足。
能臣高明出祥语，效法古贤兴社稷。
太子深信惠子理，利国利民申大义。

320.五国伐秦

简散语

公元前286年，齐、燕、魏、韩、楚五国联军攻秦失败。收兵后齐国想联合秦国攻宋，魏国也欲和秦国讲和。苏秦是倡导合纵的，反对连横和秦。苏秦对魏王说，齐臣宋郭曾对秦王讲，攻宋要刚柔并用，独吞宋国，像宋国这样的国家，欺侮它不为不道，攻灭它不算结仇，得了它的土地，还要进攻它，目的是要消灭宋国。秦国必然要用这样的方法对待魏国，必然向魏国索要土地，得了土地后又要用武力攻击魏国，还要让魏国轻视齐国，使齐魏邦交恶化。秦国曾用此法对付楚国、韩国，希望大王深思熟虑。秦国对魏国示好，是不怀好意。苏秦提出了对秦三策：上策是进攻秦，中策是摒弃秦国，下策是盟国坚守信约，对秦可以假和，一定不要与秦真讲和。苏秦还说，秦相魏冉明于事，熟于计，天下诸侯不敢明显地表示损伤秦国，有的甚至以出卖盟友为政治资本，希望大王考虑臣下的计谋，攻秦不要疑虑不定。

感思语

  敌人是秦国，朋友在山东。
  图存靠合纵，苏秦心里清。

321. 魏文子田需周宵相善

简散语

  魏文子、田需、周宵三人关系较好。公元前317年五国伐秦失败后，田需三友想借机陷害公孙衍（犀首）。犀首经过认真思考筹谋，竟然推荐田文任魏相。田文感恩犀首，和犀首由对手变为朋友。田文在重利前，背叛了田需和周宵，田需的谋划落空了。有的材料上说魏文子即田文。

感思语

  五国伐秦已失败，田需欲把犀首害。
  犀首魏相荐田文，重利打乱三友阵。[①]

---

  ① 有的材料说，田文、田需、周宵为三友，他们合谋害犀首。犀首没有与他们对抗，而是推荐田文为魏相，在重利之下，田文和犀首的关系立刻改变，变敌为友，田需三友围孙（公孙衍）的谋划烽散。

322.魏王令惠施之楚

简散语

公元前333年,魏王派惠施出使楚国,派犀首出使齐国。两人的随行人员、车辆、物资相等,想用这个办法观测与楚、齐两国交情的深浅。惠施先派人到楚国,暗暗告诉楚人魏王的意图。楚王明白了,便亲自出郊欢迎惠施,非常隆重。惠子做了小动作,抬高了自己,欺骗了魏王。

感思语

惠施出使楚,犀首出使齐。
随行规模同,测定交浅深。
惠施暗送信,楚王心明白。
楚王出郊迎,惠子被高抬。

323.魏惠王起境内众

简散语

魏惠王欲调集全国的军队,以太子申为统帅,攻击齐国。这时,有宾客对公子理的老师说,请叫公子哭求王太后或魏王,阻止太子领兵出战。因为齐将田盼是久经沙场的老将,军师孙膑善于用兵。太子年少不知兵,战必败被擒。公子劝谏成功,可以树德;不成功,太子战败被擒杀,公子可以继王位。公子言出,必能获利。

感思语

太子年少不知兵,田盼宿将孙兵圣。[1]

---

[1] 孙兵圣是指孙膑,是兵圣孙武的后代,后人称其为兵圣第二。

> 战前胜负已经明，当局者迷旁观清。
> 唯物必重天地人，唯心凭权胡决定。
> 下层常有智多星，继位王皇欠智能。①

324. 齐魏战于马陵

简散语

齐、魏马陵之战，魏国惨败。魏太子申被擒杀，十万魏军覆灭。魏王羞怒，欲挥倾国之师与齐拼。魏王把自己的想法告诉了相国惠施。惠施与魏王说，臣下听说，为王者要合法度，称霸者要懂计谋，大王所思举措，离法度，脱计谋，不可行。大王要报复齐国，不如屈己下人，朝拜齐王，并派人到齐国、楚国游说，促成齐、楚之战，楚强必胜，齐疲必败，我兵不动，大仇已报。魏王说好。魏王派人向齐国报告，说魏欲向齐称臣朝拜。齐相田婴高兴地答应了，齐谋臣张丑不同意，田婴不理睬。张丑说，今后齐的祸患必定来自楚国。

齐国多次接受魏国的拜贺，齐君非常得意。赵国不满，楚王大怒，楚王亲率大军攻齐。赵国派兵响应，在徐州大败齐军。大胜大败之时，主官往往被浊气冲冠障目，举措非理。魏王虽然一时思虑失控，但听了惠施之言，绕过大劫，仍不失高明。

感思语

> 马陵战败魏王羞，怒气冒顶昏了头。
> 忘了法度乱思谋，只欲倾巢一拼休。
> 惠施冷静讲计谋，为王必须讲法度。

---

① 开国帝王起自下层，是从斗争中选拔出来的。无才能者，已在实践中被历史淘汰。继位皇王、自觉性好的，勤学善思者，有才能，可以维持或发展事业。不学不思的无术之辈，自己不能飞身上马，要靠别人扶上马，送一程，有的还可能掉下马来，摔伤残，倒秧难免。

称霸应该知计策，思胜必须先运筹。
大王要想报齐仇，折节称臣拜齐侯。
然后派使说齐楚，设法激起楚王怒。
挑起楚齐两家斗，齐疲不是楚对手。
强楚必胜齐必输，我兵未动已报仇。
魏王称臣朝齐侯，田婴高兴张丑愁。
张说此中埋诡谋，齐患必定来自楚。
魏王多次拜齐侯，赵王不满楚王怒。
两国发兵讨伐齐，大败齐兵在徐州。

325. 惠施为韩魏交

简散语

公元前336年，马陵战后，惠施使韩、魏结为友邦。为了与齐结好，让魏太子鸣赴齐做人质。魏王想见魏太子，齐国不许。谋士朱仓教魏王装病危重，自己替魏游说齐相田婴。朱仓对田婴说，魏王年高病危，不如将太子放归以树德。现在魏公子高在楚为人质，如果楚将他放归，立为太子，齐国将空抱人质，还会落个不义之名。田婴认为言之有理，立即将太子鸣放回魏国。

感思语

魏太子鸣质于齐，魏王想见齐不许。
朱仓教王装病危，游说田婴太子回。

326. 田需贵于魏王

简散语

田需很受魏王的信赖。这时,惠施对他说,您必须善待大王左右的人。您看杨树,横着栽,倒着栽,折断栽都能活。但是,十个人栽,一个人拔,一棵也活不了。这么好活的树,十个人栽抵不了一个人毁,这是为什么,因为栽难毁易。您现在虽然得到了大王的信任,可是,想除掉您的人很多,粗心危险,要战战兢兢,如履薄冰,防微杜渐。

感思语

好难学,恶易染,坏事容易,成事难。
成事须有技、智、能,毁坏浑笨都能干。
做好事,不简单,勤学善思经常练。
干坏事,很简单,肯犯昏,能夺冠。
春风得意别大意,如履薄冰防危险。[①]

327. 田需死

简散语

魏相田需死后,相位空出。楚相昭鱼认为,填补此缺的将是张仪或田文、犀首这样三杰中的一人。但是,此三人分别亲秦、亲齐、亲韩,他们三人继魏相,都对楚国不利,可是,昭鱼又没有办法改变这种趋势,为此犯难,把心事告诉了苏代。苏代问他,由谁继任魏相比较理想。昭鱼说魏太子速(后来的魏昭王)。苏代表示,他要去游说魏王,请太子速任相。苏代想了一套游说方案,并与昭鱼演练了一番,认为可

---

① 正所谓"战战兢兢,如临深渊,如履薄冰","莫因善小而不为,莫因恶小而为之"。

行。苏代到了魏国，如法炮制，游说成功。魏太子速任相后，秦、齐、韩三国都认为，太子不会久留相位，便积极恭维太子，以国相事，以求将来得到好处，形势对于魏国非常有利。

感思语

田需死后昭鱼愁，恐怕三杰主相府。
苏代解围说魏王，相印落入太子手。①

328. 秦召魏相信安君

简散语

秦国想用魏国的宰相信安君，可是，信安君不愿意去秦国。苏代为信安君说秦王。苏代说，尽忠的不一定担任属吏，担任属吏的不一定尽忠。信安君在魏国任宰相，可以使整个魏国服侍秦国，这样，大王可以拱手扩大地盘。这是尧舜想要达到而达不到的境界，请大王明察。

感思语

秦欲使用信安君，信安不愿去相秦。
苏代为其说秦王，条分缕析很明白。
信安不想去秦国，牛不喝水别强摁。
尽忠不必是属吏，属官不定都忠信。
信安举魏侍秦国，功绩必能超相秦。②
大王垂手得一国，境界已经超尧舜。

---

① 苏代游说魏王，主要搞了三问答。苏代问，在秦、魏之间，张仪亲哪个？魏王答亲秦。问，在齐、魏之间，田文亲哪个？答亲齐。再问，在韩、魏之间，犀首亲哪个？答亲韩。于是，苏代建议请太子速继任宰相。魏王采纳。

② 苏代说信安君在魏国任相，可以举全国服侍秦国，这比来秦任职作用还大。

阅策四语

329.秦楚攻魏

简散语

战国时期，国与国的关系变化很快，今是友，明成敌，变化莫测。必须头脑很清醒，才力过人，随机应变。秦、楚联合攻魏，转而魏、楚联合攻秦。敌友之变，在眨眼之间，目的都很明确，就是多占有人、财、物，增强实力。土地是一切财富的根本，各国都想扩地占土。另外，世间能随身携带的轻便好用之财，唯有知识、才能。战国时期最重才能，不重品行。后世重才能的人数曹操，主张唯才是举。曹操本身就很有才气，是三国第一能人。他比诸葛亮能耐大。但是，罗贯中受正统思想的影响，大捧孔明，使其成为活神仙。但是，罗贯中虽然为孔明造了势，却无法改变历史。诸葛亮六出祁山，最大的收获是得了个姜维。诸葛亮无法改变三国蜀国先灭、三国归魏的历史事实。

感思语

争财争地争人才，谁给好处和谁亲。
关系随着利益变，亲仇敌友变化快。
一场战事未结束，敌友变去变回来。
局势变幻难预料，不重品行重能耐。[①]
才智奸诈难分清，能得胜利就喜爱。
头脑清醒会应对，才缺能弱难生存。

[①] 在战国纷争中，足智多谋和奸诈狡猾，在技能对抗中是同义词，区分在于政治上的褒贬，以胜负论能耐，凭应对的本事、才能和实力立世。实力是基础。

330. 庞葱与太子质于邯郸

简散语

魏臣庞葱陪魏太子到邯郸当赵国的人质，临行前，庞葱给魏王讲了三人成虎的故事，说街市上本来没有虎，一人说有虎，人们不信，两人说有虎，人们开始怀疑，三人说有虎，人们就相信了。赵都邯郸比街市远，反对庞葱的人大大超过三人，请大王明察。魏王说你放心去吧，我会正确处理这件事的。庞葱刚离开大梁，便有人到魏王面前说庞葱的坏话。太子当人质期满回国后，魏王再没有接见庞葱。此故事和曾参杀人类似，不过把曾参改成了虎。中心意思都是说，假话说三遍就成了真理。

感思语

　　三人成虎很经典，庞葱预言讲在前。
　　魏王表示会善处，结果未救庞葱难。
　　表述事实靠语言，语言说真也扭偏。
　　唯一工具两边倒，说真行骗语言兼。[①]
　　曾参杀人吓逃母，三人成虎庞葱难。

331. 梁王魏婴觞诸侯于范台

简散语

魏惠王名婴（或罃）在范台（魏国的名台）宴请各国诸侯，在向鲁共公敬酒时，鲁侯讲了一些典故：

---

① 语言是能讲清事实真相的唯一工具。语言能把真相表述得清楚明白，也能把真相掩盖、扭曲、颠倒。语言本身没有能动性，它能为做好事服务，也会为干坏事帮忙，语言起什么作用，靠使用语言者摆弄，弄清事实必须反复调查。

阅策四语

一是舜帝女把仪狄的美酒送给大禹喝，大禹觉着好喝，怕成淫，疏远了舜女，戒酒，说今后会有人因酒亡国的。

二是齐桓公吃了宠臣易牙做的美食，觉着很好吃。说今后会有人因贪美食而亡国的。

三是晋文公得了美女南之威，因恋美女，三天没有上朝理政，从此他疏远美女，说今后有人会因贪美色亡国的。

四是楚王登强台（即荆台、章华台）观景，美景使他不知生死，流连忘返，之后不再登强台，说今后必然会有人因爱美景亡国的。

从思想上看，因爱美酒、美食、美女、美景而乱世亡国，是老子五色盲目、五音耳聋等高论的延续，警示意义长存。但是，这种理论对社会发展究竟起了多少具体作用，未见量化效果。不爱美女爱德才，黄帝、孔明是榜样。相传黄帝妇嫫母以丑闻名，人们常常把她和西施对称而论；孔明是美男子，其夫人黄女士貌丑德才高，孔明治蜀，有黄女士之功在内。然而，世人总是把自己的人（尤其是子女）和物（宠物）说得很美。现在吃苦瓜的人虽然多了，但是，几乎未听到过卖苦瓜的像卖甜瓜、蜜桃那样高声唱苦者。可是，人们对历史上的著名美妇贬之有加，如貂蝉等。

感思语

人多贬美女，说美女祸水。
孔明美男子，娶妻黄丑女。
黄女貌不俊，确是心里美。
胸怀经世韬，处世通大理。
自古人讲美近祸，① 无人肯与美相绝。②
请看世上各行业，都吹自家美物多。

---

① 这里的美是美女的省略，近祸也是省略语。这句话的意思是，自古就有人说美女是祸水。

② 这个美是泛指人、物、事，人们一面贬美，选东西总是选美的，挑好的。只有选演员时，有例外。一台戏里，必有丑角，扮丑角者不一定美，即使人长得不难看，化装也使其丑，所谓丑化。

第二十四章　魏策（三）

332.秦赵约而伐魏

简散语

公元前290年，秦国与赵国结盟，欲攻打魏国。魏昭王很担心。魏将芒卯给魏王献计，请魏王派大臣张倚使赵，说魏想把邺城献给赵国，请赵国和秦国绝交。赵王认为，不用出兵就能得到邺地，很便宜，于是，下令关闭了通往秦国的关隘，与秦国断交，赵、秦关系立刻恶化。赵国派人到魏接受邺城，芒卯却对赵国的使臣说，魏与赵通好，就是为了保全邺地，把邺城献给赵国，是魏使臣的胡说，是犯罪，我们不知道。赵国怕魏利用秦国之怒，与秦联合攻赵，便赶紧割五城给魏，以防秦、魏联军进攻。芒卯诡诈有术。

感思语

秦赵结盟进攻魏，魏将芒卯献妙计。
派使入赵献邺城，赵王见利就忘义。①
赵国为了占便宜，叛秦背盟结交魏。
为了显示亲魏国，剧然与秦断关系。
赵秦关系已恶化，芒卯对赵改了嘴。
我们不知献邺城，使臣胡说是犯罪。
赵怕秦魏联合攻，割五城邑献给魏。

---

① 这里说赵王见利忘义也不甚准，勉强，因为秦、赵结盟攻魏及赵弃信背秦均非义举。

阅策四语

赵想得邺已没戏，五座城邑白给魏。

333. 芒卯谓秦王

简散语

魏将芒卯对秦王说，大王的臣子中，还没有一个能在他国执掌政事，为秦国做内应的。贤君主多有内应。假如大王能让我任魏国的司徒，我可以为大王做内应（实为内奸）。于是，秦王设法使他出任了魏国的司徒。芒卯对魏王说，如果大王肯割地给秦，既可以保住上郡，还可以请秦出兵援助攻齐，得到很多土地。于是，魏割地给了秦。但是，秦得地后，按兵不动，魏王不悦。芒卯向魏王谢罪说，臣罪该万死，不过臣死后，就无人去责怪秦国了。请赦臣之罪，臣为大王责备秦王。芒卯到秦国，对秦王说，魏国割地给秦，是欲借秦兵攻齐国，现在秦国不出兵，臣下难免一死。臣死后，山东就无人肯为大王出力了。秦王闻言，立刻派兵。芒卯率秦、魏两国之兵攻齐，夺齐二十二个县。

感思语

芒卯靠秦当司徒，说魏献地讲好处。
又从秦国借大兵，攻齐取胜展高谋。
芒卯说话特点明，能把责备变陈情。[①]
事成利国也利己，社会历史多样性。

---

① 芒卯话语艺术性高，他本来是埋怨、责备秦国得了土地不出兵，但是，在话语中无责备之声，人们听到的是如何对秦有利。这样就避免了话语不绵，刺激当权者。曾国藩对说话方式和态度研究深刻。他曾说龙如心，属火；肝似虎，兴风，龙虎相遇易怒。对一般人发怒，最低后果是得罪人，影响人际关系，要是向皇上发怒，后果轻者是罢官，重者是丢命。

334. 秦败魏于华

简散语

公元前274年，秦军在华阳战胜了魏军。魏将芒卯败走。秦军乘胜包围了魏都大梁。这时，魏国的中大夫须贾替魏游说秦相穰侯魏冉。他对秦相说，魏国的重臣和贵族都对魏王说，当年燕、赵战败，都没有割地，保全了国祚；宋国和中山战败，都割让了土地，最终中山和宋都亡了国。燕、赵的做法可以效仿，宋和中山的做法不足称道。现在秦兵打败芒卯，继续北进，是想威胁大王多割土地，请大王千万别理睬，不要轻易讲和，如讲和，一定不要多割让土地。现在魏国已经动员了一百多个县，集三十多万精兵，死守大梁。大梁城高十丈，三十万兵固守。我认为即使商汤王、周武王复生，也难以攻下。攻而不克，秦兵久战必然疲惫，将会前功尽弃。现在让魏国割很少的土地讲和，魏国必定可以接受，那时阁下可以不动兵获得想得到的土地，还可以瓦解合纵，并全部吞并旧宋地，卫国也会献地。我认为阁下应该深思，不要冒险行事。魏冉说有道理，于是，秦乃撤去大梁之围。

感思语

华阳芒卯战败走，须贾入秦说穰侯。
魏国王侯和贵族，都与魏王说前途。
燕赵战败未割土，忍辱负重国仍有。
有了土地有黄金，国家最重是国土。
魏国虽然已战败，绝对不肯多割土。
魏已动员百余县，三十万兵守国都。
大梁城高十余丈，魏国精兵决心守。
城高墙厚士气旺，汤武复活也犯愁。①

---

① 面对城高、墙厚、士气旺、难以攻破的情势，就是商汤王、周武王复生，对攻如此坚城，也会感到犯愁。

久攻不克秦兵疲，前功尽弃场难收。
魏王打算少割土，阁下何必再动武。
我劝相国深思虑，冒险行事没甜头。
秦国贪婪人皆知，贪得无厌没有够。
须贾本是软摊牌，虽是文战火星舞。①
魏冉认为有道理，立即撤军战事休。

335.秦败魏于华魏王且入朝于秦

简散语

秦军在华阳打败魏军后，魏王许给秦相应侯范雎入秦朝拜秦王。魏臣周䜣对魏王说，宋国有人外出求学三年，回家后直呼其母之名，其母说他，你求学三年，应该懂得道理，知礼仪礼节，怎么反而直呼我名。宋生说，我知道的贤人没有超过尧、舜的，人们直呼尧、舜之名。我知道的伟大事物没有超过天地的，人们直呼天地。母亲贤超不过尧舜，大超不过天地，所以直呼母名。宋生之母说，你所学的知识，如果准备全部实行，希望你把直呼母名的事放在后面。魏王对周䜣说，你怕我去秦有去无回吧。相国许绾说，我回不来，他为我殉葬。周䜣说，如果有人对臣说，你入不测之渊，一定能活着出来，如果出不来，我用一只腐鼠为你殉葬，臣下决然不去。秦国如同不测之渊，许绾的脑袋如腐鼠的头。大王入秦，用一个腐鼠头殉葬，不值。周䜣问，河内、大梁哪个重要？王答大梁。又问，大梁和生命哪个重要？王答生命。周䜣说三者生命最重要。现在秦还没有索取最次要的，大王为何送去最重要的呢？魏王仍然不听。魏臣支期说，大王可注意看楚王的行动。楚王如果去朝秦，大王也去，楚王如果不去，大王也别去。魏王说我已经答应秦相应侯了，不去就是欺骗了人家。支期说，我去让长信侯请求大王不去

---

① 须贾来秦游说是文战，底气足，也是摊牌，虽是文战，软摊牌，也似有钢铁碰击，火星飞舞。

秦国朝拜。于是，支期对长信侯说，大王召见相国。许绾问何事。支期说不知道。许绾说，我送大王去秦，是为了魏国。支期说，你不要为魏国打算了，还是为你自己考虑一下吧。你想死想活，想穷想富……大王急召你，你不去，血就溅你的衣襟了。将要见到魏王了，支期先进去，教魏王装病重，并说，我已经恐吓他一番了，教魏王照做。长信侯叩见魏王。魏王说突然患重病，朝秦可能要死在路上。长信侯说，大王不要去了，我去请应侯免召大王入秦。魏王免了入秦之患。

《战国策》在本文中说了三个明白人：一是宋生之母，教儿别忘了基本常识；二是周䜣，很懂政治戏法，劝阻魏王入秦；三是支期，慑服了长信侯宰相许绾，免除了魏王的朝秦之患。还有两个蠹国虫：一是许绾，不知轻重贵贱，想用腐鼠头为魏王殉葬；二是魏王，身处政治峰巅，不懂政治游戏，还说什么骗，装病不是骗吗。最后一个糊涂虫，这就是宋生，书呆子，狗屁不通。政治、军事一体。政治是整体，军事是政治的一部分，为政治服务。政治是不流血的战争。兵者诡道，骗敌是智，会治敌是能。对敌慈诚是愚蠢。

感思语

求学三年更迂腐，不懂善思很糊涂。
明知秦国无信义，还用慈诚酬赖徒。
周䜣、支期皆能臣，教给魏王咋做人。
朝秦打算很愚蠢，骗上加骗免祸灾。

336.华阳之战

简散语

公元前273年，华阳之战，魏败秦胜。第二年，魏国要派段干崇去秦国办理割地求和。孙臣对魏王说，战败时未割地给秦，说明魏国善于应付败局。当时秦国未要求割地，这是秦国不会利用有利的形势。现在一年过去了，却要割地给秦国，这是奸臣们想用大王的土地讨好秦国，以便得到秦国的封赏。段干崇想得到秦国的封赏，大王竟然派他去割地给秦，让秦国授予他印玺。大王的土地有限，秦国的贪心无穷，如同抱薪救火，干柴烧不完，火不会停熄。奸臣们得了利，魏国的君、臣、民众将无处存身。于是，魏王停止了段干崇使秦。

感思语

华阳战败第二年，魏欲割地讨秦欢。
孙臣揭开此中底，这是奸臣坏主意。
众奸为了得私利，迫使魏给秦土地。
大王土地很有限，秦国贪欲无边际。
投薪救火火更旺，干柴不尽火不熄。
魏国土地献完了，君臣国民住哪里。

337.齐欲伐魏

简散语

齐国想攻打魏国。魏国给淳于髡璧玉一双，宝马高级彩车两乘，请其出面劝阻齐国熄兵。淳于髡答应了，进宫劝齐王说，齐、楚是仇敌，齐、魏是友邦。讨伐友邦，让仇敌有机会袭击自己疲惫的部队，名声不好，不应这样做。齐王认为此言有理，没有发兵。这时有人对齐王说，淳于髡替魏说话，是因为他收了魏国的礼物。齐王查问，淳于髡坦诚地说收礼了。淳于髡讲了他收礼和为齐王出主意的好处：一是齐不攻魏，是没有攻友邦，名声好。二是魏不挨攻，免除了灭亡的危险，魏民也免除了战祸。三是收礼增添了自己的福祉，对齐国也无危害。齐王闻言，不再追究。

为人处世有几种情况：

一是利他，如张思德、雷锋，全心全意为人民服务；白求恩毫不利己，专门利人。

二是利人利己。工作领薪，劳动所得；以余易无，互利双赢。

三是合法收入。如炒股赚钱，买彩票中奖，合法收入，受法律保护。

四是损人利己，损公肥私，甚至图财害命；政治剥削，弄虚作假；踩着别人往上爬，以及有意制造各种不公。敌视、毁坏、诽谤。

我们应向第一种看齐。坚决反对第四种人。遇到情况，重视具体分析。

感思语

齐楚两国是仇敌，魏齐盟邦似兄弟。
齐王突然欲伐魏，魏托淳于劝阻齐。
送璧驷马作酬资，淳于收礼劝阻齐。
齐王听信淳于髡，息兵与魏保友谊。
淳于收礼被人议，说他护魏因受贿。
齐王查问其真伪，淳于坦诚说收礼。
淳于坦然说道理，不攻友邦都有利。
齐无攻友恶名声，魏不被攻没危机。
百姓不遭战患祸，齐不因疲被楚袭。
我得璧玉和彩车，增加福祉未损齐。
齐王认为有道理，此事以后未再提。
贪污贿赂是腐败，具体情况细分析。

338.秦将伐魏

简散语

公元前283年，秦国攻魏国，夺取了安邑。为了救魏，相国田文到赵国借救兵。赵王不借。田文对赵王说，我借兵是为了赵国。魏国在赵国西边，为赵国遮蔽。赵国平安，魏国年年受秦国的侵扰。赵国不援魏，魏将同秦结盟，这样，赵就与秦为邻了。赵国将年年受秦国的侵扰，遭战患。赵王听了，答应借给魏十万兵，战车三百辆。田文又到燕国拜燕王，对燕王说，以前公子常使燕、魏结为盟国，现在秦国攻击魏国，请大王派兵援魏。燕王表示有困难，不能派兵。田文说，臣下向大王献良策，大王却不能用，恐怕天下要发生大的变化。燕王问什么变化。田文说，大王不救魏，魏将割一半土地给秦，秦撤兵后，魏将联合韩，借秦兵，靠赵国，四国联合攻燕，那时不知大王如何应付。燕王听了，表示听从田文的计谋，借给魏国八万兵，战车二百辆。秦国见燕、赵救魏兵多，很害怕，立刻割地给魏求和。田文为救魏立了大功，受到魏王的封赏。

感思语

秦国大军进攻魏，田文借兵解危机。
以前盟约不管用，各国都重眼前利。
赵国害怕被进攻，借车三百十万兵。
燕国担心四国攻，给车二百八万兵。
秦见燕赵救兵多，割地给魏即讲合。
燕赵大军已撤走，田文功大受封贺。

339.魏将与秦攻韩

简散语

公元前262年，魏国想联合秦国攻打韩国。信陵君魏无忌（朱己）对魏王说，秦国与戎狄习俗同，心如虎狼，贪得无厌，不守信用，不懂礼义德行，只要有利可图，不顾父母兄弟，如同禽兽，不施恩惠，不积德。秦昭土废其母宣太后，使其忧愤而死。其舅父相国魏冉功劳最多，被放逐。其弟泾阳君和高陵君无罪被夺去封地。对骨肉至亲如此，对敌国可知。大王联秦攻韩，更加接近秦国，不明智。群臣知道不加劝阻，是未尽忠心。韩国灭亡后，魏国就成了秦国的邻国。秦爱滋事，韩灭后，秦还会发动战争。但是，他不会长途跋涉，越山涉河，攻打边塞危隘的强国赵、楚或齐，必定进攻魏国，那么魏国就不得安宁了。过去秦国曾十次进攻魏国，五次攻入国境，边城尽被秦国占领，林木被伐，麋鹿被杀尽，损失很大。现在韩国已遭受兵祸三年，仍不屈服。他们知道秦国要灭亡他们，就给赵国送去人质，请做天下诸侯攻秦的前锋。臣下认为，楚、赵事实上已同韩一道攻秦。因为他们知道秦国贪欲无休止。臣下愿意用合纵的力量侍奉大王，请大王赶快接受楚、赵的盟约，挟持韩国的人质，保存韩国，韩国会归还魏国原来的失地，这比联秦攻韩的功大。保全韩国，安定魏国，天下诸侯会得到好处。这是大王大显身手的时机，魏国还可以从经济上得到很多好处。卫地、大梁、河外也就安全了。不保全韩国，危害很多。

感思语

魏想联秦进攻韩，朱己闻信忙劝谏。①
秦国贪戾无礼信，韩灭秦魏地接边。
秦如虎狼贪而残，韩替天下受祸难。
应搞合纵共抗秦，存韩能免天下患。
养士名人信陵君，知秦过去和目前。
策划谋略虽不深，论说清楚很中肯。

340.叶阳君约魏

简散语

公元前286年，叶阳君邀约魏国结盟。魏王对此非常热心，亲赴

---

① 朱己即信陵君魏无忌，他本名是朱己，司马迁把朱己错写为魏无忌。人们从大家，流误千年，已无法改正，将继续错下去，这是名家效应之一。

邯郸朝贡，并把土地给赵王做养地，还想封赵王之子。但是，赵王对此没答谢。有人说魏王对此单方过热。

感思语

魏王为了联赵国，朝拜邯郸封献多。
不见赵国有答谢，剃头担子一头热。①

341. 秦使赵攻魏

简散语

秦国想驱使赵国攻打魏国。魏国人游说赵王，说从前晋国想灭掉虞国，就兴兵伐虢国。晋国谋臣荀息送给虞君宝马和璧玉，向虞国借道。虞臣宫之奇劝阻虞君，不要借道给晋。虞君贪物，不纳宫之奇之言。晋灭虢后，在凯旋途中，顺便灭了虞国，《春秋》记了这件事，谴责了虞君。晋向虞借道，是灭虞的开始。现在赵攻魏，是赵灭亡的开始。假途灭虢，唇亡齿寒。赵国君明、相贤、将良，是秦国的心腹之患。赵攻魏是自取灭亡，劝赵王慎重行事。

感思语

晋想灭虞国，借道伐虢国。
待到凯旋日，顺便把虞灭。
秦想灭赵国，驱赵打魏国，
魏灭赵疲惫，秦再灭赵国。

---

① 早年北方农村的理发师傅，都挑一副扁担，走街串巷，揽剃头活。此担子一头是一个单座的小板凳，供理发者坐。另一头是三层，下层是火盆，中层是一个热水锅，上层是供理发者洗头的热水盆。当时农村的男人多是剃光头。此担子便是剃头担子。在社会交往中，如果一方很积极热情，而另一方冷淡，人们便把这种情况比为剃头担子，一头热。这种交往，多效果不佳。

魏国有智士，赴赵去游说。
假道灭虞事，重演赵就灭。
虞君很糊涂，贪物不顾国。
君主目光短，忠臣无奈何。
秦国招数恶，打一吞两个。
打半得两虎，捕兔连狗捉。
唇亡齿必寒，事过数千年，
教训屡重演，贪欲是根源。
不想得小利，怎会受大骗。
馅饼白送人，急气用何管。
后悔上当晚，骗子庆弹冠。

342.魏太子在楚

简散语

公元前306年，秦、魏皮氏之战时，魏公子高（以后为太子）在楚国当人质，由魏臣楼鼻陪同。在对外关系上，楼鼻主张联合秦、楚，孤立齐国，轻视翟强。这样，楼鼻可任魏相。这时，有说客认为，樗里疾也希望这样。说客表示，愿意替楼鼻游说樗里疾。翟强主张联合齐、秦，疏远楚国，轻视楼鼻。说客到了秦国，对樗里疾说，请将军掌握议和的主动权，派人对楼鼻说，您能把汾北给我吗？如果能，就可以联楚远齐，抬高您的地位，这是我所能任的。楼鼻和楚王必然会迅速做出反应。此人又对翟强说，您能把汾北给我吗？如果能，我可以联齐远楚，抬高您的地位。翟强和齐王也会迅速做出反应。这样，您可以在外利用齐国和楚国，在内得到楼鼻和翟强辅佐，便能在河东占有土地。

阅策四语

感思语

四国三臣一说客,^① 战和敌友变化多。
楼鼻亲楚疏远齐,翟强联齐反楚国。
楼翟同朝暗斗争,联外都为私利夺。^②
魏王外靠齐楚势,内用翟楼为保座。
秦国当时为老大,说客左右乱挑拨。
七雄都想统天下,最后统一归秦国。^③

---

① 四国指秦、齐、楚、魏。三臣指樗里疾、翟强、楼鼻。

② 大臣联外,是为了在内争中夺私利。

③ 当时人们贬秦,但是,最后秦扫六合,统一了中原。后世一些人说刘邦是流氓,但是,刘邦创建了大汉,成为千古圣帝之一。人们骂曹操是奸贼,但是,曹操建立了魏,被追尊为帝。历史的发展结果和常人的想法有所不同。为什么历史的发展和常人所想的不同,人们也应该思考,以认识规律。

第二十五章　魏策（四）

343.献书秦王

简散语

秦国谋划攻打魏国。有人给秦昭王上书说，此举不妥。山东六国如一条蛇，打它的头，其尾来救，打它的尾，其头来救，打它的腰部，头尾都来救护。魏国地处蛇腰，打魏国表示要断六国脊梁，山东六国会联合一致抵抗。秦国将有巨大的忧患。为国家考虑，不如攻楚，那里敌兵弱，路远，诸侯不能援救。秦国可以扩疆，达到物丰兵强。如商汤伐夏桀前，先打弱小的密须氏，①做尝试之后，再征服夏桀。如今先打强，必会惨败，给国家带来灾难。秦王采纳此谋，出兵南攻，取蓝、鄢、郢等地。

感思语

范雎制定连横经，核心远交与近攻。
秦国作为总战略，连横上下皆遵从。
谋臣有人献策书，提出舍魏先攻楚。
避开合纵蛇形势，取胜才能显高筹。
秦王英明又开明，心灵善采高招用。

---

① 密须氏是商时的小国，在今甘肃西部。《史记》记载，说西伯伐密须，商汤伐昆吾。《战国策》上说汤伐密须，有误，应从《史记》之说，周文王伐密须。

阅策四语

> 具体分析有真功,灵活制胜是连横。[1]

344. 八年谓魏王

简散语

公元前241年,楚、赵、魏、韩、卫五国合纵伐秦,春申君黄歇为合纵长。魏国亲秦之臣劝阻魏王说,不能依靠合纵惹怒秦国,依靠他人是靠不住的。从前曹国仗恃齐国,轻视晋国,当齐国伐莱国、莒国时,晋国趁机灭了曹国。缯国[2]仗恃齐国,反抗越国,当齐国发生和子作乱时,越国灭了缯国。中山仗恃齐国,轻视赵国,当齐、魏伐楚时,赵国攻取了中山。郑国仗恃魏国,轻视韩国。当魏国攻打榆关时,韩国攻占了郑国。原国仗恃秦人和狄人,轻视晋国,当秦、狄发生灾荒时,晋国攻占了原国。其实不仅这五国,很多国家都因依靠他国而亡,原因也是多方面的。现在大王以万乘大国,听信春申君的,这不是万全之策。黄歇如果有变,后果难料,请大王深思。国和人都以自强为基,狗仗人势靠不住。

感思语

> 要想立在天地间,必须修身自强健。
> 曹郑缯原和中山,仗恃他国天坍陷。

---

[1] 远交近攻,是秦国的总战略,是确胜之策。魏近楚远,先攻楚,从表面看,与总战略不合,秦王采纳并取得成功,这是具体分析的胜利。具体分析是唯物辩证的核心内容之一,是马列主义的活灵魂。避强击弱是军事行为的灵魂,先攻楚,丰富了连横经的思想内容。

[2] 缯国:国名,姒姓国,夏禹之后。

345.魏王问张旄

简散语

魏王欲联合秦国,攻打韩国,请张旄作谋划,并问张旄对这一举措的看法。张旄围绕着该不该联秦攻韩,连续提问,请魏王回答,通过回答,使魏王明白,联秦攻韩对魏国没有好处,是不明智之举。

感思语

魏欲联秦攻打韩,王请张旄作谋算。
张旄使用反问法,未答王问王自明。①

346.客谓司马食其

简散语

公元前262年,有人游说司马食其,认为诸侯可以联合的人,是不了解诸侯;想用魏国单独抵挡秦国的人,是不了解魏国;说此公不了解这两种情况的人,是不了解此公。先生应该趁合纵联盟稳定,合纵强,秦弱时,弃纵侍秦,秦国一定会接受您,否则,主张连横的人会利用您联秦,您的政治资本将被他人用来帮助您的敌人。

感思语

合纵联盟稳定日,亦是秦弱六强时。②

---

① 张旄反问魏王,提出的问题:一是魏联秦攻韩,韩国怎么办?二是韩国怨恨魏国,还是怨恨秦国?三是韩国认为秦国强大,还是魏国强大?四是韩国如果割地,是给自己认为不强大而怨恨的魏国,还是给自己认为强大而无怨恨的秦国。魏王的回答分别是:韩国会反攻、会怨恨魏国、认为秦国强大、割地会给无怨恨的强大的秦国。张旄说怎样做明智,大王已经很清楚了。

② 六强是指强盛时的山东六国。

此时弃纵侍奉秦，必然会受秦重视。

知己并未知，善思接近知。

自己充先知，必是糊涂儿。①

347.魏秦伐楚

简散语

公元前301年，魏哀王不愿意伙同秦国攻楚国。但是，如果不参与攻楚，就会遭受秦、楚联军的攻击。这时，魏臣楼缓教魏王设法挑起秦、楚的矛盾。秦、楚战时，坐山观斗。秦、楚疲时，出手收渔利。

感思语

和秦伐楚不如处，②楼教挑动秦楚怒。

秦楚两国交战时，稳坐山头观虎斗。

待到秦楚疲惫死，鹬蚌都进渔夫篓。

348.穰侯攻大梁

简散语

秦相穰侯魏冉率军征战，攻楚国宛地、穰地，攻齐国的刚地、博地，攻魏的许地、鄢陵。魏冉把所得土地都并入自己的封地陶邑。公元前275年，又乘胜挥师围攻魏都大梁。魏王准备投降。这时有人对魏冉说，您把所得的土地都归为己有，秦王为何缄默，是因为大梁还未攻下。如果攻下大梁，您必遭非议，陷入窘境，为您考虑，以不攻

---

① 怕别人说自己糊涂，愿意听别人夸自己聪明，总想充聪明的人，是真正的糊涂虫。

② 不如处是被迫、不得已、不合己意的意思。

大梁为好。

感思语

秦攻三国得六邑，穰侯全都并陶邑。
秦兵所向如破竹，乘胜又把大梁围。
游说穰侯论常理，君得城邑都归己，
难道征战为了您？秦王为啥能允许？
今天大梁攻城急，良弓未藏走狗肥。
明日拿下大梁城，烹狗必然先宰您。
困苦危亡是兄弟，大难毁灭不分离。
为使侯爷常富贵，请快撤围收兵回。

349.白珪谓新城君

简散语

公元前299年，魏人白珪对新城君说，一个走夜路的人能不做坏事，不能禁止狗朝自己叫。我能在秦王那里不议论贤公，但是，无法禁止别人在贤公面前议论我。

感思语

不在背后谗毁人，堪称上等好人品。
狗在夜里吠声乱，不用为它操闲心。

350.秦攻韩之管

简散语

秦国攻打韩国的管城，魏王欲派兵援救韩国。魏臣昭忌对魏王说，韩、魏都与强秦接壤，秦国扩张必然攻韩或魏，现在秦攻韩是魏之福。魏如救韩，韩可解围，魏将遭受兵祸，请不要援救韩国。魏王认为，不救韩，韩将降秦；秦、韩合兵攻魏，更不好办，竟发兵救管。秦兵便释韩，举兵攻魏都大梁。魏王慌忙向昭忌求计。昭忌为魏出使秦国，劝秦王勿挟私为政，应释魏攻赵，好处是控制赵可以慑服燕国，齐和楚的合纵也会泡汤，消除齐、楚与秦抗衡的力量。秦王采纳了他的意见，停止了攻魏，兵锋指赵。昭忌有预见，尽忠国事，有良谋，是魏国的重臣。但是，他为了魏国免兵祸，见死不救，以邻为壑，幸灾乐祸的做法，不值得提倡。当然也应该历史地分析历史问题。

感思语

秦国发兵进攻韩，昭忌主张不救援。
韩受兵祸是魏福，可免祸水向魏灌。
魏王担心韩降秦，韩秦合兵向魏侵。
发兵救韩引来患，秦把大梁围起来。
昭忌为魏出使秦，劝秦释魏向赵侵。
昭忌在魏是干臣，以邻为壑道义损。

351.秦赵构难而战

简散语

秦国和赵国交战，有人建议魏帮赵，这样赵国会全力攻秦，而且一定会重视魏国。这是同时控制秦、赵两国的办法。在必要时，可以联合齐、赵攻打楚国。这是争当东方合纵长的好时机。

感思语

人向魏王出主意，争当纵长用心机。
掌握情况善分析，观察局变心要细。

举手投足有节奏，理事章法要熟悉。
哪步脚步踩哪块石，步子错乱会溅泥。
秦赵之战帮助赵，联合赵楚攻击齐。
或与齐赵攻打楚，关键是会抓时机。

352.长平之役

简散语

公元前260年，秦国和赵国在长平对峙。这时，天下诸侯如果与秦国联合，赵国将败，如果与赵联合，秦国将败。秦国怕魏国加入合纵联盟，承诺把韩国控制的垣雍归还给魏国，魏王非常高兴。赵国的平都君游说魏王，劝魏加入合纵，共同抗秦。魏王说，秦国已答应给我一座城了。平都君说这是假的，请问，如果秦国战胜赵国，您还敢向秦国索要城邑吗？魏王说不敢。又问，如果秦国战败，韩国还肯把垣雍交给您吗？答不肯。平都君说，秦国的空口许诺是破坏合纵的一种手段，是骗局，不可信。

感思语

赵秦对峙在长平，秦怕魏国入合纵。
满口许魏一座城，魏王闻利智不清。
为何人多喜挨骗，利令智昏是通病。
遇事冷静问自己，谁见天上掉馅饼。
天空没有馅饼飞，美食碰嘴也谬奇。
彩票的确常中奖，只是头奖超异稀。

353. 楼梧约秦魏

简散语

魏臣楼梧运筹秦国与魏国联盟，拟定两王在边境会晤。当时魏国相位空缺。楼梧对魏王说，大王与秦王会面时，魏国无宰相，秦王会替您设置相国。如果不接受，会损伤两国关系；如果接受，今后大王的臣子就会为能左右大王的诸侯做事。而且，秦王一定会推荐自己的亲信。这样，我们就会失去与齐国的同盟，被秦国轻视。不如任命一位亲齐的人为相，齐国会高兴。魏国有齐为盟友，秦国也会重视魏国。

感思语

凡事预则立，不预事会废。
楼梧善思虑，做事想得细。
及时任相国，人选应亲齐。
平衡促稳定，避免生危机。

354. 芮宋欲绝秦赵之交

简散语

魏臣芮宋为了破坏秦国和赵国的关系，故意让魏国收回曾经赠给秦太后的养地，秦王愤怒。芮宋对秦王说，魏国曾把国家托付给大王，大王却不接收，转而托付给了赵国。赵臣李郝对臣下说，您说与秦国没有关系了，却用土地供秦太后，这是欺骗我。所以，才收回太后的养地。为此，秦与赵国断交。

感思语

芮宋欲秦赵断交，秦后养地魏取消。

秦王为此怒火烧，芮把原因推给赵。
魏国收地刺激秦，秦赵为此断了交。

355. 为魏谓楚王

简散语

公元前284年，楚王欲伐魏，有说客对楚王说，楚、魏互攻，客观上帮助了秦国，对楚国并无好处，最好是响应乐毅的倡议，各国联合伐齐，这样对魏、楚都有利。

感思语

连横秦为主，合纵无核心。
山东互相攻，客观帮了秦。①

356. 管鼻之令翟强与秦事

简散语

魏臣管鼻派翟强出使秦国时，由于二人政见不同，不让翟强带随从，翟强一人出入秦国的馆舍，孤单冷清，被秦国轻视。而管鼻入秦，自带大批侍卫、随从，使秦国的馆舍都盛不下了。有人对魏王说，翟强是大王的贵臣，在秦受冷遇，有损大王的尊严。管鼻入秦，前呼后拥，自以为威风、体面，很得意，其实，他只顾自己，不顾大体，是很不恰当的。

---

① 合纵派的首领苏秦死后，合纵派是群龙无首。山东六国为短利互争，消耗国力，在客观上是帮助了秦国。

感思语

翟强使秦馆舍松,管鼻入秦馆舍崩。[1]
官高权大耍威风,不顾大局不光荣。

357.成阳君欲以韩魏听秦

简散语

公元前290年,韩相国成阳君想让魏、韩两国联合起来,共同臣侍秦国。魏王认为,这样做对魏国没有什么好处,不想这样做。白珪对魏王说,大王可暗中派人去吓唬成阳君说您如果去秦国,秦国一定会把您扣留起来,韩国不多割土地,您就回不来了。成阳君怕被扣留,不敢去秦国了。魏、韩未能联合,联合事秦之事也停下来了。

感思语

韩欲联魏同侍秦,魏觉无利不想跟。
白珪教魏吓韩相,入秦必被扣起来。
韩相害怕被秦扣,联魏侍秦停下来。

358.秦拔宁邑

简散语

公元前286年,秦国夺取了魏国的宁邑。魏王向秦王表示,如果将宁邑归还魏国,魏国就退出合纵,带头与秦国结盟。秦相魏冉对秦王说,不要听信魏王之言,现在天下诸侯合纵已经不可能,魏国才想投靠

---

[1] 翟强一人进住秦国的馆舍,馆舍自然很松闲。管鼻的随从人多,几乎把秦国的馆舍挤崩了。

秦国。这是投机行为。失去宁邑的国家应该割地两倍于宁邑之地来讲和，哪能将宁邑归还给他呢？

感思语

> 魏向秦国示和意，向秦要求还宁邑。
> 秦说合纵已没戏，魏与秦盟是投机。
> 讲和不能还宁邑，魏应向秦多割地。
> 魏冉张开狮子口，不知魏王如何对。

359.秦罢邯郸

简散语

公元前257年，秦国撤邯郸之围，转而攻魏，占领魏的宁邑。吴庆劝魏王不要向秦国示弱求和，他说魏国并不弱小。秦国罢邯郸之围，绕过东、西周攻魏，是认为魏国容易控制，自古软弱会招致敌人的侵略。

感思语

> 秦国大军攻魏国，吴庆劝魏别求和。
> 铁铸硬汉无人欺，自古软弱都招祸。

360.魏王欲攻邯郸

简散语

魏惠王欲攻打赵都邯郸，魏人季梁听说后，顾不得洗饰，就去拜见魏王。他给魏王讲了一个背道而驰的故事。他说有一个人要去楚国（在魏国南），却驱车北向，季梁对他说，去楚国应向南走。此人说不要紧，我的马走得快，路费多，赶车人的技术好。因方向错了，这些有利条件，都会起反作用。魏王想称霸，应该团结合纵派，不应逼友成敌。

感思语

马快钱多善驾车，背道而驰猛奔波。
优势都起反作用，南辕北辙后果恶。

361. 周宵谓宫他

简散语

公元前317年，魏臣周宵请求宫他说齐王，帮他在齐国的工作。宫他对周宵说，您不能这样做。这是您向齐人表示您在魏国不得志。齐王不会帮助在魏不受信任的人。您应该换一个说法，您向齐王表示，齐国有什么要求，您都能帮助做到。这样，齐人就会恭维您。您在魏国的地位就会提高，受到重用。

感思语

周宵在魏不得志，想借齐国助助威。
宫他认为不可以，齐人决不帮失意。
宫教周宵换口气，就说在魏很得意。
齐将对您很恭维，魏国便会重用您。

362. 周最善齐

简散语

张仪是连横派的首领之一，他任魏相时，魏臣周最亲齐，翟强亲楚。他俩欲在魏王面前谗毁张仪。张仪得知后，就派手下人担任魏王的通报转达人，监视拜见魏王的人，使周最和翟强不敢在魏王面前妄言张仪。

感思语

> 翟强亲楚国，周最是亲齐。
> 张仪同朝臣，三人互为敌。
> 当面假和气，背后猛谗毁。
> 张仪对周、翟，心中清如水。
> 不急也不气，冷静想主意。
> 派亲信监视，翟、周谤声弭。

363.周最入齐

简散语

公元前286年，秦国和魏国结盟，欲联合攻打齐国。这时，魏国的亲齐大臣周最叛逃投齐。秦国以为周最投齐是魏国派到齐国的使节，于是，秦国派姚贾使魏，责备魏国与齐通好。为了消除误会，魏王立即派人至秦，说明周最是叛逃投敌的叛贼。两国高层通气释疑。

感思语

> 秦魏结盟欲攻齐，周最降齐背叛魏。
> 秦责魏与齐通好，魏说周最是叛贼。
> 世上误会非常多，此类事件不稀奇。
> 秦魏高层能通气，盟邦没有变为敌。

364. 秦魏为与国

简散语

战国后期，魏国已臣服秦国称藩，成为秦的属国，不再是普通的盟邦。齐国和楚国欲联合攻魏，联军已至魏的国都之郊。魏国请秦国援救，使臣频发，沿途冠盖相望。秦国按兵不动。魏臣唐雎年九十余，请求使秦。唐雎到了秦国后，对秦王说，魏国事急，大王不去救援，这是逼魏投敌，把万乘大魏白白送给齐、楚两敌，到那时再想救援，恐怕就来不及了，可见秦国的谋臣无能。秦王闻言，恍然大悟，立刻发兵，日夜兼程驰援魏国。齐、楚知道秦国援兵将到，撤军而去。魏国转危为安，是唐雎之功。

感思语

秦魏是盟友，齐楚进攻魏。
魏向秦求救，秦国不搭理。
魏臣名唐雎，年岁九十余。
西行说秦王：谋臣无能力。
魏急不援救，逼魏降楚齐。
万乘一大魏，白白送楚齐。
唐雎批评语，秦王清醒剂。
立刻发大兵，昼夜奔救魏。
齐楚闻秦兵，撤了大梁围，
魏国得保全，耄耋是唐雎。①

---

① 唐雎当时年过九旬，是古今少有的高龄外交官。

365.信陵君杀晋鄙

简散语

信陵君魏无忌杀了晋鄙,击破秦军,保住了邯郸,受到赵王郊迎大礼。唐雎教魏无忌谦虚谨慎,淡忘功劳,说别人恨我应必知,我恨别人不要说,记恩忘仇。耄耋老人,高明清醒。晋鄙是战国名将,老而惧战,不明。无忌(朱己)掌兵获胜,说明胜与将志、将胆、将才的关系很大。战国时期,争战皆为夺利。国与国之间互救,有些是应景行为。所以,魏派兵救赵,晋鄙畏敌不前行,魏王也不诏催。这些人们都不提。事之成败,必有主因,但是,不是只有主因,而是有多种因素,如果只有主因,便是没有主因了。无次哪有主?

感思语

无忌杀晋鄙,破秦救赵国。
赵王亲郊迎,大功不可没。
唐雎教朱己,高明经典说。①
人憎我必知,我恨不要说。
人恩不可忘,矜功会变祸。
对赵大恩德,记住老子说。

366.魏攻管而不下

简散语

公元前247年,信陵君魏无忌率领魏军进攻秦国的管邑,不克。

---

①老子说:"不自见,故明;不自是,故彰;不自矜,故长。夫唯不争,故天下莫能与之争。"老子的思想值得研究。老子思想比较保守,代表思想是"不为天下先",从才能角度看,老子有古典辩证法思想。

管邑的守官是安陵人缩高的儿子。无忌派人对安陵君说，您让缩高到管邑来，劝他儿子投降，我让缩高当五大夫，并做持节尉。安陵君派人把使者领到缩高的住处。缩高对使者说，做父亲的进攻儿子守卫的城邑，教儿子叛主投敌，将会受到天下人的耻笑，拜谢辞退。魏无忌大怒，命令安陵君把缩高捆绑送来，否则兵围安陵。安陵君认为，无忌的命令违背了伦常之理和先王遗诏以及大府法令，以死抗命。缩高闻知后说，我保全了父子之义，丧失了君臣大义，为不使君主遭祸，自刎于使者住处。信陵君闻知，穿上孝服，离开正舍而居，并派使者向安陵君谢罪。

感思语

无忌救赵有大功，逼死缩高缺德行。
知过责己还算好，时功时过时昏庸。
功过总是存一身，清浊也在一脑中。
明理必懂两点论，扬功掩过不聪明。
尊官多由下层选，德能难随官位升。①
德才职官常错位，官僚偏私是主凶。②

367. 魏王与龙阳君共船而钓

简散语

龙阳君是魏王的男宠。一次，他俩同坐一条船钓鱼。龙阳君很快就钓了十多条鱼，但是，他却看着鱼哭起来了。魏王问其故。他说，臣下刚钓到鱼时很高兴，后来钓的鱼更大了，就想扔掉先钓到的鱼，将来

---

① 大多数职官是从下层选拔提升起来的。一个命令官位就可以升高，可是人的德才能识不会随命令立即升高，要经过学习、培养、历练才能逐步升高。

② 对职官德才的看法，上下级的认识往往不同，有的上下相左得很厉害，发生这种情况，有的是因为看问题的角度不同，发生视偏，也有的是上下层切身感受不同造成的，还有的是习惯或某种偏私成见造成的，要具体分析。

有了更漂亮的美人，臣下也会被抛弃的。于是，魏王通令全国，说今后如有人向寡人献美人者，灭其族。可见，龙阳君善于利用机会进言，蒙蔽魏王的手段相当高。这也是一种能力，才能和品德不同，德是信仰、倾向，拥护或反对，古代叫忠或奸等，有政治性，会随着多种因素的变化而变化或固化。才能是做事的本事、技能、技术、办法。佞是才智，奸佞是说奸贼不是笨蛋。事情干不干，由德定决心，干好干不好，看本领高低。

感思语

喜新厌旧寻常事，新必变旧是必然。
变化就是铁规律，严令禁变亦枉然。

368.秦攻魏急

简散语

公元前238年，秦军大举进攻魏国。魏国丧失土地几百里，城市几十座。国患未除，情况很危急。这时，有人对魏王说，因战败丧失土地，不如用土地进行贿赂，让土地发挥作用，土地就活了。这样，损失土地，不至于损害国家，态度谦卑，不至于身心受苦，还能解除灾祸。现在秦国上下都在问，秦王是亲近嫪毐，还是亲近吕不韦。这说明秦国有内争，而且胜负未决。现在大王可割地贿赂秦国，卑躬屈膝尊奉秦王，并把这些都归为嫪毐的功劳。大王用一个国家帮助嫪毐，嫪毐将会胜利，秦太后一定会感激大王的恩德。由于嫪毐而秦、魏两国亲善，邦交居天下诸侯之首，天下诸侯都将追随嫪毐丢开吕不韦。嫪毐胜利，吕不韦受冷落，秦国内斗，魏国会减轻祸患。

感思语

战败丢土地，土地无作用。

用土地行贿,败中求主动。
土地是死物,贿赂有活性。
用土地贿秦,为嫪毐贴功。
嫪毐有荣耀,太后必感动。
秦魏邦交好,嫪毐有了功。
天下重嫪毐,吕相受了冷。
秦国有内斗,魏国祸患轻。

369.秦王使人谓安陵君

简散语

安陵地处魏国境内。秦国灭韩、亡魏之后,派使者去对安陵君说,用十倍于安陵的土地交换安陵地。安陵君以守祖业为由拒绝。秦王很不高兴。于是,安陵君派唐雎使秦沟通,秦王对唐雎说,我用五百里土地换安陵五十里土地,竟被安陵君拒绝,是安陵君轻视寡人。唐雎说不是这样。安陵君守护祖业,用一千里土地,安陵君也不敢交换。秦王大怒说,天子发怒,尸首遍野,血流千里,还以韩、魏灭亡相威胁。唐雎说,大王听说过平民百姓发怒吗?秦王说平民百姓发怒,不过是摘掉帽子,光着脚,用头碰墙撞地。唐雎说这是庸夫之怒,专诸刺杀王僚,聂政刺杀韩傀,要离刺杀庆忌,此三人是平民中的勇士,加上臣下,就是四人了。臣下发怒,两尸俱倒,五步之内,鲜血四溅,天下人皆穿孝,现在时机到了。唐雎蔑视强权,不畏强暴,以三军可夺帅,匹夫不可夺志的凛然正气,震慑了秦王,使其长跪谢罪。唐雎仗义执言,传播真理,弘扬正气的行为,流芳千古。

感思语

秦王想换安陵地,安陵君主不同意。
秦以韩魏灭威胁,还以王怒耍淫威。

唐雎与秦论正义，慷慨陈词说布衣。
专诸浩气星遮月，白虹贯日刺韩傀，
要离怒时鹰击殿，①臣下五步血溅衣。
满身正气和怒气，震慑秦王忙长跪。
谢罪道歉劝别急，叹服安陵志士气。
有道三军可夺帅，匹夫夺志不可以。
此处仅说志士气，民众生气了不得。

---

① 专诸、聂政、要离三勇士的行为感天动地。但是，引起天象变化，雄鹰异飞，出现所谓彗星遮月、白虹贯日、苍鹰击殿等，都是不可能的。这是作者心理意态的附会。

第二十六章 韩策（一）

370. 三晋已破智氏

简散语

公元前453年，韩、赵、魏破智伯后，瓜分其地。韩相段规对韩康子说，一定要成皋。韩康子说，成皋是不存水的石板地，没有什么用。段规说，成皋位置重要，一里能控千里政权。韩康子采纳了其意见。以后韩夺郑地，果然从成皋开始。

感思语

韩相段规水平高，不要肥田要成皋。
石板之地不存水，能把郑地控制牢。
治世能臣量事到，目光远敏善预料。
次地一里控千里，以瘦胜沃韬略妙。

371. 大成午从赵来

简散语

赵国宰相大成午和韩国宰相申不害友情很深，两人以国力互相支持，国力倍增。

感思语

赵相大成午,韩相申不害。
两相友情深,国力成倍来。

372.魏之围邯郸

简散语

魏、赵之战,魏围赵都邯郸。这时,韩王问相国申不害,韩国帮助哪一方对自己有利。申不害怕违王意,便说,这是关系社稷的大事,请让我深入思考一番再回答。之后,申不害让大臣赵卓和韩晁就韩国应站在哪一方,向韩王进言。申相国观察情况,暗揣王意,然后,顺着王意发表意见。韩王非常喜欢申不害的主张。

感思语

韩国宰相申不害,善于揣摩韩王心。
是为己言合圣意,① 也为自己能展才。

373.申子请仕其从兄官

简散语

申不害是战国时代著名法家代表人物之一,尊称申子。他主张按功劳大小授官、升迁,无功不受禄。可是,他的堂兄无功,他却为其堂兄请封官。韩国君主韩昭侯没有同意,申不害面露怨色。韩昭侯说,你教寡人依功授官,我要同意你的请求,就违背了你的学说,抛弃了你的主张,你看如何是好?申子听了,赶紧谢罪。历史上好的主张很多,实

---

① 圣是圣上,指韩王。申不害是名相,也搞投机,骗偷别人的智慧。

行很难。有时候倡导者也裙带难剪，亲情难舍，出尔反尔。

感思语

法家讲公道，论功授职官。
主张非常好，实行非常难。
法家申不害，为堂兄请官。
堂兄无功绩，昭侯未给脸。
宰相碰了壁，申子心生怨。
堂皇大道理，好说难行践。①

374.苏秦为楚合纵说韩王

简散语

苏秦为了扩大以赵国为中心的合纵阵线，在楚国加入合纵联盟后，请韩国加入，游说韩王。苏秦先说韩国地理位置优越，武器精良，兵强善战，一能挡百，国富、君明、臣贤，激发韩王的志气。接着说韩国有这样好的条件，却西向侍秦，为国家丢人，为天下耻笑。侍秦，秦必然会要求割地。今年割了明年还要割，地割完了，也满足不了秦王的贪欲，不割就会招来兵祸，前功尽弃。这是花钱买怨购祸。那时，兵未动，国已灭。俗话说宁为鸡口，不当牛后，韩国这样强大，做牛后，我为大王羞愧。韩王听了，脸色大变，按剑叹息说，宁死也不侍秦，同意加入合纵联盟。苏秦独立自主、立志自强的思想是非常好的。韩王随风跟势、点火就炸的行为是城府浅的表露。

---

① 讲公道是人的愿望，越是无权势的人，越希望公道，因为吃亏的总是无权势者。所以，无权势者最希望遵法。但是，有的无权势者有了权势，自己也就不公道了，己所不欲，偏施于人。实行公道难，是因为世上没有绝对的公道。自然数从理论上讲是绝对数，一是一，二是二。实物就不是一、二了。物的量，只有近似，没有绝对。诚心诚意想公平，也是枉然，无法做到。物质如此，精神更甚，因为精神难量化。不可量化的东西，求绝对值更难。

感思语

说客游说重技巧，循循善诱手段高。
苏秦先说韩国好，国富兵强不得了。
再说事秦很丢脸，售怨买祸天下笑。
他劝韩王挺起腰，牛后哪如鸡口好。①
人生贵在有志气，立志意识很重要。
韩王听了受鼓舞，按剑作色叹声高。
自立自尊要自强，不在秦后当跑跑。

375.张仪为秦连横说韩王

简散语

　　理论是灰色的，事实是常青的。合纵派的苏秦与连横派的张仪因为服务的方向、对象不同，对同一个韩国的说法不同，甚至相反。苏秦说韩国富裕、君明、臣贤、兵强马壮、武器精良，兵可以一挡百。张仪说秦国精兵百万，战车千乘，战马万匹，勇士良将不可胜数。韩国民贫国弱，军队不堪一击。秦兵遇到山东六国之兵，就如同勇士孟贲遇到懦夫，又像乌获遇到婴儿。秦兵攻打不服之国，就像千斤重力压鸟蛋，没有幸存之理。韩国要是早日服侍秦国，就会安然无恙，不服侍秦国，就是种祸求福，必然灭亡。在地理位置上，苏秦说韩国北有坚固的边城，西有险要的关塞，东有水，南有山，土地千里，非常优越。张仪说韩国地形险恶，百姓多居山野。只是在想利用韩国打楚国时，才说了句韩国地势有利。这是张仪无法挪山消水，前后矛盾的无奈败笔。张仪软硬兼施，打拉恐吓结合，使内心软弱的韩王向秦表示臣服。

---

① 牛后是牛肛门。

感思语

文字语言难述准，若有倾向更易歪。
苏秦合纵说韩好，张为连横说韩坏。
韩国本来没有变，苏说富有张说贫。
歪曲褒贬或拆台，事实常青不会改。
苏说韩兵一挡百，张说婴儿抵乌获，
又像鸟蛋碰千钧。秦兵百万车千乘，
战马万匹行如云，威胁韩国归附秦。
韩王就如墙头草，左右风来两边摆。
按剑自立刚表态，余音未消又降秦。

376.宣王谓摎留

简散语

韩宣惠王对大臣摎留说，想把政权交给相公仲朋和公叔分掌，问是否可行。摎留说不行。这样会大权旁落，势大者必树党羽，势小者会结交外国势力，危害国家，并列举了晋、齐、魏国的教训，国君必须大权独揽。

感思语

韩①欲国事委两公，摎留认为这不行。
列举晋齐和魏国，大臣分权教训重。②

---

① 韩指韩国君韩宣惠王，韩昭侯之子。
② 晋把政权交给了六卿（赵、魏、韩、智、范、中行），六家掌晋。后来，赵、魏、韩、智灭了范氏、中行氏，四分其地。之后，赵、魏、韩又灭智伯，三分其地，史称三家分晋，晋已不存在了。

晋国已被六家分，齐简因此丧了命。①
魏国失去西河地，②裂政国家处危境。

377.客说齐王

简散语

公仲朋和张仪同为魏相。这时，有一位说客劝齐王，帮助公仲朋驱逐张仪，任犀首为相，然后罢免公仲朋，改任公叔为相。之后，此人又对张仪说，如果公仲朋知道齐国倒他的阁，他一定就不再亲齐了，会来魏附您，这样，您的相位就稳固了。

感思语

才教齐王逐张仪，又教张仪固相位。
说客面貌已自绘，人品道德已清晰。

378.楚昭献相韩

简散语

韩国宰相昭献是楚国人，韩王将其罢免后，秦以为楚、韩关系破裂，韩国已经孤立无援，发兵侵韩。这时，昭献派人对宰相公叔说，阁下应让昭献地位更显贵，以笼络楚国，使秦国认为楚、韩关系仍很紧密，借以壮韩国之势。

---

① 齐简公（悼公之子），他把政权交给了田成和监止掌握，失权后的简公被弑，齐国由姜姓国改为田（陈）姓国。
② 魏国曾任用犀首和张仪为相，西河之外的土地全部丧失。

感思语

韩相昭献是楚人,韩免昭献秦入侵。
抬高昭献笼络楚,借示楚韩仍很亲。

379.秦攻陉

简散语

秦国攻打韩国陉城,韩国军民就撤到南阳。秦国又攻陉,韩国就把南阳割让给秦国。秦国得了土地,又攻陉不止。这时陈轸对秦昭王说,韩国撤退、割让土地,秦国进攻不止,这样,以后山东六国就不会用撤退和割让土地来满足秦国的要求了,况且,秦向三川要百金,没有要到,向韩国要千金,一日就如愿以偿。陈轸认为,秦国如此攻韩国,是断绝好的邦交,韩国被逼得走投无路,只有拼死抵抗。秦国这种做法缺乏理性,是不可取的。

感思语

秦攻韩陉城,韩国就撤退。
秦国继续攻,韩国割让地。
秦仍攻不停,陈轸提建议。
撤割都不停,做法不可取。
今后山东国,不退不割地。
走投无路时,与秦拼到底。

380.五国约而攻秦

简散语

楚、燕、韩、赵、魏五国结盟，以楚烈王为盟主，攻秦无功，退驻韩地成皋，地近市丘。这时魏顺对市丘君说，五国必为补偿军费进攻市丘。您如果资助我，我愿意为您游说，阻止他们进攻。于是，市丘君出资，派魏顺去了楚国。魏顺对楚王说，五国攻秦无功而退，诸侯会尊重秦王，轻视大王，大王可测试他们的态度。大王可下命令，命令他们不要进攻市丘。如果他们不听命令而进攻市丘，大王的声威就分明了。楚王下了不许进攻市丘的命令，市丘未受兵灾。魏顺得了资财，展了才华。

感思语

魏顺吓唬市丘君，引诱楚王试威尊。
行为带有欺骗性，市丘确实未受灾。

381.郑强载八百金入秦

简散语

公元前300年，郑强为了让秦国攻打韩国，送给秦国八百金。秦臣冷向对郑强说，您用八百金收买秦国攻其盟国，秦国不会听您的。您不如设法挑秦王的疑心，比送钱作用大。韩相公叔与韩公子几瑟是仇敌，韩国重臣昭献与公叔是同党。几瑟由楚国回到韩国的阳翟（今河南禹州市）后，昭献到阳翟看望几瑟，住了旬余。他们以礼相待，秦王听说此事，一定会怀疑公叔帮助楚国，秦国会自动攻打韩国。

阅策四语

感思语

郑强贿秦八百金，不及冷向挑疑心。
人持金钱万能论，不知智谋比钱乖。

382.郑强之走张仪于秦

简散语

公元前310年，在秦国大臣反张仪高涨之时，郑强趁机倒张仪。他先对张仪的助手说，张仪去楚国了。张仪的助手也去了楚国后，郑强让楚国的太宰（六卿之首，统领百官）扣留了张仪的助手，之后，郑强假楚国使臣之名，西去秦国，向秦王拜谢，说张仪把上庸之地送给楚国了，楚王派他为代表，向秦王表示感谢。秦王闻言大怒。张仪闻信逃亡。郑强去秦，实际上是专程报假信。

感思语

郑强本是韩国人，重金贿秦向韩侵。
又曾假传张仪话，把秦上庸送楚人。
接着假装楚王使，感谢送地为报信。[①]
秦王大怒张仪逃，都是郑强使的坏。
郑强是个动乱子，[②] 世上有他难平稳。

[①] 郑强假装楚使，向秦王拜谢，感谢秦王白送上庸之地，实际上是给秦王报假信。

[②] 动乱子，是指爱挑拨是非，以搅乱天下为能事之人。

383. 宜阳之役

简散语

公元前308年,秦将甘茂率兵攻打韩国的宜阳时,秦人杨达对公孙显①说,我愿意用五万精兵为阁下攻下西周,夺取九鼎,用此功换取甘茂的地位,还可以免去将来秦国攻西周招致天下诸侯的怨恨。杨达断言,甘茂最终将在宜阳一败涂地。

感思语

杨达欲用五万兵,替秦攻周夺九鼎。②
此功可换甘茂位,省了秦国再动兵。

384. 秦围宜阳

简散语

公元前308年,秦军围攻韩国的宜阳时,周臣游腾向韩相国公仲朋献了保宜阳数策:

第一,请韩国把以前占领的赵地蔺、离石和祁地,归还给赵国,让赵国送人质给韩国,赵、韩联合,秦相楼缓(赵人)必然失败。

第二,韩、赵联合,进逼魏国,魏相楼鼻(赵人)必然失败。

第三,韩、赵合一进逼魏国,魏见韩、赵强大,就会背叛秦国,秦将甘茂一定会失败。

第四,韩国可以用送成阳之地给齐国的办法,助齐国的翟强亲齐远楚,楚国一定会失败。

秦国失败的时候,失去魏国的支持,这样,秦兵撤退,宜阳就保

---

① 公孙显,韩国人,在秦为官,与甘茂争权夺势。
② 杨达想利用秦、韩宜阳之战的时机,以突然袭击方式,偷袭西周,灭周夺九鼎。

住了。

感思语

游腾善思出妙策,① 算定敌人必失败。
韩赵齐合魏叛秦,宜阳不会被秦吞。

385. 公仲以宜阳之故仇甘茂

简散语

公元前306年,韩相国公仲朋因秦兵攻占宜阳而仇视甘茂。甘茂是秦军统帅,所以,战后韩又讨好甘茂。甘茂答应将秦占领的武遂归还给韩国。秦王怀疑甘茂用武遂来与公仲朋和解。这时,杜赫趁机对秦王说,公仲朋想通过甘茂侍奉秦王。公仲朋顺势离间甘茂与秦王的关系,秦驱逐了甘茂。甘茂出逃齐国。樗里疾得知甘茂失宠被逐,幸灾乐祸,非常高兴。

感思语

离间手段常翻新,本是仇敌假装亲。
伪称对头是朋友,不忘祸水灌敌人。
甘茂被逐仲解恨,② 赫是推波助浪人。③
秦王逼得甘茂逃,樗氏乐祸很开心。
战国重策不重德,见利忘义不报恩。
读古经典多分析,择善不要囫囵吞。④

---

① 游腾的妙策,没有在践行中兑现。
② 公仲朋与甘茂是仇敌,甘茂被逐,为公仲朋解了恨。
③ 想倒甘茂的人很多,杜赫是推波助澜者之一。
④ 古经典作品是瑰宝,但是,对有的话也应分析斟酌。如《黄帝内经》中说,"圣人不治已病治未病,不治已乱治未乱",防重于治是对的,但是,对已病已乱放着不管不妥,该急救的、该抢救的要争分夺秒。学习如吃饭,要品味,会择善。

386.秦韩战于浊泽

简散语

公元前317年,秦、韩浊泽之战,韩国告急。韩相国公仲朋对韩王说,我们的盟邦赵国魏国靠不住。秦国的本意是进攻楚国。大王不如送给秦国一座名城,与秦国讲和,跟随着秦国攻打楚国。这是以一换二之策。韩王同意,并命公仲朋负责组织实施。楚王闻知秦、韩联军将来攻,非常恐慌,召告陈轸。陈轸对楚王说,秦想攻我,蓄谋已久。我们可趁韩国浊泽危机,假救韩国,举全国之兵,声援韩国,战车摆在路上,形如待发、做样子,同时,派使者带厚礼赴韩,对韩王说,我们以举国之力援救你们。使韩国相信,并感激我们,不与秦国联兵攻我,只要秦兵不来攻,危害大减。韩国仗恃我国援救,轻视秦国。秦王恼怒,秦、韩决裂。这是为保楚国,劳乏秦、韩两国之计。韩王对楚国的援救非常高兴,下令停止公仲朋使秦。公仲朋说不行,楚国援助是假的,倚仗虚名,轻易停止与强秦讲和,会使天下耻笑。楚国的举动一定是陈轸之计。忽视强秦,听信楚计,定成祸患。韩王不听。公元前314年,秦王发怒攻韩,发生岸门之战。楚国救兵未来,韩国惨败。这是韩王糊涂招来的战祸。

感思语

浊泽战时韩王清,以一换二听韩朋。①
陈轸虚势假救韩,韩王不识真假情。
陈轸劳乏两国计,引诱韩国入彀中。
公仲分析很明白,韩王糊涂不睬听。
按照陈轸指挥行,秦韩岸门大交兵。
韩王盼望楚援兵,望眼欲穿不见影。

---

① 此原句是"以一易二",一是指韩国付出一座名城,二是指既可以使秦国不攻韩,又可以使秦、韩两国合兵攻楚。

韩兵不弱民不愚，国首昏庸教训重。①

387. 颜率见公仲

简散语

颜率求见韩相公仲，公仲不见。颜率受到冷落后说，公仲好色、吝啬，是非观念差。我喜才爱士，乐善好施，崇尚正义。我今后要直言评价他的行为。公仲闻言，立刻接见。

感思语

颜率求见韩相国，公仲不见遭冷落。
颜称诋毁其名声，韩相马上就迎接。

388. 韩公仲谓向寿

简散语

秦臣向寿与同朝臣甘茂、公孙郝不和。公元前306年，韩相国公仲朋派苏代游说向寿，说"禽兽覆车"，您打败了韩国，羞辱了韩相公仲朋，还想联楚攻韩，这样，韩国必亡，将公仲朋逼上绝路。困兽犹斗，公仲将集合党徒，复侍秦王，必可受封赏。那时，公仲将在秦与您拼命。尊重别人所尊重的人，就会受到别人的尊重。现在秦王亲近您的程度，不及亲近公孙郝，信任您的程度，不及信甘茂。但是，公孙郝亲韩，甘茂亲魏，所以，秦王不信任他们了。现在您亲楚，走的和公孙郝、甘茂同一条路，请您三思而行。经过苏代的游说，向寿转而联韩抗

---

① 国首指韩王，因为韩王糊涂，失败多，教训多。

楚,并与甘茂等抗衡,从而为韩国解除了兵祸。

感思语

苏为公仲说向寿,① 不可逼人到绝路。
禽怨覆车虽不见,困兽犹斗并不鲜。
您破韩国辱韩相,又想联楚复攻韩。
韩亡公仲无生路,率徒撞网求鱼贯。
网若不破鱼会死,网破鱼死也心甘。
尊重人者人尊重,毁谤人者必招怨。
您受亲信逊郝、甘,郝、甘受冷甩一边。
您和楚国很亲近,郝、甘之路在眼前。
世人多知楚好变,劝君防楚并亲韩。

389. 或谓公仲

简散语

公元前306年,齐国和魏国相攻,韩国宰相公仲朋向秦国要求中立,以成隔岸观火之势。但是,秦未同意,没有实现。这时,有说客建议公仲朋继续要求中立,并请当时被认为很公正的秦国大臣行愿帮助说话,请行愿给秦王分析了情况,说清了利弊:

一、齐、魏联合,秦国就显着弱小了,地位无足轻重。如果齐、魏背离,秦国就显着强大,受到重视。

二、韩、秦的军队攻魏,魏不敢应战,降齐,会将土地归入齐国,同齐国联合,秦国也会变得无足轻重。如果韩、秦的军队助魏攻齐,齐不敢应战,与魏讲和,秦国也会变得无足轻重。

三、让韩国保持中立,使齐、魏不能沟通,就会疏隔交兵。这是

---

① 苏是说客苏代,公仲即韩相国公仲朋。

对秦国最有利的。现在公孙郝和甘茂一个亲齐，一个亲魏，这二人是秦国的大患，请秦王深思熟虑。这一游说，助了韩，帮了秦，弱了齐、魏，攻了郝、甘。

感思语

齐魏互攻击，韩国想中立。
请求秦允许，秦国不同意。
说客劝韩相，要求应继续。
请行愿说话，分析利和弊。
魏齐要合一，秦便无地位。
齐魏要背离，秦就处显位。
韩国能中立，对秦最有利。
话要有分量，含金贵透理。

390.韩公仲相

简散语

公元前313年，韩国的公仲朋出任相国后，齐国与楚国和好。秦国及魏国想破坏齐、楚邦交，搞了一次秦、魏会晤。楚王的宠臣景鲤奉命使秦，未经楚王同意，参加了秦、魏会晤。楚王担心景鲤的行动，会使齐国怀疑楚国与秦、魏有私交，影响齐、楚关系，很生气，欲惩罚景鲤。这时，有人对楚王说，景鲤参加秦、魏会晤是好事。因为秦、魏会晤目的是使秦、齐联合，拆散齐楚邦交。景鲤作为楚国人参加了会晤，秦国就不会使秦、齐联合与楚对立了，齐国会害怕楚国与秦国有密约，更加重视楚国。如果景鲤不参加会晤，魏国将使齐、楚断交，大王必定会受到轻视。所以说景鲤参加秦、魏会晤，对楚国非常有利，楚王称是。景鲤未受处罚，还受了奖赏，升了官爵。

感思语

　　景鲤参加秦魏会，楚王对此很生气。
　　有人为此说楚王，景鲤行为很有益。
　　大王威望能提高，楚国还能壮国威。
　　景鲤没有受处罚，因为有功受奖励。

391.王曰向也子曰①

简散语

　　虞卿答魏安釐王说，如果说马的力量很大，这是事实。如果说马能力拖千钧②，就不是事实，拖千钧不是马所能胜任的。说楚国很强大是事实，但是说楚国能跨越赵国、魏国，去和燕国交战，那就是楚国力所不能及的，不能为，偏要为，是自我削弱。

感思语

　　量力而为人皆知，适能而为也懂得。
　　偏有螳臂去当车，粉身碎骨能怨谁。

392.或谓魏王

简散语

　　魏欲攻秦，严令全国十日内准备好，过期不准备者，一律处死。王车也装饰待发。魏国请楚国援助，楚相春申君答应，数万大兵十日内开到魏国边境。秦国使臣把情况报告给了秦王。秦王对魏王说，贵国如

---

① 向，是以前、过去的意思，即过去先生说。
② 钧是古重量单位，三十斤为一钧。

有意来，凭这些就已经够了，话语淡淡。

感思语

魏王下严令，秦王语淡淡。
春申发大兵，胜者是哪边？

393.观鞅谓春申

简散语

人说春申君任楚相后，楚国变弱了。说客魏人观鞅用具体分析的方法，反驳了这种说法。他说，以前二十多年，楚国未受战祸，那时秦与楚隔国路远，秦向两周借道或背韩攻楚，都不方便。现在魏灭亡在旦夕间，魏已割地给秦。现在秦距楚只有一百六十里了，秦、楚大战的日子不会太远了。

感思语

观鞅看事较全面，具体分析能亮眼。
邻国灭后强敌近，两强相邻难免战。

394.公仲数不信于诸侯

简散语

韩相公仲朋不讲信用，反复无常，经常仗恃赵国背叛楚国，仗恃齐国背叛秦国。现在各国都对他封锁制裁，使他非常担忧。现在他应该是像尾生那样的时候了。

感思语

韩国宰相公仲朋,反复无常没信用。
诸侯同心封锁他,逼着公仲学尾生。①

---

① 尾生是传说中一个很守信的年轻人。

第二十七章　韩策（二）

395. 楚围雍氏五月

简散语

楚国围攻韩国的雍氏已经五个月了。韩国派使者向盟邦秦国求救的车辆络绎不绝。韩使尚靳向秦王讲了"唇亡齿寒"的道理。但是，秦国想趁火打劫，借机从韩国捞取好处，利未到手，秦国按兵不动。韩国的张翠使秦，称病慢行，每天只走一县之地。张翠到秦国后，甘茂和张翠说韩国很危急吧，先生带病前来。张翠说我来时，形势还不危急，现在刚开始危急了。如果韩国危急，韩国就会投降楚国，所以我就来了啦。甘茂闻言，忙向秦王进谏说，如果韩国投降楚国，韩、楚合一，魏国也会听从他们的，这样，图谋攻秦的形势就形成了，被人打不如主动打别人有利。秦王说言之有理，立刻派兵救韩。张翠在秦没有低声下气，而是有些架子，还以降楚威胁秦国。秦国怕丢失盟友，张翠搬兵成功。

感思语

人说谦逊受尊敬，求人更需矮三等。
韩使去秦求救兵，低声下气都碰钉。
张翠甩开寻常套，傲慢摆谱受敬重。
还用降楚威胁秦，秦王慌忙派救兵。
办事方法有多种，吃透情况办法灵。①

---

① 好办法来自对具体情况的分析，情况摸透了，便能出巧办法。

张翠善于抓要害，秦想捞利落了空。①

396.楚围雍氏韩令冷向借救于秦

简散语

公元前307年，楚国围攻韩国雍氏。韩国派冷向出使秦国求救，秦国也派公孙昧到韩国。公孙昧不满意秦国做法，对韩相公仲朋说，秦王请你们取道南郑、蓝田去攻打楚国，我秦兵进驻三川等待您，这样，恐怕韩、秦两军永远也不能会师。秦王采取的是张仪的故谋，②表面上声称救韩，暗地里却私通楚国。韩国仗恃秦国，对楚态度强硬。楚知道秦国不救韩，猛攻韩国。韩、楚之战，如果韩胜，秦就与韩一道夺取楚地，换取三川。如果韩败，秦兵就阻塞三川，全力据守。不论韩国胜负，三川都归秦国占有。为此，秦臣司马康已经三次去楚国了。甘茂也在边境与昭献会面。他们背后有盟约。公孙昧建议公仲朋与齐、楚联合，以解除楚国的进攻。

感思语

战国盟友不可信，友邦为利变敌人。
楚国兵围韩雍氏，秦国假救真入侵。
秦入三川说救韩，暗中却给楚送信。
挑动韩楚两军拼，谁胜谁负不关心。
秦国大军占三川，夺地速度比楚快。
韩国胜负已无用，是敌是友不用分。

---

①秦的要害是，在韩国危难时，想趁机敲竹杠，夺昧心利。张翠告诉秦，逼得韩投降楚国，秦捞不到利，而且害处很大。所以，秦王慌忙派出救兵。

②楚国进攻魏国时，张仪建议秦王假意出兵救魏，使魏仗恃秦国，对楚态度强硬，魏、楚大战时，秦国趁机夺取了魏国的西河之地。盟友当贼，赛过敌兵。

397. 公仲为韩魏易地

简散语

公元前357年，韩相公仲朋谋划韩、魏两国交换土地，公叔反对。公仲固执己见，公叔准备出走。韩臣史惕劝公叔顺着公仲。史惕说您要是走了，换地之事就办成了。换地对赵、楚两国都不利，您不如暗中告诉赵、楚，让他们阻拦，公仲换地就搞不下去了。公叔按着史惕的办法行事，赵、楚两国反对，公仲换地之举果然泡汤。

感思语

公仲谋韩魏换地，公叔坚决不同意。
公仲初衷就不改，两公唱了对台戏。
史劝公叔顺公仲，暗与赵楚通信息。
换地对赵楚不利，赵国楚国都反对。
公仲遇到大难题，换地谋划白费力。

398. 锜宣之教韩王联秦

简散语

韩国想与秦国联合。锜宣教韩王说，为公叔准备一百辆车，宣称去楚国办理用三川换楚地。让公仲朋对秦王说，三川一带的人传说，秦国要夺取三川，对此，韩王感到很疑惑。建议秦王派襄子到韩国做人质，相互沟通，密切关系，打消韩王的疑虑。

感思语

韩国本想与秦联，假说与楚换三川。
骗着秦王送人质，盼望关系能亲善。

399.襄陵之役

简散语

公元前323年,楚、魏两国襄陵之战时,毕长劝韩国大臣公叔不要介入战事,劝两国和好,两国都会感激您。楚国想立公子高为魏太子,出兵进逼魏国。您可以劝昭阳说,此战未必能取胜,并请缨替楚攻魏,然后,托词不战。这样,魏太子、昭阳、魏王都会感激您。

感思语

楚国魏国战襄陵,毕劝公叔别动兵。①
息事宁人爱和平,大局稳定毕长功。

400.公叔使冯君于秦

简散语

公元前300年,韩国宰相公叔派冯君使秦,担心冯君被秦扣留,又派阳向游说秦王。阳向对秦王说,扣留冯君绝非上策,善待冯君,并以财物资助他,冯君会宣扬大王贤明,大王的恩泽会传遍天下。

感思语

公叔是个好宰相,关爱属下很周详。
派遣冯君使秦国,又请阳向说秦王。
冯君不被秦扣留,使命顺利国之祥。
上官能够亲下属,上下精凝力量强。

---

① 毕即毕长。

401. 谓公叔

简散语

公元前306年，有说客对韩相国公叔说，如果您想从秦国要回武遂，就不要怕楚军骚扰河外，可派人恐吓楚王，说公叔派出重要的使者去秦国索要武遂，如果秦王同意，就说明韩国的命令能在万乘之国通行。同时派人到秦国讨要武遂。要回武遂，韩国就可以限制秦国，免除秦患。看来此说是把收回武遂视为当时韩国的主要矛盾了。凡事都重视主要矛盾是对的，处世、做事、领导、管理，必须注重抓根本、中心、重点、关键、主要矛盾和矛盾的主要方面。关注主要方向，把主要精力、时间、力量，放在主要问题上，好钢用在刀刃上。但是，事物很复杂，何者为主要，能看得出来吗？看出来后，能抓住吗？这是水平问题，是硬功夫，是真能耐。

感思语

做事必须抓根本，成败都要看根本。
根本未成事白干，根本做好才放心。

402. 谓公叔曰乘舟

简散语

有谋士对公叔说，船漏不堵会沉船，只堵塞漏洞，轻视阳侯的灵魂化作的大波，船会翻。现在您认为自己的能力超过了薛公，便轻视秦国，这是堵了船漏，轻视阳侯之波，请详察。

感思语

船漏不堵会沉船，阳侯发怒船能翻。①
顾此失彼水平低，成事须有全面观。

403.齐令周最使郑

简散语

齐王派周最去郑国，让韩王罢免公叔，另任韩扰为相。郑就是韩，韩灭郑后，徙都于新郑，以后韩亦称郑，如同魏国迁都大梁后，魏亦称梁。周最与公叔是旧交，不愿意去得罪公叔。史舍对周最说，您去吧，我会设法让他们尊敬您。周最到了韩国，公叔见了他大怒。史舍拜见公叔说，周最根本就不想来，是我逼他来的。他不想来和我逼他来，都是为您好。史舍又说，齐国有一大夫，养了一条凶狗，呵斥它，它就会咬人。有客人欲试试。客人慢慢地呵斥，狗没有咬，再大声呵斥，狗仍没有咬。周最和您关系好，会慢条斯理地向韩王陈述使命。韩王认为齐王并不急于促成其事，便未答应。如果周最不来，另换他人，他人与您不友好，又想讨好韩扰，向韩王进言，说得急迫，韩王会适应他。公叔称是，便尊重周最。韩王未罢免公叔，也未另任韩扰为相。

感思语

对狗温柔狗不咬，对人温柔人不恼。
交往方法讲艺术，勤学善思技巧好。

---

① 阳侯，陵阳之侯，溺水而死，死后成了水神，能制造大浪使船翻。

404. 韩公叔与几瑟争国

简散语

公元前300年,韩相公叔帮助公子咎与公子几瑟争太子位时,郑强替楚王出使韩国,假楚王之命,把楚国的新城、阳人两地划给了几瑟,帮助几瑟争权。楚王很生气,想处罚郑强。

郑强说他这样做,是为了楚国的利益,假如几瑟争权成功,魏国必然来攻韩,韩国在内忧外患的情况下,会把命运寄托给楚国,不敢索要新城、阳人,如果争权失败,几瑟不死就会逃到楚国,怎么还敢索要两地。楚王说好,未处罚郑强。

感思语

郑强名为送两地,实为楚国争利益。
郑强虑周量事远,楚王闻言消了气。

405. 韩公叔与几瑟争国中庶子强谓太子

简散语

韩公叔帮助公子咎与几瑟争权,中庶子郑强对几瑟说,趁齐军还未攻入,我们先下手为强,除掉公叔。几瑟认为,这样会引发内战,分裂国家。郑强说,齐军攻入,您自身难保,还谈什么保全国家完整。不久,齐军攻入韩国,几瑟逃到楚国。

感思语

郑强出招狠,几瑟不忍采。
齐兵攻入韩,几瑟败逃外。
郑强和几瑟,谁的思虑深。

> 君家请评说，心路正与歪。

406.齐明谓公叔

简散语

公元前 300 年，齐军攻入韩国，几瑟败逃到楚国。楚国对他非常优待。这时，韩臣齐明劝公叔，趁楚国欲和齐国结好的时机，请楚送回几瑟，使其在穷途末路之时，再添灾难。还说，如果楚国不采此意，便是楚联齐不稳，可能楚暗联合韩国。

感思语

> 几瑟在楚受优待，齐明对此气不忿。
> 趁楚欲和齐结好，要给几瑟看脸色。
> 建议楚国逐几瑟，使其途穷又加灾。
> 心软未纳郑强计，落得天下难存身。

407.公叔将杀几瑟

简散语

韩相公叔想杀掉几瑟。有谋士劝他说，太子所以尊重您，是因为有几瑟，害怕几瑟回来。现在韩襄王年迈，大夫们都向太子靠拢，没有几瑟，您就无足轻重了。不如留着几瑟，牵制太子，借以自重。

感思语

> 公叔想把几瑟宰，谋士劝他要想开。
> 飞鸟死尽弓当柴，兔死就把狗肉炖。
> 太子重您因几瑟，几瑟死后将您甩。

阅策四语

人们都想灭对手,没有对手难生存。
有难头领喜能人,天下太平杀功臣。
哲学核心讲辩证,学透主要懂矛盾。

408.公叔且杀几瑟

简散语

公叔将要杀掉几瑟。宋赫劝公叔说,您现在杀掉几瑟,公子咎就没有争夺太子位的心腹之患了。大臣们看韩襄王老迈,太子业已确定,也会暗中讨好太子。您事实上会受到轻视。秦、楚两国在韩国的代理人已死,肯定会暗中扶持伯婴,争太子,夺国权。伯婴又是一个几瑟。不杀几瑟,伯婴会请求您保护,大臣们不知道几瑟是否回国,不敢帮助伯婴,秦、楚两国也不会帮助伯婴。留着几瑟,太子必然重视您,对您十分有利。

感思语

最高权力不可分,王子众多国之灾。
反对势力去不尽,旧灭必然会生新。
一种势力能生成,多方力量暗促进。
留着反对派头领,许其明动有利害。[1]
宋赫主张利几瑟,主体思维属高人。[2]

---

[1] 公叔想杀掉几瑟,宋赫主张留下这个反对派的头领,这样有利有害,利是自己不敢麻痹,他们的明动好发现。害是反对的势力会集合成一种对抗力。利害比较,利大于弊。

[2] 宋赫的主张虽然对几瑟有一定的好处,但是,敢于留下反对派的头领,让对立面当反面教员,属于高人思维,能给人以善相,自己有能力旋转乾坤,对局势发展变化有利。

409.谓新城君

简散语

新城君是秦太后母亲的弟弟,是太后的舅舅,秦王的舅姥爷。公元前300年,有说客劝新城君,趁公子几瑟之乱,公叔与伯婴担心秦、楚收留几瑟时,把在楚做人质的几瑟要回韩国,让韩国与秦、楚联合,使齐国孤立。再让秦国向楚国要韩国送去的人质,挑起韩、楚矛盾。韩国仗恃齐国、魏国仇视楚国,楚国一定会重视您。您凭着自己在秦、楚两国的地位,积德于韩国,公叔和伯婴必定会用韩国服侍您。

感思语

说客能使权人动,人国关系变不停。①
名利为饵诱贪心,搅得人间不安生。②

410.胡衍之出几瑟于楚

简散语

胡衍是太子几瑟的党羽,几瑟在楚国的时候,他想让几瑟尽快回韩国主政。于是,他请韩相国公仲向国君建议,废太子几瑟,改立公子咎为太子,同时,把消息告诉楚国,教楚国不要空抱无用的人质,逼楚国赶快把太子几瑟送回国接权主政,以赢得对太子的厚恩。结果,韩国真的废瑟、立咎,从而使几瑟失国,胡衍也未捞到大官、重权、高位。胡衍愚蠢,献了最下策,弄巧成拙,害了几瑟,亏了自己,搅乱了韩国,毁了社会正常秩序,给韩民造了难,愚人一策五害。

---

① 说客出言,能使有权者动心,从而使人与人、国与国之间的关系变化不停。
② 说客用自己的哲理、辩才驱动有权者,说客的道理如同赶山鞭,名利就似吸铁石,吸引贪婪人之心,使贪婪者如鸟、鱼趋网,死而不悟。

感思语

胡衍党于太子瑟，想要几瑟早回国。
本意想借楚国力，使瑟早日把权握。
策劣弄巧反成拙，韩国立咎废几瑟。
太子立刻成庶人，几瑟从此失韩国。
亲信要是大笨蛋，硬把福祉搞成祸。
能工巧匠会制福，蹶骡懒虫白养活。
出谋划策为得福，胡衍一策造五祸。
党羽忠心绩很劣，仇敌不如胡衍恶。

411. 几瑟亡之楚

简散语

几瑟以太子的身份，在楚国当人质，其名分、地位对继承王位都非常有利，其党羽胡衍心急不怕豆腐凉。他为了让几瑟早日回国掌权主国，竟然请公仲朋建议国君改立公子咎为太子，想以此逼楚国送太子几瑟早回国主政。这是一招极臭极臭的棋，硬把几瑟从天堂推下地狱，也引起韩国诸子争立之乱。几瑟回国继位不成，逃到楚国。楚国想联合秦国强立几瑟。这时有人对芈戎说，破坏公叔立公子咎为太子的是楚国，如果再立几瑟，韩国必会变为楚国的附庸，不如请秦王祝贺伯婴为太子，使韩、楚绝交，他们一定会服侍秦国。这样，秦可称霸。

感思语

韩王诸子争继位，大臣邻国都参与。
献策水平有高低，矛盾发展难估计。
几瑟地位最有利，公子咎却得了位。
错用一招大翻盘，咎飞上天瑟入地。

胡衍不是德不好，思路扭曲没能力。
党羽好心害了瑟，让咎得了意外利。
用人都讲德为主，心忠才低出坏计。①
蒋干盗书张、蔡死，仅逊东风连环计。②

412.冷向谓韩咎

简散语

公元前300年，秦臣冷向对韩公子咎说，韩太子几瑟逃亡到楚国，楚王想重新拥立他，现在楚国已派十多万兵驻扎在方城之外。我可以让楚在雍氏旁边建一座十万户的都邑。韩国会发兵制止，那时您会做领兵的将军。您可趁机联合楚军，用韩、楚两军拥戴几瑟回韩国，几瑟会感激您，韩、楚两国都会尊重您。您手握重兵，即可掌国。

感思语

冷向本是秦国臣，预断韩事很劳神。
韩咎若掌两国军，手握实权能成君。

---

① 用人都讲以德为主，胡衍是几瑟的党羽，拥护几瑟，对几瑟来说，胡衍可称心忠德好，一心为几瑟早主政着想。但是，因水平低，出了坏主意，结果和行奸无异。用蠢将，打败仗，同样能亡国。所以，用人一定要德才兼备。

② 在艺术作品中，赤壁之战，曹操惨败，明显的原因有蒋干盗书，曹操中计，错杀了蔡瑁、张允，庞统献了连环计，曹又上当。周瑜的苦肉计，诸葛亮的借东风等，都帮了孙、刘联军的忙。轰轰烈烈的大战，胜负却由文人的活动起了很大的作用。在楚、汉之争中，刘邦曾对项羽说，自己斗智不斗力，刘邦智胜，自认为有三杰（萧何、韩信、张良）之力，其实陈平的作用也不小，是四杰。项羽力大，战败自杀。李宗吾认为胜必厚黑。项羽脸黑，脸皮厚度不够。无才（有武才，文才不够）、无能的坏作用，有时能超过大奸。

413. 楚令景鲤入韩

简散语

楚王派景鲤到韩国。这时,韩国正准备送太子伯婴去秦国。景鲤托冷向告诉伯婴说,入秦危险,将被秦国扣留,然后秦、楚联合,共同恢复几瑟的太子地位,您会丢掉太子之位。

感思语

> 太子伯婴将入秦,楚使景鲤很担心。
> 游说冷向告伯婴,入秦被扣丢身份。

414. 韩咎立为君

简散语

公元前299年,韩国公子咎将立为太子。但是,还未最后确定。这时公子咎的弟弟正在周国。周君想隆重送其弟回韩国,又怕到韩国后公子咎未立为太子。于是綦毋恢设了两端之词:给他带一百金,如果咎立为太子,就说送来百金助军饷;如果没有立为太子,就说是来遣送反贼的。两种说辞,各适其用,可以保胜。

感思语

> 咎立太子未确定,周送其弟很隆重。
> 同时带去一百金,说词两端为保胜。

415.史疾为韩使楚

简散语

史疾为韩国出使楚国。他在和楚王对话时,提出遵循列御寇(列子)的学说,崇尚正名。正名可以治国、理政、治官、围盗。在他们谈话时,正好有一只喜鹊落在屋顶上。史疾便以鸟为例,说喜鹊不能叫乌鸦。名正准,不偏混。楚国有各类、各级官员,必须清正廉洁,德才称职,否则便会官不官,盗不盗,喜鹊不叫喜鹊,乌鸦不叫乌鸦了,必须名实相符。正名就是以本源的原则法理,矫正被扭曲的时弊过程,正名具有巨大的实际意义。

感思语

置官定等据德才,名实相符最要紧。①
别把乌鸦叫喜鹊,盗贼充官必害民。
德才兼备永恒理,名正言顺能服人。②
清正廉洁才称职,富民要靠这类人。

416.韩傀相韩

简散语

韩傀是韩哀侯的叔父,任韩相国。严遂字仲子,是韩国的重臣,以正直闻名,颇受韩王的器重。一山不容两虎,一个槽头不能拴两个叫驴。韩傀和严遂就如同猛虎和叫驴,互不相容。严仲子公正,经常当面指责韩相的过错。宰相韩傀不服,经常在朝堂上叱骂严遂。一次,严遂

---

①名实不符者,最突出的是国民党的特务机关,中统、军统,名似统计单位,实际上是特务机关,和统计毫无关系。

②德才兼备是对领导、管理人员要求的永恒原则和标准。

阅策四语

竟拿着剑追杀韩傀，遇救未遂。严遂怕报复出逃，在列国觅刺客，拟刺杀韩傀。齐国有人向严子推荐勇敢的侠士聂政。严子便与聂政结交，送酒席、黄金，为聂母祝寿。聂政辞金不受，并问缘故。严遂说自己有仇人。聂政以母在谢辞。聂政的母亲去世后，聂政服丧期满，为报严遂知遇之恩，主动到严遂的老家濮阳请缨。严遂为聂政备了车驾，并派武士为助手。聂政以人多不利于保密为由，俱谢绝，只身带剑入韩。此时韩傀和韩王都在逛东孟盛会，护卫人很多，警戒很严。聂政仗剑闯入，奔向台阶，刺杀韩傀。韩傀逃跑，抱住韩王。聂政杀死了韩傀，伤及韩王，当场大乱。聂政又杀死几十人后，自己毁容、挖眼、破腹、挑肠而死。韩国将其陈尸闹市，悬赏千金，招人认尸。过了很久，无人认出尸为谁。聂政的姐姐聂嫈说，我弟弟是个英雄，英名不应泯灭。于是来到韩国，见到聂政的尸体说，浩气雄壮，壮烈超过了孟贲、夏育，胜过了成荆，抱尸痛哭，说这是我弟弟聂政，说完自杀尸旁。晋、楚、齐、卫等国人听说后，都说聂政是烈士，其姊是烈女，聂政名传后世，是聂嫈不怕自己被剁成肉酱，以命为其弟传名。

感思语

严遂正直虽可赞，不讲方法闹大乱。
朝堂之上抡宝剑，出逃还算有远见。
国家重臣不团结，哪有心思搞治国。
此时国王也难当，百姓倒霉没处说。
严遂出逃游列国，想寻侠士动刀子。
齐人推荐轵聂政，[①]英勇侠义名显赫。
严遂厚礼结聂政，送吃送金送寿果。
礼重聂政辞不受，并向仲子问为何。
严遂避人说真情，聂以母在暂推托。
久之聂母驾鹤去，聂政濮阳作了结。

[①] 轵是地名，在今河南省济源市南部，聂政曾在此居住养母。

聂政单身闯东孟，刺死韩傀王流血。①
大呼又杀几十人，毁容挑肠已自绝。
韩悬千金求认尸，很久仍然无人知。
聂政之姐叫聂嫈，决心为弟扬英名。
父母西去无亲人，为保姐命姓名埋。②
姐不惜命显弟名，毅然入韩认聂政。
姐嫈抱尸哭弟政，壮超贲、育胜成荆。③
不怕自己成肉酱，为扬弟名甘献命。
聂政之举天下惊，聂嫈烈女人感动。
晋齐楚卫闻其事，多赞姐弟为英雄。

① 聂政刺杀韩傀，伤及韩王，给韩王招来血光之灾。
② 聂政的父母都已去世，除其姐姐，再无亲人。埋名主要是为保姐安。
③ 孟贲、夏育、成荆，都是古代有名的勇士。

第二十八章 韩策（三）

417.或谓韩公仲

简散语

有谋士对韩相国公仲朋说，双胞胎长得相似，但他们的母亲对谁大谁小，能分得清楚明白。事物的利和害，表面上也很相似，智能高的人能分辨清楚好坏，预先见到其发展趋势。用正确的方略治国，国富民强，主尊身荣，否则将主卑身危。如果秦、魏联合，却不是您促成的，韩国将会遭到秦、魏的谋算。韩国如果跟随魏国讨好秦国，韩国就成了魏国附庸。韩国要与秦国联合，秦国将安排亲信在韩国掌权，这对您是很危险的。如果韩、魏联合，虽然不是最优的选择，但是，您可以终身为韩相。最好是您主导秦、魏联合，这对韩国和您个人都是最有利的，联合成功，两国都感激您，不成功，两国都会讨好您，您就会像持利剪裁布，得心应手。这位谋士对各方情况分析透彻清楚，能洞见趋势，是位高谋。

感思语

孪子相似母分明，利害相似智者清。
治世有道享尊荣，无道乱世祸患生。

418. 或谓公仲

简散语

公元前288年,有说客对韩相公仲朋说,因为韩国弱小,天下诸侯同时服侍秦国,秦国必定轻视韩国。如果天下诸侯联合抗秦,韩国将最先遇到危险。这是韩国最大的忧患。为了改变这种不利的地位,韩国应该率先联秦,天下诸侯也相继来联秦。这等于韩国带领天下诸侯服侍秦国,秦会感激韩国。如果天下诸侯不同秦国联合,秦会讨伐他们,中原兵祸连接,韩国可借机休养生息。从前周佼、周启让西周、东周与秦亲近,都受到封赏。秦想与韩结交的愿望,超过了与两周结交的万倍,您如果先天下让韩与秦联合,秦一定会推举您为诸侯,您实行这个计谋,对韩君是最大的忠心,韩国韩民都是极大的幸运,对您自己也是很有利的。希望您抓住时机,赶快实施。

感思语

战国纵横家,本事比较大。
形势分析透,利害说到家。
饵料是好处,诱惑力量大。
抓主要矛盾,关键手不撒。①

419. 韩人攻宋

简散语

公元前286年,韩将韩珉帮助齐国攻打宋国,攻了秦国的所爱,

---

① 抓而不紧,等于不抓。抓主要矛盾和矛盾的主要方面,抓问题的关键和中心环节,一定要抓紧,不能撒手。问题是对"主要"是否看准了,看清了,抓的是否是"主要",不要以次当主,错把次要当主要。

秦王大怒。齐国怕秦国出兵干涉，派苏秦为韩珉游说秦王。苏秦对秦王说，韩珉攻宋，是为秦国着想，以韩国的强大，再加上宋国辅助，楚国和魏国必然害怕，害怕必然事秦。这样，秦国不用动兵，便能扩地。这是韩珉为秦国所祈求的。现在中原的白头遨游之士（说客）都想离间秦、韩关系，请大王掌握这个情况，根据实际情况决定策略。秦王说好吧。

感思语

秦王本来怒气冲，苏秦舌摇气息平。
主要问题是利弊，近利远弊就高兴。

420.或谓韩王

简散语

公元前299年，秦国进攻魏国。韩国想保持中立。说客对韩王说，韩国的做法是山东六国的大祸害，指出秦攻魏的目的是要得到魏国，兵临韩国。魏国看到韩国不援救自己，就会投降秦国。秦、魏合兵攻韩，韩国必定一败涂地。秦国想称霸天下，山东六国即使像儿子孝敬父亲那样侍秦，或是像伯夷、叔齐那样仁善，或是像桀、纣那样无道，不管良莠，秦国都要一勺烩，同灭共吞。山东六国的唯一活路是合纵抗秦。韩国应该立即派人前往赵国、魏国，与赵、魏结成同舟共济的兄弟，使诸侯派精兵守卫韩、魏的西境。这是万代不朽的军国大计。山东诸国如果不能合而如一，必亡无疑，智者见于未萌，愚者暗于成事。说客看世深刻、透彻、准确。但是，山东六国高层目光短浅，不通大理，视说客高见如天语，听不懂。这说明他们劫数已到。

感思语

天上飞来高说客，策略高明理透彻。
怎奈六国劫数尽，菩萨摊手没奈何。[1]

421. 谓韩王

简散语

郑王就是韩厘王。韩国吞并郑国后，迁都到河南新郑，之后韩王也称郑王。如同魏王也称梁王。说客对韩厘王说，昭厘侯（韩昭侯）是明君，申不害是贤臣，当初韩、魏侔敌（国力相当），申不害安排昭厘侯执珪玉朝见魏王，这不是喜卑厌尊，也不是筹谋失误。申不害认为，韩向魏称臣，魏王必然志得意满，蔑视天下诸侯，用兵四侵，耗尽国力，就会衰败。诸侯憎恨魏国，就会结交韩国，这样，韩王虽然居于魏王一人之下，却能高于万人之上。这是当时削弱魏国增强韩国的最好的办法。昭厘侯听从并实行申不害的建议，说明他是明君英主，申不害运筹帷幄，力陈良策，说明他是忠能之臣。现在韩国比当初的韩国衰弱很多，而秦国比当初的魏国强大，可是韩王和大臣们却不奉行尊秦安韩的策略。说客认为韩王不如昭厘侯明智，大臣们不如申不害忠贞。现在秦王有称帝的征兆。韩国应先与秦国联合，亲附秦国，好处是秦称王，韩必能称霸，秦王不称王，韩也可以躲避兵祸。秦国事成，是韩有福，秦事不成，韩可无患。因此，率先与秦联盟，是圣人之谋。说客还提出，东孟之会，聂政刺傀伤及韩主，许异让韩主装死，以后韩君在位，许异终身为相。齐桓公九合诸侯，尊周襄王，桓公成就了霸业。先王的攻伐，有的是为了名誉，要征服人心。有的是为了实利，要占疆土。现在韩国征服人心不及吴国，攻占疆土不及越国，可是君臣上下，老少贵

---

[1] 当时山东六国君昏、臣愚，即使有菩萨想全力救他们，他们自寻死路，菩萨也只能摊开双手叹息，表示无可奈何。"天作孽，犹可违；自作孽，不可逭。"（《书经·商书·太甲中》）

贱，都在喊称王称霸。说客认为，这就像掉到井里的人，却对人说，我在帮您找火，真是超级呓语。

感思语

> 卑躬屈尊事侔敌，是为弱敌强自己。
> 韩侯申相看得远，论史是为当前计。
> 说客主张早联秦，连横可使韩安稳。
> 强秦称帝韩王霸，采用此计得现利。
> 越王当奴为得利，夫差当奴不允许，
> 不讲策略吹大气，井中找火满身水。

422.韩阳役于三川而欲归

简散语

公元前249年，韩国公子阳率军在三川作战，可是他很想回朝，谋士足强为其游说韩王。足强说三川已经平定，可是将士想拥立韩阳为君。韩王闻报，马上把在三川作战的公子都召回。

感思语

> 公子韩阳平三川，得胜便想回朝转。
> 足强为其巧报捷，兵欲立阳君三川。
> 韩王闻报受震慑，下达命令急如火。
> 首先嘉奖将士功，召命公子都回国。

423.秦大国也

简散语

秦国强大，韩国弱小。韩国讨厌秦国，但是，韩国在表面上又想讨好秦国。讨秦国喜欢，无过于送黄金。于是，韩国便出卖美女。美女定价很高，其他国买不起。秦国用三千金（当时金讲镒，一镒为二十两或二十四两）买了一个美女。韩国把三千金送给了秦国。秦国等于白得了一个美女。美女恨国家出卖她，向秦国泄露了韩国想疏远秦国的实际情况。韩国一举三丢（美女、黄金、国家机密），都是负效应，得不偿失。当时社会发展，概括地说，主要靠两种活动，即经营和战争。世上有了人，就有了经营，要生存，就要解决衣、食、住、行。战争也是一种经营活动，又要有各种经营参与。战争一起，就可能成为经营的全部，整个国家、民族，要用血、肉、智、力筑长城，不管是和平时期还是战争时期，打仗都是很重要的经营，不打仗时叫备战（或战备），忘掉打仗，就可能使整个民族陷入苦海，甚至灭亡。所以，人们总是把打仗的事作为口头语，所有活动都有"战"字参与，如经济战线、文化战线、思想战线……经营胜利，社会就前进，就发展；经营失败，社会就倒退，不讲情面。胜负都用效绩衡量，必须重效绩，可参看《新时期思想政治工作学概要·第十四章·思想政治工作效益的评估》（见北京广播学院出版社1990年11月出版）一文，这是一篇思想政治工作效益成果评估较为系统的论述。

感思语

韩国计不周，一举有三丢。
美女金白送，机密也泄露。
昏君喜蠢材，无赢只有输。
得不偿失事，就会接连出。

424. 张丑之合齐楚

简散语

魏国与齐、楚、韩三国交战，张丑为魏谋求讲和，他先劝韩相公仲朋停止攻魏，说这样可以使魏放手与齐、楚作战、消耗，之后再攻魏，容易取胜。公仲朋称善。张丑又对齐、楚两国说，韩国已经与魏国结盟，韩国已停止攻魏国的郓城了，迫使齐、楚与魏讲和，张丑为魏求和，欺骗了齐、楚、韩。《战国策》未讲张丑如何与魏国谋算。

感思语

张丑劝韩停攻魏，魏战齐楚必耗费。
待魏战多大疲惫，韩夺郓城更容易。
张丑又劝齐楚和，学习韩国联合魏，
骗了韩国骗楚齐，目的都为帮助魏。

425. 或谓韩相国

简散语

爱必有故，敬有所需，有人对韩相公仲说，敬重扁鹊的人，是因为有病。您亲近平原君，是因为秦国讨厌您，而平原君反秦最坚决，请深思。

感思语

病人敬医，冷喜棉衣。
饥想吃饭，累欲休息。

426.公仲使韩珉之秦求武遂

简散语

公元前306年,韩相公仲朋派公仲珉(韩珉)出使秦国索要武遂,又担心楚国不高兴。这时,楚臣唐客对公仲朋说,我们楚国不反对你们索要武遂。公仲朋听了很高兴,并推荐唐客做官,掌理韩、楚两国间的关系。

感思语

韩相派珉索武遂,担心楚国不同意。
唐客转达楚王意,楚国对此不反对。
公仲闻信心中喜,韩楚修好有了底。
推荐唐客来做官,韩楚关系他掌理。

427.韩相公仲珉使韩侈之秦 [①]

简散语

公仲珉在楚王的支持下,出任韩相后,派韩侈使秦,与秦结盟,进攻魏国。但是,在韩侈回国途中,公仲珉死了。这时,魏国派使臣入韩,向新任宰相韩辰要求惩罚韩侈。韩辰说不行,攻魏是韩、秦两国的盟约,秦王又请韩侈做了秦官。魏使说,秦让韩侈做官,是看公仲珉之面,现在公仲已经死了,秦就不会让韩侈入境了,即使让他入境,也不会让他当官了。韩辰准备接受魏使的意见时,秦王召见了韩侈,秦王说,自己不会反复无常,并任命了韩侈官职。

[①] 吉林人民出版社的版本说当时的韩相是公仲朋。广州出版社和当代世界出版社版本都说当时的韩相是韩珉。这里是从后者说。

阅策四语

感思语

人在政举，人亡政息。
虽非法定，却是惯例。
相死政延续，古代比较稀。
现在讲法制，旧法也改易。

428.客卿为韩谓秦王

简散语

公元前310年，韩国客卿对秦王说，韩相公仲珉只知道自己的君主，不知道别国的君主。只知道自己的国家，不知道其他国家（不知彼）。还说，韩珉竟敢以武力与秦国对抗，他必定害了自己的国家。这样的人作为一般人，也可能算是高人，当国相是半料。一般人在家不知家，在国不知国，在庐山不知庐山真面貌者比比皆是。实际上，韩珉也不是完全不知彼，在韩国发动齐、宋攻首垣时，已经望见大梁了，未攻魏，而准备与魏讲和，率韩、魏、齐、宋四国联军攻秦。但是，考虑到齐灭燕，秦灭魏，楚灭陈、蔡，都是以弱攻强招致的后果，没有再攻。如果完全不知彼，哪会调整战略。客卿认为，秦武王高明：一是秦王要求各位重臣守职尽责，不互相干预，避免生乱。二是不许大臣勾结诸侯，轻视自己的国家。三是在战争问题上，虽然听取大臣的意见，但是，最后决定，君主独断。这说明秦国的中央集权在发展。

感思语

韩珉知内不知外，作为国相半料材。
伐秦计划随时改，可见头脑不痴呆。
盛赞秦王很英明，智商多处都超群：
一是大臣责权清，以免重臣互搅混。

二是严控外事权，以防外力来危害。
三是战和君独断，胜负君主敢担责。
君主圣明国必治，策高国强又富民。

429.韩珉相齐

简散语

公元前288年，公仲珉任齐相时，与公畴竖、成阳君不和，下令逐出此二人。成阳君暂留周地。当时周名为宗主，实是小国。这时有人对公仲珉说，公畴竖、成阳君都是贤人，诸侯都欢迎他们。成阳君与秦友善，公畴竖与楚友好。他们在秦、楚被重用，将是您的后患，不如让他们留在小国。

感思语

鸡肠小肚珉，① 任相逐贤人。②
说客招也损，教相圄人才。③

430.或谓山阳君

简散语

有人对韩国的山阳君说，秦国、齐国都崇尚您的品行，所以，秦把山阳、齐把莒地封给您。现在楚国攻齐国，夺取了莒地，说明楚国轻

---

① 珉是指齐相韩珉，即公仲珉。
② 贤人，这里指成阳君和公畴竖。
③ 圄是囚禁。主意的好坏，要用社会标准衡量。能解放生产力的主意是好主意，妨碍生产发展的主意是坏主意。共产党主张解放全人类，这是人类社会最大最好的主意。

视韩国。于是,山阳君就派此人到楚国进行交涉。

感思语

楚国攻齐夺莒地,山阳无故失私利。
说客为其出使楚,莒地是否能收回。①

431. 赵魏攻华阳

简散语

赵、魏两国联合攻打韩国的华阳。韩国接连派使臣到盟友秦国求救。在使秦的路上,韩使的车马相望,可是,秦国按兵不动。韩相对大臣田苓说,事很危急,请您去一趟秦国。田苓拜见秦相穰侯。穰侯说韩国很危急吧。田苓说不危急,如果危急,韩就背秦,投降赵、魏了。穰侯闻言,立即发兵救韩,在华阳大败赵、魏。

感思语

赵魏兴兵攻华阳,韩国上下都着忙。
慌忙派使求盟邦,使秦路上冠盖望。
使臣好话说满堂,秦王就像铁心肠。
韩派田苓使秦国,拜见穰侯拉家常。
穰侯问韩危急状,田说太平如往常。
如果韩国有危急,投降赵魏很便当。
秦相闻言慌了神,立刻发兵救华阳。

---

① 有些事,《战国策》原稿上没有结果性语言,所以,这里也作悬语供思考。

432.秦招楚而伐齐

简散语

秦国想攻打齐国。但是，如果齐国要和楚国联合结盟，燕、赵将会跟随齐。齐、楚、燕、赵四国联合抗秦，秦国很难取胜。这时，张仪派冷向游说楚相陈轸，使其绝齐亲秦。倘若秦、楚能联合，燕、赵就会跟随秦国，齐国就孤立好打了。

感思语

秦国意欲打齐国，担心齐楚搞联合。
冷向奉命说楚相，劝楚与秦搞联合。
冷向假装帮助楚，真心是为帮秦国。
目的是为连横成，必须要把合纵破。

433.韩氏逐向晋于周

简散语

韩国把向晋赶回周国，周人成恢为了帮助向晋再到韩国恢复官职，对魏王说，周会把向晋送回韩国，建议魏王在周决定送向晋返韩之前，提出送向晋回韩国，使向晋感谢，以征服人心，使向晋在周为魏国做事。魏王答应后，成恢又对韩王说，现在魏王提出让向晋返韩，这样向晋就会为魏效力，建议韩国招回向晋，不要坐失良机。韩王说好，立即把向晋招回，恢复了向晋在韩国的地位。

感思语

韩逐向晋回到周，成恢用心把向救。
为使向晋重返韩，先请魏王铺好路。

434.张登请费缧

简散语

费缧与西周有旧怨,张登为让其与西周消怨,便为他出主意说,您可请公子牟对韩王说,费缧与西周有仇,用他任三川太守,他会对西周严加防备。他家积万金,会倾其家财侍奉大王。西周知道后,会献宝器阻止大王任用他。费缧如果做了三川太守,西周便会与费缧解除旧怨。

感思语

高人解困用点穴,一指轻按全身活。
冰释费缧①西周怨,张登法数胜过佛。

435.安邑之御史死

简散语

安邑的御史死,副御史担心自己不能如例升为御史,让输里②的人为他向安邑令说,公孙綦在替别人向魏王请求御史的职位。魏王说,按规定副职应该升任正职,这个规矩不能破坏。于是,安邑令很快任命副御史为正职。

感思语

说客、副职都聪明,升官请人造舆情。
最终打出魏王牌,如同行船遇顺风。

---

① 费缧,有材料写费继。
② 输里,指安邑。

436.魏王为九里之盟

简散语

公元前344年,魏惠王主持逢泽之会(亦称九里之盟),目的是想恢复周天子的尊位,借尊周称霸。房喜①对韩王说,魏王的号令不可听,因为大国讨厌有天子,小国认为有天子对自己有利。大国不听魏王的号令,魏国和几个小国不可能恢复周天子的尊位。

感思语

论说讲理,做事要力。
没理没力,不如放屁。

437.建信君轻韩熙

简散语

赵国的大臣建信君看不起韩国大臣韩熙。赵国人赵敖劝建信君说,从赵国的形势看,有魏的支持,就能生存,没有魏国的支持,就会灭亡。要想搞好合纵联盟,不能没有魏国参加。现在您轻视韩熙,是为了与楚、魏联合。秦国如果发现您的意图,就会加紧争取韩国。韩国如果在合纵中受到轻视,在连横中受到秦国的重视,韩国自然会投向连横。如果秦国出兵三川,向南攻魏,魏国危急,就会延缓救赵,秦破邯郸,赵国必亡。所以,您应该联合韩国,这样就可以避免赵国的危亡。

感思语

赵敖韩熙建信君,位高权大皆重臣。
大官水平不同高,遇事就会露出来。

---

① 房喜,韩国人,舜封尧之子为房邑侯,其后代以房为姓。

赵敖为国重大局，建信冷韩心胸窄。①
论臣首先看为国，不能感情搞疏亲。
赵敖品高素质好，偏私不能当重臣。

438.段产谓新城君

简散语

魏国人段产对新城君②说，走夜路的人可以保证自己不做坏事，但是，不能让狗不朝自己乱叫。我能不谗毁别人，但是，不能不让别人非议自己。人品是非必须分析明辨。

感思语

是送玫瑰人，手会有余香。
谗者口气臭，其吻婴躲藏。③

439.段干越人谓新城君

简散语

段干越人对新城君说，王良的弟子赶马车，驾着千里马，遇到了造父的弟子。造父的弟子说，你的马跑不到千里。王良的弟子说，我的骖马、辕马都是千里马，为何跑不到千里。造父的弟子说，你的缰绳太长，缰绳的长短对马跑多少路只有万分之一的影响。但是，你的马也很难到千里。我虽然没有什么才能，对国家也只有万分之一的影响，而相

---

① 建信君看不起韩熙，对韩熙冷淡，属于目光短浅，心胸不宽广，大局观念差。
② 新城君即华阳君，是秦宣太后的外族。
③ 爱在背后说人坏话的人，一般被称为口臭。婴幼儿不愿意闻其口臭味，怕其来吻，看见他后便忙躲藏。

国看不到,我却能打通阻塞的门路。这和缰绳长了难行千里一样。

在枪、炮射击瞄准时,经常说差之毫厘,谬以千里。这里的造父弟子论马缰和他本人的作用,都是万分之一为量度的,可谓微矣。这微量不论正负,积累起来,作用不可小看,应该重微。对于活性,可变量,尤其如此。能知微量变化者是高人。宇宙间没有静态物,平静的水面,蕴藏着变化,动和变是永恒的。

感思语

造父弟子论马缰,万分之一大影响。①
段干越人重防微,②不使微隙毁山墙。

---

① 造父是周穆王的赶车人。王良是赵简子的赶车人。此二人均为优秀的驭手。好不好,怕比较。两弟子的能力高低,平常是看不出来的,观其论马缰可知,造父弟子更高明。

② 段干越人是魏国人。段干是魏国地名,以地名为姓。越人是人名。

第二十九章　燕策（一）

440.苏秦将为纵

简散语

苏秦游说燕文侯，先说燕国的优势：兵强、马壮、物博、地大、国富、地形和地理位置优越。苏秦用此说壮气。地缘政治和国家政治气候紧密相关。当时秦国是强力扩张者，邻国多受其侵害，赵国替燕国挡着秦祸。秦、赵多战事。燕国在赵国后，安享太平。苏秦抓住这个关键性问题，指出燕国享太平，是赵国为其作屏障的结果。为保久安，燕应与赵友好。秦要攻燕，必须跨国走几千里，夺了城邑又不能守。相反，赵要攻燕，百里之战，几天就能攻进燕都。为保平安，燕应加入合纵联赵。苏秦这种联近仇远的战略思想，与连横家的远交近攻相反。何者为对，何者为错，要具体分析，离开了具体分析，就离开了真理。

感思语

苏秦入燕搞合纵，说词铿锵逻辑清。
盛赞燕国优势大，地多兵强物博丰。
周围邻国是屏藩，不受战祸享太平。
如果强秦来进犯，必须跨国千里行。
若与赵国相敌对，情况就会大不同。
几日之内兵临境，百里之内战火凶。
安燕必须联合赵，南北亲善合纵成。

说客游说本领大，苏秦说燕很成功。①

441.奉阳君李兑甚不取于苏秦

简散语

公元前286年，苏秦为燕国离间齐、赵关系，被赵相奉阳君李兑察知，借机将苏秦扣留，燕王说情才释放。因此，李兑与苏秦很不融洽。这时，有说客对李兑说，齐、燕分离，赵国就会受重视，齐、燕联合，赵国就会被轻视。燕国弱小，当下是苏秦掌实权，您讨厌疏远苏秦，是逼燕与齐联合，对赵国不利。为您考虑，您虽然不喜欢苏秦，也要主动与他交往，使齐国产生怀疑。齐、燕互疑，赵国就会受到重视。李兑采纳，便派使者与苏秦联系。

感思语

赵相李兑善纳言，结好苏秦表亲善。
宰相应该舍私怨，举措利国是首先。

442.权之难

简散语

公元前296年，燕国与齐国在权地交战，燕国两战俱北。燕国的友邦赵国坐视不救。这时，燕国大臣郭任对燕昭王说，我们割地向齐国求和，赵国必定会派兵援救我们，否则我们就投降齐国。于是，燕王就派郭任赴齐割地求和。赵国知道后，立即派兵救燕。

---

① 苏秦说服了燕文侯，燕国加入了合纵联盟，并资助了苏秦。

感思语

燕齐之战燕连败，赵国观望不理睬。
燕要割地事齐国，逼得赵国救兵来。

443. 燕文公时

简散语

燕文公时，秦惠王的女儿嫁给燕太子为妻。燕文公死后，太子继位为燕易王。公元前307年，齐国趁燕国办丧事，出兵夺燕十座城。武安君苏秦替燕王游说齐宣王，先叩拜祝贺，接着念悼词。齐王问为何庆吊相连？苏秦说，饿不食乌喙，因为饥饿吃乌头（毒药）与死同患。燕国是秦国的翁婿之邦，您夺了燕十座城，与强秦结仇，这和吃乌头一样危险。齐王问如何是好。苏秦说圣人做事，能转祸为福，因败取胜，您可把十座城还给燕国，并卑辞谢秦。秦知因己还城，必然高兴。燕国也会感谢。这便可以弃仇结好，转祸为福，因败为功。于是，齐送回燕十城，还用千金送秦致歉，请秦赦罪。

感思语

苏秦好嘴功，夺城不动兵。
称为祸转福，齐还十座城。

444. 人有恶苏秦于燕王者

简散语

公元前307年，齐国趁燕国为燕文公办丧事之机，夺燕十城，苏秦为燕游说齐宣王，要回了十城，立了大功。树大招风，功大遭忌，燕臣蜂拥谗毁中伤苏秦，说苏秦是最无信用的人，说燕王亲近苏秦是与小人为伍。燕王智商低，不看事实，轻信诽谤。苏秦载功回到燕国，大遭冷遇。燕王不接见，也不给住处，实为冷驱逐。

为了改变这种境遇，苏秦提出尾生守信，伯夷廉洁，曾参孝顺，都与国无益，并说自我完善不如帮助人，自我满足不如努力进取，三王兴起，五霸强盛，都是行的进取之道。

苏秦还讲了一个故事：说其邻居在外地当官，邻居女子在家与人通奸。邻居将回家，奸夫忧虑。奸妇说不用忧虑，我已准备毒酒了。丈夫回到家，奸妇命女仆人给丈夫献酒。女仆知道内情，心想，男主人喝了毒酒会死，揭发奸情，女主人会被逐。于是，女仆假装摔倒泼了酒，救了男主人的命，保住了女主人的位，全了一个家，自己挨了一顿打，因功受惩。苏秦说自己现在的处境与女仆人类似。

在道德上，国家和个人不同。国家之间的关系，超越了日常道德，讲实力，讲策略，讲变通（精神、智力、实力），阴谋诡计，处在国家关系中，便是枭雄志士的雄才大略，在日常处事中，属于小人伎俩。战国谋士不重清名虚饰，他们善辩敢言，运筹谋划，以词锋相争，以智谋相夺。战国繁荣，策士之功不可忽视。

感思语

具体分析出真理，优点易时色变灰。

尾生、伯夷轻丢命，曾参之孝国无益。①

三王、五霸贵进取，② 自负自满平庸辈。③

---

① 尾生约会在桥下等人，遇大雨水涨，为不失信，未避水，被水淹死了。伯夷为让国王之位，逃到山上饿死了。曾参即曾子，以孝闻名。此三人在利国上均无大作为。

② 三王、五霸都有缺点，但进取心强，称王、称霸当世，成就大业。

③ 自负，自我满足，不求进取，必是平庸之辈。新时代的创业者邵朱法，做事爱思考，做包，创了"金路达"和"劳斯帅特"两个世界名牌，美国新秀丽公司想出十亿元收购这两个品牌，被邵朱法拒绝。邵氏说，我们要走出去，收购洋品牌。有大志，成大业。（见《中国老年》2016年11月上半月）

苏秦无功曾受敬,① 功大遭谗受冷遇。②
世上事理难说清,奖惩不会都合理。③

445.张仪为秦破纵连横

简散语

苏秦为了推行合纵政策,大力颂扬燕国,为拉燕入伙,说燕国强盛,劝燕联赵。张仪为秦国谋算,破坏合纵,推进连横,劝燕王弃赵破纵,侍秦连横。张仪极力贬低燕国,说燕国弱小,没有自立的实力,必须投靠秦国,燕国亲赵是错误之举,理由是:燕弱小,只相当于秦国的郡县。赵王心黑,赵襄子为了吞并代地,先把自己的姐姐嫁给代君主为妻,再约代君主在句注山关塞会面。他事先让工匠做了一金斗(铁勺,方者称斗),柄长可以打人。餐前给厨师布置好,喝酒尽兴时送热汤,盛汤时,用金斗打死代君主。厨师照办。代君主被打得脑浆涂地而死。赵王的姐姐闻信,摩笄自尽。赵王狠戾无亲。赵王两次发兵攻燕,逼燕割十城谢罪才退兵。张仪劝燕王归顺秦国,否则发兵云中、九原,易水和长城就不归燕国所有了。张仪说服和威胁并用,迫使燕国献上五城,归服秦国。

感思语

说客之言要分析,不能轻易当根据。
苏为合纵大颂燕,张欲连横极贬低。
苏劝燕王联合赵,张说赵弱王心黑。
为吞代地姊嫁代,句注代君脑涂地。
苏张说话反差大,分析不透能信谁。

---

① 苏秦刚入燕时,还未立功,却颇受尊敬。
② 游说齐王,要回十城,苏秦立了大功,因遭谗言,反受冷遇。
③ 世上的事,有的难搞清楚,奖惩难全合理。

事实才是常青树，理论灰色不稀奇。

446.宫他为燕使魏

简散语

公元前315年，燕国发生内乱（子之之乱），周臣宫他替燕国出使魏国求救。魏王不听宫他的游说，还把宫他扣留起来。有说客对魏王说，商汤伐夏桀时希望夏朝内乱，以趁机夺利，小乱可以夺取珍宝，大乱可以占领其土地。宫他说，大王如果采用他的意见，即使用尽珍宝和土地，他也愿意去做。魏王听了，召见了宫他，并让他返回燕国。

感思语

大乱失土地，小乱丢珍宝。
国家被瓜分，财宝被抢跑。
列强常有理，弱国无外交。
和谈话语权，全凭枪炮刀。
无军事实力，谁听瞎叨叨。

447.苏秦死

简散语

苏秦死后，其弟苏代欲继兄事业，北上拜见燕王哙。苏代自称东周乡野小民，倾慕燕王的崇高德义，能顺应民心。自己愚昧无知，放下锄头等农具，前来冒犯，到了燕国朝廷，观察大王的臣吏，更加确信大王是天下明君。明君喜欢听取自己的过失。苏代说齐、赵两国是燕国的仇敌，楚国、魏国是燕国的盟邦，现在大王联合仇敌，讨伐盟邦，这是计策失误。臣下无人阻谏，这是不忠。燕国保密不好，无谋人之心，却让人怀疑，这是很危险的。有谋人之意，让人知道，这是很愚蠢的。计谋未施，就被外人知道，这更危险。听说大王寝食不安，总想报仇，自己亲自削制甲叶，妻子编制穿甲的绳子，只担心力量不够，祈念天报。苏代说，战国七雄，燕最弱小，独战难胜，可以联合他国。现在齐国恃强，四面用兵，耗尽国力，民困兵疲。燕王说齐有济水、黄河天险，有长城、钜防要塞。苏代说没有好的天时，国民凋敝，济水、黄河、长城、钜防都不能成为天险。骄横的齐君，不喜欢听他人之计，亡国之臣贪财图货。内贼不能控，则外敌难御。我们可以用财宝贿赂齐王的近臣，使他们感谢燕国，之后，大王从外进攻，臣下从内部离间他们，这便成了打败齐国的形势。

感思语

本无谋人心，却被人怀疑。
虽有谋人意，竟使人知悉。
此如殆拙者，危险紧跟随。
独战不能胜，联合尚可济。
明君喜闻过，奸佞善捧吹。
内贼没有去，外寇难摧毁。
苏代乡下人，[①]总结很精辟。
知世深且透，善思得妙谛。

448.燕王哙既立

简散语

苏秦在燕国时，与燕相子之结为儿女亲家。苏秦在齐国被杀后，齐宣王又任用苏秦之弟苏代为臣。子之因与苏家有姻亲关系，与苏家交

[①] 苏代自称是乡土之士，但是，不论其为何家出身，却能勤学善思，所以，胸怀真谛妙策，可见学思之力。

往密切。子之任相，独断专行。苏代为齐出使燕国时，燕王哙问齐王的情况，苏代说齐王不能成就霸业，因为他不信任自己的大臣。苏代说此话，目的是为亲戚子之捞权。此后，燕王哙更加重用子之。子之送给苏代百金。这时，燕臣鹿毛寿建议燕王让国给子之，鹿说尧曾让天下给许由，许由不接收，尧却得了让贤天下的美名。大王让国给子之，子之不敢接收，大王可白享与尧同等美名，还说大禹传位给伯益，禹之子启为官吏。禹老了，启杀伯益，夺权自立。禹是名传实取。鹿毛寿说把国传给子之，官吏都是太子的臣属，实际上仍是太子掌权。燕王把权交给子之，子之接权称王，燕哙反而成子之臣子。三年后燕国大乱，孟轲（孟子）认为有机可乘，建议齐国趁火打劫，出兵攻燕，齐国轻易兴兵入燕，杀死燕王哙和子之，两年后燕太子姬平立，为燕昭王。讲民主是中华民族的好传统。古有御前会议和庙算神计（在祖庙开会订方案、规划、措施），都是为了集思广益，择善而从。一个人的能力、精力、智慧有限，众人是圣人。刘邦水平不高，但从善如流，会用强人善谋，得了天下。燕王哙很愚蠢，分不清好坏计策，拾劣从恶，乱国害民，还搭上了自己的命。

感思语

苏代初出参燕政，条分缕析思路清。
因与子之系姻亲，骗哙让国换虚名。
燕哙糊涂上了当，搅得燕国乱了营。
构难混战几个月，数万国民白送命。
孟子劝齐趁乱攻，齐兵轻易获大胜。
燕乱哙昏是首因，也因臣僚主意歪。
苏代本来有才能，行私腐败坏了名。
贪婪人品必滑坡，古今时异后果同。

阅策四语

449. 初苏秦弟厉因燕质子而求见齐王

简散语

苏秦的弟弟苏厉因燕国的人质问题求见齐王。齐王恨苏秦，欲囚禁苏厉。燕国人质替苏厉谢罪说情，齐王才把苏厉释放。齐王让苏厉当人质的信使。苏代自知，因为给燕王哙出了歪点子，引起燕乱，做贼心虚，苏代、苏厉都不敢居燕，一同到齐国，受到齐国的善待，说明齐国人爱才能。因为做事靠才能，所以，古今中外，选用人都重德才。有一个私营老板说，自己的用人原则是：有才能，又同心，重用；有才能，不同心，限制使用；无才能，同心，培养使用；无才能，不同心，设法辞退。

诸葛亮认为姜维属于第一类，魏延属于第二类。三、四类多，不胜记。

感思语

苏氏兄弟有才能，就是心眼不大正。
点歪为扩子之权，乱燕害了燕王命。
燕哙昏庸是主因，次因苏代售私心。
苏代得了一百金，燕国死了几万人。

450. 苏代过魏

简散语

苏代在燕怀私进言，引起子之之乱。因此，苏代、苏厉两兄弟心虚，不敢居燕，都去了齐国。但是，苏代替齐国出使宋国，路过魏国时，魏王替燕国将他扣留。这时，齐国派人对魏王说，秦国对齐国和苏代都不信任，如果秦、齐联合，对魏没有好处，不如将苏代释放，让他回齐国，让秦国产生怀疑，使秦、齐不能联合，对魏国有利。于是魏王放了苏代。苏代离开魏国后继续赴宋。苏代在宋国作为上宾，受到款待。说客重才轻德，人气值低，但是，因地而异。

感思语

> 苏氏兄弟逃离燕，使宋过魏又遭难。
> 若非齐客游说魏，人气使其行路难。

451.燕昭王收破燕后即位

简散语

燕国乱后，太子姬平收拾烂摊子即位，为燕昭王。昭王想报齐国乘危入侵及杀父之仇。他自知燕国弱小，势单力薄，难成其志，便请教大臣郭隗共商国是。郭隗说，成帝业者以贤者为师，成王业者以贤者为友，成霸业者以贤者为臣，将灭亡者以贤者为仆役。思贤若渴，尊重、崇敬、优待人才，曲节奉贤，屈尊受教，比自己高明百倍者会光临；勤学善思，不耻下问，比自己高明十倍者会光临；能跟着人学，比猫画虎者，和自己的能力相当者会来投；凭靠几案，盛气凌人地指挥别人者，跑腿当差者会供使用；放纵骄横，粗暴骂人者，奴隶、犯人会来。① 大王如果真想强国，就要礼贤下士，广揽人才，集思广益，凝聚力量，必可成就伟业。

---

① 用这些话衡量楚汉之争不灵。刘邦爱骂人。刘邦能战胜项羽，有自己的独特优点，一是从谏如流，把别人的才智变成自己的了。二是善用人杰，如用萧何、韩信、张良、陈平……三是分利给功臣。这是政治经济学的关键内容。另外，郭隗讲的招用人才的办法，不是一般人能用的办法，而是君王用的办法，郭隗讲到称帝、称王、称霸者，其实，好的帝、王、霸应该是为人民办事的优秀者，如何理解，可参看《书经》。如果理解宽一些，可以扩展到有独立用人权者，包括私营创业者。被招用，属于臣属一类，到一般工作人员。不论什么人，都应当讲为国为他，谁搞个人利己主义，最终都不能胜。胜利最终属于毫不利己、专门利人者。

郭隗讲了一个故事。他说古时候有个国君想买千里马,三年未得。一个近臣请缨后,三个月用五百金买来一个死千里马头。国君闻报很生气。近臣却胸有成竹地说,一个死马头肯用五百金买,何况活马呢,千里马快来了。果然,不到一年,有人送来三匹千里马,大王罗致人才,可从我开始。于是,燕昭王拜郭隗为师,请其住好房,享高薪,消息传开,人才涌来。乐毅、邹衍、剧辛等都来到燕国,俊才云集。昭王吊死问孤,与民同甘苦。二十八年后,国富兵强。乐毅联合秦、楚、三晋攻齐,夺七十余城。齐闵王出逃后被杀。齐国只剩下莒和即墨了。

感思语

昏庸燕哙仿尧禹,乱燕丧国性命毙。
有志不怕国暂衰,姬平崇才振国威。
强国必须靠人才,自古传诵黄金台。
东下齐城七十二,郭隗乐毅功都在。

452. 齐伐宋

简散语

齐国进攻宋国,燕、赵助齐。苏代写信给燕昭王,欲使燕假装尊齐,劝齐攻秦,然后联秦攻齐以报仇。苏代在信中说,燕有万辆兵车,是战国七雄之一,却让齐国扣留人质,名声不好;助齐攻宋,劳民伤财,无利可图;破宋后伤楚淮北,齐地扩大,是弱己壮敌。这三条是燕策的失误。燕国想以此换齐国的信任,反而使齐国更加疑忌。齐攻下宋后,占领楚国的淮北及九夷,再加上鲁、卫等小国,土地面积就相当于原来的三个齐国了,这是燕国的大患。但是,臣下听说,智者能使祸变福,变败为胜。例如,齐人喜欢紫色,用破旧的白色生丝染紫,价涨十倍。越王曾被困会稽山,但是,后来越灭吴。这都是祸变福,败变胜的实例。苏代在信中劝燕引齐攻秦,再联秦助秦,报仇取胜。燕昭王说,苏代的信很好，燕要向齐报仇，非有苏氏兄弟不可。于是，召来苏代，重新善待，共同谋划伐齐，使齐几乎灭亡。

感思语

齐伐宋国宋危机，燕赵兵欲都助齐。
苏代致书燕昭王，别忘齐是燕仇敌。
齐吞宋与楚淮北，再夺北夷和鲁卫。
齐国扩地两倍多，面积超过三个齐。
一个齐国燕不抵，三齐临燕燕更危。
以小胜大寻常事，以弱胜强是规律。
转祸为福靠能动，智者强己不贵贼。
有时无奈暂隐忍，不将大肉让虎肥。
暗中运筹破敌策，凝心聚力为胜利。
小邦联合超大国，弱者结盟胜大敌。
大者就像浆包枣，微风吹落就成泥。①
燕国想换齐信任，反使齐国更怀疑。②
苏氏出身是农民，勤学善思通哲理。

453.苏代谓燕昭王

简散语

苏代重国家大事，不大欣赏个人修养，贬低孝、信、廉，他说曾参、孝己之孝不过是养亲，不能为国。尾生高守信，不欺骗人，不能与生命并存。鲍焦、史䲡廉洁，不过是不盗窃，不能同自身一道显贵。这

---

① 有的大国，从外表上看很强壮，其实像浆包枣一样，外光里朽烂，微风一吹，掉在地上就摔碎了，变成一摊泥水。

② 苏代说，燕国帮助齐国攻宋，是幻想换齐国的信任，其实适得其反，会引起齐国更加怀疑。

些都不过是独善其身之道,不是追求进取之路,如果认为自我完善就够了,秦兵就不会出崤山,齐兵就不会出营丘,楚国就不会兵出疏章了。三王更替,五霸革政,都是为了进取。善治国者,必会量己知人,能举千钧(钧是30斤)的乌获,八十岁也要人搀扶。齐国虽强,由于它灭宋攻楚,师劳军疲,可以打败它。苏代还讲了一个夫在朝为官,妻在家养奸,奸妇拟用毒酒为主人接风害夫,妾泼了酒,救了主人的命,保全了这个家,却挨了揍的故事。

感思语

孝信廉洁高德行,自我完善受人敬。
勤学善思进取路,成功必须有才能。
行善企望好报应,善行善果不对称。①
侍妾泼酒救主命,保奸全家受笞痛。

454.燕王谓苏代

简散语

燕昭王对苏代说,我不喜欢说假话的骗子。苏代说周国的人看不起媒人,因为媒人到男方家说女人很漂亮,到女人家说男家很富。媒婆两边说好话,假话促成了亲事。周朝有个风俗,成婚必须经过媒人,否则男人娶不了妻,只能打光棍;无媒人,女的老死在家中,嫁不出去。媒人两誉可成人之美,看来假话也有好作用。凡事都有两面性,处世绝对化是不对的,应该入乡随俗。燕昭王说你说得很对。

---

① 行善和善果不是对等的。这里的善果包括两层意思,一是行善的直接结果,如救人,人得救了。二是善报的结果,即人们平时说的善有善报,恶有恶报。善报,即好的报应。经济学上讲的物价交换,讲物有所值,平等交换。这是一种商业要求。其实,由于多种因素的影响,交换是不可能完全对等的。行善是一种施舍行为,一般不要求受善者回报,也用不着对等和双方对称。不过人们希望受善者也能成为喜欢行善的人。对于以怨报德的白眼狼,人们是不齿的。

感思语

地和人事都不同，具体分析是才能。

媒人两赞成人美，医生巧言比药灵。

听话注意出发点，意善话假好作用。

处世切莫绝对化，相对理论很高明。①

---

① 这里讲一个新中国成立初期，在农村集市上发生的故事。这年腊月，李二爷闲逛本村集市，问一个在集市卖鸡蛋的农民，他问鸡蛋怎么卖（什么价钱），农民答一毛钱俩半。李二爷说我买一毛钱的，你得好好地给我打停（即打停当，也就是把那半个鸡蛋分均匀）。卖鸡蛋的说，我给你三个吧。李二爷说，不要，我不沾你的光（即不占便宜不多要）。李二爷未买鸡蛋，只是开了个小小的玩笑。这事很快传遍全集，不久传到邻村。事虽小，有些趣味，也有点哲理性。

第三十章　燕策（二）

455.秦召燕王

简散语

秦王邀请燕王，燕王准备前往。苏代谏止，劝燕王重新搞合纵抗秦。苏代揭露了秦王大量的非礼行暴的事实，劝燕王仇秦。苏代说楚国听从了秦国的，出兵夺取了枳地，秦国灭亡了楚国（国破君逃为亡，都毁庙焚为灭）。齐国听从秦国的，吞并了宋国，秦国又灭亡了齐国。齐、楚两国不能因得枳地、灭宋国而讨好秦国，是因为秦国最恨有功的国家。秦国取天下不是靠仁义，而是靠暴行。秦国曾警告楚国，秦兵能攻楚国之速，使其聪明人来不及谋划，勇敢人来不及发怒，轻而易举。秦国也曾警告韩国，秦国五天就能攻占整个韩国。秦国警告魏国，说秦国能从水旱两路很快攻下、占领魏国。楚、韩、魏都认为秦非虚言，三国都害怕秦国。秦国想攻夺安邑，担心齐国援救，就把宋国抛给齐国，但是，秦占领安邑之后，又把灭宋之责推到齐国头上。秦想攻齐，担心天下诸侯救齐，就把齐国丢给天下诸侯，还表示决心灭齐。攻齐得手后，又说攻齐是天下诸侯之罪。秦要攻魏，便尊重和拉拢楚国，说只要对楚国有利，就是对秦国有利，魏背弃盟邦联合秦国后，秦又把攻魏的罪责推给楚国。秦对燕、赵、魏也采取出尔反尔的手段。秦王陷入困境时，就让太后和舅父穰侯出面，打胜了又欺骗舅父和母亲。秦国发动一系列的侵略战争，三晋死了数十万人，秦王却像拿绣花针一样轻松。苏代的游说使燕王不再去秦国，与诸侯结成合纵联盟，诸侯都重视苏氏兄弟。苏氏名声显耀天下。

感思语

秦王才高无人及,重术行暴不仁义。
小指轻拨乾坤转,横扫六合如卷席。
固若金汤数世力,赵高亡秦如吹灰。①
秦灭证明普通理,成事很难坏事易。

456.苏代为奉阳君说燕

简散语

苏代为燕国游说赵相李兑(奉阳君),欲使燕、赵联合伐齐,但是,李兑不听。苏代居然到齐国诬蔑赵国,让齐国与赵国断交。之后,苏代又去燕国,对燕昭王说,只要能让齐、赵关系恶化,我虽死犹生。现在不趁乱离散齐、赵,他们的矛盾解开了,重新组合后,对他们就无可奈何了。为了达到目的,死不为患,逃不为耻,封侯不为荣,装疯不为傻。苏代把生死视为寻常事。他说尧、舜贤能,禹、汤智慧,孟贲勇敢,乌获力大,都死了,世上万物没有不死的。为了实现志向,不应有疑虑。苏代认为逃跑是正常的。他说,伊尹多次逃离夏桀,投奔成汤,最后与夏桀战于鸣条之野,拥立成汤为帝。伍子胥逃离楚国,投奔吴王,最后帮助吴王打败楚国,报了杀父、兄之仇。我现在逃离燕国,打乱齐、赵邦交,也会青史留名。进行伟大事业的人,谁未经过逃亡之苦。谋大事者逃亡不是耻辱。他还列举了管仲、孔子等人的逃亡事例。

感思语

苏氏起家靠合纵,燕赵攻齐利连横。
李兑不听苏代言,攻齐反赵也不通。

---

①秦国建立,也用了几世之力。但是,赵高毁坏灭亡秦国,如同吹灰,轻而易举。世上之事成毁,多如秦,成难毁易。

阅策四语

  苏代做事决心大，为达目的不惜命。
  生老寿天看得透，认为功名比命重。
  尧舜、禹汤驾鹤去，孟贲乌获未长生。
  种收从来按节令，幻想永生不可能。①
  丹药未救帝王命，宫廷秘方不管用。
  增寿减寿说不清，心脏停跳是岁终。
  健身首重讲平衡，不及超过都不行。
  人老病少是真福，心宽胜念长寿经。②

457.苏代为燕说齐

简散语

  苏代为燕游说齐王，入齐先拜见齐王的信臣淳于髡，并向淳于髡讲了一个故事：苏代说一个人卖千里马，上市三日无人问，于是，卖马人请来伯乐，让伯乐先看了一遍马，走开后再回来又看了一遍。之后，买马者蜂拥，竞价抢购，马价立刻涨了十倍。接着苏代送给淳于髡白璧一双，黄金千镒，请求淳于髡为自己做伯乐。淳于髡从命，把苏代推荐给齐王。苏代受到齐王的敬重，如愿以偿。

---

  ① 种收都按节令，谷雨前后撒花点豆，芒种收小麦，立秋见花朵，处暑见三新，白露割谷子，种小麦是白露早、寒露迟、秋分正当时，立冬不倒针，不如土里闷。生物遵时令。增寿减寿之说，多是糊涂话，说者越说越不清，听者越听越糊涂，长寿经就是糊涂经；长生药从秦始皇时期，就开始兴盛，汉武帝和一些帝王服丹药，葛洪炼丹，至今五花八门的长寿剂，不知有几个百岁人受过其利。世间安乐，平衡最为贵，从自然界到社会历史发展，都是稳中进，破坏了平衡，就破坏了前进的根本基础，哪还能有长寿。
  ② 年老多病是正常现象。老人心宽病少是众人之福，可以本人少受罪，亲人少受累，组织、领导、社会少麻烦。老人健康，是对子女的爱护，子女健康是对老人的孝顺，老人长寿，是全家、单位、社会、国家的光荣。任何时候，都不要忘了平衡。做事不到位不行，超过也不行，过犹不及。心宽胜过吃保健品、听长寿课、念长寿经。

感思语

有人想卖千里驹，上市三天无人理。①
请来伯乐两看马，马价立刻涨十倍。
苏代为燕游说齐，先用财宝贿淳于。
淳于将其荐齐王，苏受敬重大受益。

458.苏代自齐使人谓燕昭王

简散语

公元前285年，苏代入齐，离间齐、赵关系。齐缗王昏庸，听信苏代，齐、赵断交，苏代离间成功。这时，苏代一面派人告诉燕国，说齐已孤立，请燕攻齐，同时，另派人劝说齐王，说苏代才高，可以领兵迎战燕军。苏代假推辞，真接权，把齐兵领到败路，在晋城下，齐、燕交战，燕杀齐兵二万人，齐军惨败。接着齐军攻阳城和狸邑。苏代一面向齐王假请罪，一面暗中派人说齐王，再请苏代领兵迎战燕军。说晋城之败，责任不在苏代，而是燕军天幸。苏代为报上次败军之仇，一定会努力胜敌。齐王又被骗，继续让苏代为齐军主将，在阳城又被燕军杀了三万齐兵。燕国趁机派乐毅大举攻齐，攻破齐国。

感思语

苏代在齐耍心眼，表演超过在舞台。
演员导演一人兼，领兵打仗为了败。
齐国缗王太昏庸，两次欺骗他都听。

---

①对外交往，一切行为都要为目的服务，要会宣传。货好不怕巷子深，桃李无言、树下成蹊的观念，是品位高，还是被动、迂腐、愚蠢笨拙，要研究。知识、才能、成绩都要主动推销，否则便可能埋没人才。

阅策四语

> 五万齐兵死得冤，英主后代是孬种。[①]
> 齐国始祖姜子牙，春秋首霸齐桓公。
> 子孙少了英雄气，遗传基因搞不清。

459.苏代自齐献书于燕王

简散语

苏代办事想得远，思得透，对各种人的情况多有预料。燕王派他去齐国，离间齐、赵关系，出发前，他估计到会有谗言中伤他，便对燕王提出口事问题。燕王表示不信谗言，并要像铲刈杂草一样，毁弭谗语，让他放心专意地工作。苏代在齐，离间齐、赵关系很成功。公元前286年，燕王听信近臣田伐和参去疾等人的话，对苏代产生怀疑，想派亲信盛庆接替苏代。为此，苏代写信自辩：说做间谍会遇到各种情况，在其他工作岗位上也会遇到各种情况，工作无成绩受贬斥，成绩突出受忌妒。有的人心不往工作上想，劲不往工作上使，专看别人的成绩，以便出手抢夺，像小偷，整天研究不劳而获的办法。政治上也有小偷和强盗，也会抢夺，甚至为图利，伤人害命。在现代，战争狂人发动侵略战争，是更加明目张胆的大抢夺。这是社会现象。

感思语

> 间谍是特务，任务很特殊。
> 真职在本国，官位敌国有。
> 明为敌做事，暗中搞颠覆。
> 作用非常大，不亚于战斗。
> 功小人不齿，功大人忌妒。

[①] 开国帝王多是很英明的，后代变坏是普遍的，大禹的后代有夏桀，成汤的后代有殷纣，刘备的儿子是阿斗，司马懿的后代有晋惠帝。要知历史变迁，改朝换代及其原因，应看《书经》。

行为稍不慎，会把性命丢。
无德不胜任，才能要突出，
素质很超群，忍耐各种苦。

460.陈翠合齐燕

简散语

公元前296年，齐、燕权地之战，燕败。陈翠为齐、燕重新联合，建议把燕王哙的弟弟送到齐国当人质。燕太后闻知很生气，说陈翠不能帮助燕国就算了，怎么想拆散我们母子，使我们骨肉分离，该杀。陈翠得知后，便去晋见太后，说太后爱护子女，不如平民百姓，特别是不爱护儿子。太后问此话怎讲？陈翠说，太后嫁女，陪嫁千金，土地百里，为她终身着想。如今君王想封公子爵位，群臣异口同声地说公子无功，不应受封。君王把公子送到齐国当人质，目的是让公子为国立功后，封高贵爵位，可是太后不同意。太后辞世后，公子如何掌管国家。不让公子立功，公子就没有封爵的机会。太后闻言，立刻为公子准备车辆行装，送公子赴齐。

感思语

陈翠类触龙，燕后似赵后。
人念一面理，事向多路走。
无功居大位，地位不稳固。
功大报酬少，不公难平复。①
均衡能平稳，太偏会倾覆。
社会是多彩，单一不丰富。

---

① 社会上无功获禄和功大酬少的很多，管理的水平和难度，是找到平衡点，把握平衡度，使所管能够平稳，在稳中前进。

461. 燕昭王且与天下伐齐

简散语

公元前285年，燕昭王准备联合天下诸侯伐齐。这时，有一个齐国人在燕国做官，于是，燕昭王召见此人说，寡人即将伐齐，很快就下命令了，那时你会劝阻我，我不会听你的，你不如回齐国去。如果将来我们燕国与齐国讲和，我会请你做代表与齐国谈判。当时齐、燕势如水火。燕国伐齐准备得很充分，将强兵勇，人才济济，有必胜的把握。燕昭王却想到万一有闪失，还要谈判，重建邦交。

感思语

姬平燕昭王，做事深思量。
为雪上世耻，招才使国强。
伐齐准备细，后路想得长。
万一有闪失，和谈跟着上。
燕国能翻身，善思策略当。

462. 燕饥

简散语

赵国准备乘燕发生饥荒之机攻燕。楚国一名将军去燕国，途经魏国，拜见了赵恢。赵恢对楚将说，预防灾祸不让它发生，比发生了灾祸再去解救容易得多。所以，谋士都重视防患于未然，送百金不如送几言。请您对赵王说，吴国曾乘齐国饥荒伐齐，还未取胜，弱小的越国就趁机打吴国的疲惫之师，灭了吴国。现在燕国如同齐国，赵国如同吴国。赵国伐燕未必能取胜，强大的秦国从西面进攻赵国，秦国就如同当年的越国了。楚将把赵恢的话转给了赵王。赵王称善，打消了攻燕的念头。燕王闻知，以土地加封这位楚将。

赵恢话的主旨，如《黄帝内经》之语，圣人"治未病""治未乱"，体现了防重于治的主张，很重要。但是，不治"已病""已乱"之说，要商量。现在人们不仅治已病，而且非常重视抢救危病，这也难说不对。发生乱，特别是叛乱，不管是不可以的，没有让火蔓燃之理。

感思语

> 援救受褒奖，防功少人问。①
> 救助非常好，不如祸不来。
> 谋士预言高，简言胜百金。
> 天下通此理，赵恢是圣人。②

463.昌国君乐毅为燕昭王合五国之兵

简散语

燕昭王识才，重用乐毅，任乐毅为亚卿，封昌国君。乐毅率秦、赵、韩、魏、燕五国联军攻齐，连夺齐城七十余座。齐国只剩下聊城、即墨、莒三城，彻底灭亡在即。但是，天不灭齐国。这时，英主燕昭王突然病逝，其子燕惠王继位，惠王昏庸信谗，中了齐国的离间计，用骑劫代替乐毅为将。之后，齐将田单大败骑劫，收复失地，恢复了齐国。乐毅惧诛，逃到了赵国。赵国封乐毅为望诸君。此时，燕惠帝梦醒，后悔，派人向乐毅道歉。但是，惠王不肯担当，说自己新即位，受了左右的蒙蔽，辩称撤换乐毅，是因为乐毅长期在外辛苦，想请乐毅回朝暂休息，再共商国是，还埋怨乐毅误解了他的好意，辜负了先王的知遇之恩。言不由衷的责备之语，很不负责。乐毅回答燕惠王说，自己庸碌无能，先王过高抬举。先王胸宽志大，是当时最英明的君主，功过五霸。自己出逃，是怕杀身之祸，损伤了先王的英明，使大王蒙受不义的名

---

① 援救获胜，立功受奖，但是，预防避免祸患灾害，很少有人问津。
② 懂得预防重要，并践行成功者，如赵恢式的人物，应受盛赞、表彰和奖励。

声。乐毅提出自己的修身用人之道：绝交不出恶声（不诽谤他人），出走不洁其名（不自夸自己），禄不私亲，官不授爱，论行交友。

但是，历史不是单色的，君主和功臣以及重臣之间的关系复杂，有功高震主，兔死狗烹，鸟尽弓藏，名满天下，谤遍朝野，明哲保身者有范蠡、张良等。善处历史环境的有曾国藩，特别在及时裁湘军时，暗存精锐，不自剪羽翼，没有随帝王更替而轻易消弭。乐毅虽然未能善终，仍是青史留名的杰出英雄。

感思语

战国七雄燕最小，胜齐希望很缥缈。
乐毅外交才能高，竟使强齐成弱小。
联络多国都助燕，强齐变成拙劣园。
乐毅武略更超群，统领五国实军帅。
东下齐城七十二，千古传扬青史载。
曾经功居战国首，赞誉普天冲牛斗。
乐毅为人很阳光，绝交不把他人谤。
惧诛出走不自洁，修身到家品高尚。
燕国昭王很英明，惠王笨懒糊涂虫。
后悔道歉加责备，逻辑混乱很不清。
父母要想子女好，教育学习重勤劳。
如果只重创家业，不够败家子一挑。
几世勤勉家底厚，转眼烽散打水漂。

464.或献书燕王

简散语

有人给燕昭王献书说，国君应该使自己的国家长久安宁，讲了三个办法：一是要靠本国的强盛；二是投靠强国，请求保护；三是小国联合起来，增力壮势。献书人认为，根据当时战国的情况，采取第三个办法比较实际。

献书人讲，搞联合心气一致很重要，讲了三件事：一是比目鱼单个游不快，合二为一游得非常快；二是车夫拉车，三个人拉不动，五个人能拉走，人多力量大；三是胡人和越人同舟共济，互相如同一人，同心联合，不仅是体力，更是智力。现在山东六国面临危险，如不紧密联合，最后将被秦国一一灭亡。

感思语

国君责任有底线，举措为国长久安。
弱小联合能强大，同心协力是关键。
胡、越、车夫、比目鱼，合作如一效翻倍。
竞争重在比智力，心不相合妙策废。

465.客谓燕王

简散语

苏子对燕王说，齐国攻破了楚国，压服了秦国，驱赶三晋与燕国，如同鞭打牛羊。齐国如果进攻燕国，五个燕国也抵挡不住。建议燕王派游说之士去离间齐国与各国的关系，使齐国陷入困境。燕王采纳，给了苏子五十辆车。苏子到了齐国后，先吹捧齐国强大，再鼓动齐王惩恶显名。他说宋王无道，射天打地，造诸侯肖像，立在路边的厕所门口，挖眼、割鼻、砍胳膊，最不讲道义，劝齐攻宋。宋国土地肥沃，十里能顶燕国一百里。伐宋可以得美名，获实利。齐王说好。齐国发兵攻宋三连胜，灭了宋国，战争也使齐国国乏民疲。燕国与齐国断交。燕王率诸侯攻齐，大败齐国。这是让强国逞强，欲望扩张，而实力变弱，借机挫败它之计策。

感思语

齐国力量很强大，五个燕国不如它。
苏子为了帮燕国，[①]入齐反间搞分化。
宋王低俗很无聊，造诸侯像立厕茅，
剜眼割鼻砍胳膊，不合礼仪违天道。
苏子很会抓时机，游说话语很有力。
君主想要有作为，诛暴消灭恶势力。
宋国地处膏腴地，十里胜过燕百里。
攻宋名为行侠义，实际还能大获利。
吹捧齐王顺毛划，名利都有吸引力。
齐王举兵消灭宋，兵将劳顿民疲惫。
燕国与齐断了交，率领诸侯攻击齐。
齐国无力抗联军，大小战事全败北。
齐国始祖姜太公，英祖后代少英气。

466. 赵且伐燕

简散语

赵国欲伐燕国。苏代为燕国劝说赵惠文王熄战。苏代讲了"鹬蚌相争，渔人得利"的故事。他把赵国和燕国比作鹬蚌，把秦国比作渔翁。赵、燕互争，相持不下，互相消耗，最后两国都将被强秦吞灭，请赵王深思。赵王采纳苏代的意见，停止了攻燕的计划。从此，世上有了"鹬蚌相争，渔人得利"的寓言故事和成语。

感思语

赵欲进攻燕，很快要开战。

[①] 苏子，有的版本说，这个苏子是苏秦，有的说是苏代，待考。

苏子说鹬蚌，战祸灾患免。

467.齐魏争燕

简散语

公元前285年，齐、魏两国都想争取燕国为盟邦。他们都对燕王说自己已经与赵结盟。燕疑惑难决。这时，苏秦对燕相说，可用辞卑币厚与辞倨币薄来衡量。齐国辞卑厚礼，言不真，被识破。于是，燕与魏结为盟邦，也得到赵国为盟友。

感思语

话语近同，有真有假。
判断真伪，深思细察。

第三十一章　燕策（三）

468.齐韩魏共攻燕

简散语

公元前312年，齐、韩、魏三国联合攻燕。楚国派景阳为将，率军救燕，傍晚宿营时，景阳命左、右司马各送地图、扎营，等全军树立起军营标记，景阳看后大发脾气，说这里洪水可以淹没，怎么能住宿？命令立刻转移。第二天下大雨，山洪把原来准备扎营的地方全部淹没了，将士们对景阳非常佩服。这时，楚军没有去援燕，而是就近夺取了魏国的雍丘，并送给了宋国，使齐、韩、魏都很恐惧，攻燕停止。魏军在西，楚军在东，挡住楚军回国之路。景阳命令打开军营西门，白天车马往来，晚上烛光通明，还常派使去魏营。齐国怀疑燕、楚与魏谋图自己，撤退。魏失去盟国，夜逃。楚军平安班师。

感思语

楚将景阳很高明，见扎营图知防洪。
救燕就近夺魏城，[①]撤军受阻用疑兵。

[①] 此法近似围魏救赵。

469. 张丑为质于燕

简散语

齐臣张丑在燕国做人质，燕王想杀死他。他逃跑了。快到边境时，被守边的燕国官吏抓住了。张丑对边境官吏说，有人对燕王说我有一颗宝珠，燕王想得到它，可是，我把宝珠丢了，燕王不信，要杀我。如果你把我交给燕王，我就说你抢了宝珠，吞到肚里了。我是要死了，可是，你们不能立功，还要剖肠寸断。官吏怕极了，把张丑放了。

感思语

齐臣叫张丑，质燕像囚徒。
燕王欲杀他，他慌忙逃走。
跑到边境上，边官将他囚。
张丑放诈语，边吏吓昏头。
官怕肠寸断，将张丑放走。

470. 燕王喜使栗腹以百金为赵孝成王寿

简散语

燕王姬喜派大臣栗腹携百金重礼，到赵国为赵孝成王祝寿，饮酒三日后，栗腹回报燕王说，赵国的中、壮年都死在长平了，遗孤还未长大，可以乘机进攻赵国。燕王询问昌国君乐间可否，乐间表示不可以。燕王不听乐间的意见，派栗腹领兵四十万进攻鄗邑。派庆秦领兵二十万进攻代地。赵国派廉颇率八万兵迎击栗腹，派乐乘率五万兵迎击庆秦。赵军以少胜多，燕军大败。乐间因燕王不纳其言，出逃到赵国。这时，燕王后悔，派人给乐间送信，说自己无能，没有听乐间的话，致使乐间弃国而去，希望乐间回国，继续效力。要求乐间帮助自己掩盖错过，说家丑不可外扬。自己虽然有过错，但是，没有殷纣王那样严重，请不要张扬我的过错。张扬别人的过错，自己也不光荣，一举两失。乐间见燕王向坏典型殷纣王看齐，责备、教训多于自省，不是改过的态度，所以，乐间未回燕国。

感思语

> 燕王看似很大方，百金祝寿赵国王。
> 知弱不帮思入侵，露出燕王心眼脏。
> 积德必能成圣贤，尧舜禹汤颂万年。
> 姬喜算是哪路仙，搬来殷纣做样板。①

471. 秦并赵

简散语

公元前236年，秦国兼并赵国后，又命令赵国进攻燕国。燕王闻信，派使向秦王祝贺。

燕使过赵国被扣留。燕使对赵王说，燕国服从赵国，是因为秦、赵合一，赵后有强秦。臣下出使秦国被赵国扣留，说明秦、赵有隔阂，这样，燕以后就不接受赵的命令了。赵国觉着此话有理，就放了燕使。燕使到了秦国，对秦王说，燕王听说秦国兼并了赵国，就派臣下送来千金祝贺，不过，赵国独立的时候，因为国土狭小，与秦国对抗了五十多年，没有战胜秦国。现在大王让赵吞燕，赵、燕合一，赵国强大了，就不一定听从秦国的了。这是秦国的后患。秦王认为此言有理，于是，把

---

① 燕王姬喜认为自己还未达到殷纣王那样坏，可属实言。但是，他为自己树的标杆是殷纣王，不愁坏透。向好的看齐能进步，以坏人为榜样，全面快速滑坡是必然。现在，也有的负责同志，当有人给其提出单位的某些不足，并建议改进时，往往拿其他单位的问题作辩解，结论是，我们和他们相比，还不算太差。这样的负责同志，虽然在中下游，可是，他一直回头看最后，此人似是姬喜的徒弟，应改名："如姬喜"。

令赵国吞并燕国的命令,改为让赵发兵援燕,使燕国免遭战祸。

感思语

秦欲灭亡燕,命赵冲在前。
燕使善言词,攻击改救援。

472.燕太子丹质于秦

简散语

在秦国做人质的燕太子姬丹逃回燕国。他看到秦国将要吞并山东六国。秦军已逼近易水,战火已烧到燕国边境,心急如焚,请太傅鞫武设法解救。太傅表示,秦国势大,我们不遇陵生怨,轻易触摸逆鳞,怎么办,让我深思熟虑后再回答。这时,秦将樊於期逃到燕国。太子丹将其收留。太傅对太子说,秦王凶残,一直想攻燕,使人胆战心惊,收留樊将军,如同给饿虎投肉,灾祸难免,即使管、晏在世,也无力回天,请快让樊将去匈奴,然后我们西联三晋,南合齐、楚,北与匈奴讲和,共同抗秦。太子说,太傅的计划太大,行施旷日持久,我心急难等;樊将军穷途末路来投,我不忍打发。请太傅另想办法。太傅推荐田光。

太子跪迎田光,避人说明意图。田光说骐骥盛壮,日驰千里,至其衰也,驽马先之。说自己年老,精力消亡,推荐荆轲。太子请求引见。田光离开时,太子嘱咐保密。田光笑诺。

田光向荆轲说明太子意图,请荆轲见太子,并说,长者不行,使人怀疑,太子告诉我勿泄,是疑我,未行使人疑,非节侠士,愿足下告诉太子,田光已死,以表明其言未泄。田光遂自杀。荆轲见到太子,说田光已死,表明言未泄。太子闻言大痛,但事已无可奈何。然后,太子向荆轲说明形势和设想。良久,荆轲才表示,任务太重,己不胜任。太子长跪固请,荆轲才勉强答应。于是,燕尊荆轲为上卿,一切待遇头等。

这时，秦已灭赵，兵至燕国南界。太子恐惧，对荆轲说，秦兵旦暮渡易水，我想长期侍奉足下，也不可能了。荆轲说，我正想请求出发，只是需要带上秦王最喜欢的礼物，以便行事。现在秦王最喜欢樊将军的首级和大片国土。太子表示不忍伤害樊将军。之后，荆轲私下见樊，说秦王对樊将军过分残忍，杀父母，灭宗族，并以千金和万户邑购将军头，问樊如何打算。樊无奈、落泪、长叹。荆轲说，我想把将军的头和督亢地图献给秦王，秦王必定接见，趁机将秦王刺死，为将军报仇，为太子安燕，将军可舍得。

樊於期闻言，惊喜过望，立刻自刎献首。太子闻知，伏尸大痛，已无可奈何，只得函首和督亢地图，并派侠士秦武阳为副手，随荆轲赴秦。

荆轲认为秦武阳非精胆之人，不是理想的助手，便约自己的朋友同行。朋友家远，还未来到。太子急催，荆轲生气，带怒出发。

燕国君臣孝服相送。荆轲的朋友高渐离击筑，荆轲和唱："风萧萧兮易水寒，壮士一去兮不复还。"人皆怒发冲冠。荆轲终已不顾（始终未回头看）。

荆轲到了秦国，千金贿赂秦王的宠臣蒙嘉引见。秦王在咸阳宫大礼相迎。荆轲捧着樊於期头的函上殿。秦武阳捧着地图匣跟随。秦武阳胆怯，变色、冒汗、筛糠，未上台阶。荆轲回头笑看秦武阳，向秦王谢罪，并奉秦王之命，把地图匣接过来上殿。展图尽，匕首现。荆轲左手抓住秦王的袖子，右手抓起匕首刺秦王。秦王挣断衣袖躲开，绕柱躲逃。事发突然，殿上大乱，群臣无兵器，以手挡。御医夏无且用药囊投荆轲。秦王拔剑，砍断荆轲左股，血流满地。荆轲知事不就，倚柱箕踞笑骂：事所以不成，是想生擒以报太子。群臣杀死荆轲。

秦王目眩良久，之后论功行赏，赐夏无且黄金二百镒。秦王命王翦伐燕。燕王和太子率精兵退保辽东。秦将李信追击不止，五年燕灭。

燕昭王志大才高，收破燕，招良才，使燕一振。燕惠王昏庸，废良用莠，燕王速衰。燕王喜投机害邻，攻赵惨败。气走乐间。太子丹欲强国，但识短急功，想速胜，反速灭。三人行必有我师，燕国非无人才,田光闲老,荆轲等长期闲置,贤才非此二人。有才不用,致使国家颓废,类同丢珠。

感思语

虎视眈眈秦窥燕,忧心如焚太子丹。
郁闷烦躁於期到,一筹莫展田光见。
姬丹恭敬求高策,田光自言骐骥衰。
赤心诚意荐荆轲,为保人格田光刎。
姬丹尊才待人敬,接见叩头还膝行。
先讲战国总态势,再说燕国势已穷。
自己打算分步行,行刺、外交、搞合纵。
其中行刺做主策,先叫秦国乱起来。
荆轲艺高重义行,战国大势并不清。
听了太子如此讲,心中无数不吭声。
良久才说已碌庸,力微难胜此使命。
太子长跪固求请,荆轲无奈勉强应。
燕尊荆轲为上卿,各种待遇高到顶。
荆轲为人很细心,助手想找合适人。
约同朋友一起行,朋友路远要久等。
此时王翦灭了赵,秦兵已到燕边境。
秦若北进渡易水,燕国生存成问题。
形势紧迫太子急,委婉来把荆轲催。
百金购来徐匕首,还派武阳做助手。
送行官友白衣帽,如同出殡送大孝。
高渐离演奏击筑,荆轲唱和未回头。
到了秦国托关系,送给蒙嘉千金礼。
宠臣蒙嘉报秦王,两件礼物秦王喜,

阅策四语

一是樊於期首级，重赏金、城无消息。①
二是燕国督亢图，不动甲兵得土地。
燕王要求也较低，诸侯同列就可以。
秦王听了很高兴，咸阳宫行九宾礼。
荆轲懂得人胆气，一眼就能看清晰。
气黄骨白血胆红，精胆大度很从容。
秦武阳是骨胆型，疑关键时出问题。②
荆轲从容上金殿，武阳胆虚身打战，
筛糠冒汗脸色变，荆轲笑着语搭讪。
武阳害怕未上殿，助手工作没人干，
荆轲接图再上殿，展地图请秦王看，
图展尽而匕首见。荆轲抓住秦王袖，
匕首刺向王胸前。秦王抽身衣袖断，
闪过匕首躲劫难。荆轲一下未刺中，
赶着秦王绕柱转。如果武阳也上殿，
关键时刻帮助拦，秦王逃命更加难，
瓮中王八怎生还。③事件发生很突然，
大臣、卫士都傻眼。秦王身上背宝剑，
心慌手不听使唤，咸阳宫里一团乱。
御医名叫夏无且，投药囊把荆轲拦。
群臣乱喊王负剑，秦王梦醒拔宝剑，
一剑荆轲左腿断。荆轲倒地投匕首，

---

① 秦国悬赏黄金千金和一座万户城邑，购买樊於期的头，几个月都没有消息。

② 荆轲认为，秦武阳是骨胆之人，比精胆者的胆略素质差一等，特担心他在关键时刻顶不住。结果是怕处见了鬼。

③ 荆轲自知力薄，难当大任，所以邀朋友同行相助。但是，朋友路远，暂时没有到来。太子选的助手秦武阳不理想。可是，历史发展不等人，秦兵进逼快，太子催得紧，只好带怒出发。怕处有鬼，在关键时刻，秦武阳因胆气素质不足，表现失常，秦武阳未能上殿，形同废品。助手位空出，方便了秦王逃躲。如果助手到位，秦王可能命休，战国结局将另写。天不灭秦，假设的历史不算数。

秦王闪身躲过患,匕首扎在柱上边。
荆轲坐地哈哈笑:两刺所以都不中,
是想活捉建异功。秦王继续刺荆轲,
连刺八剑满殿血。这时群臣拥上前,
荆轲被剁稀巴烂。秦王目眩似魂散,
良久精神才复原。论功行赏有升贬,
命拿黄金二百镒,送交无且作赏钱,
并命王翦攻灭燕。燕王、太子与近臣,
逃到辽东想保全。秦兵猛追不放松,
燕把太子首级献,秦王大怒不赦免。
大势所趋是统一,分久必合是必然。
春秋战国已乱够,秦灭六国是自然。
姬丹幻想延国祚,机关算尽也枉然。
荆轲本是一游侠,力量与秦差很远,
雀蛋怎把巨石拦。荆轲胆大义气高,
献身精神非常好。"风萧萧兮易水寒,
壮士一去兮不复还。"图已穷而匕首见,
行为能够扰心神,传唱英雄数千年。

第三十二章　宋卫策

473. 齐攻宋

简散语

公元前328年，齐国想进攻宋。宋国臧子到楚求救，楚王满口答应救援，非常爽快。臧子在回国的路上愁眉不展。车夫问，为何求救顺利还不高兴？臧子说，齐国强大，宋国弱小，救小宋而得罪大齐，楚国应该担忧。楚王答应得很痛快，是为了坚定我们抗齐的信心。齐、宋交战，双方都消耗，对楚国有利。后来，齐夺宋五座城，楚国按兵不动。

感思语

齐国欲攻宋，宋求救于荆。①
楚王满口应，始终未出兵。
战国互为敌，友邦无真情。
车夫和使臣，对话见水平。②

474. 公输般为楚设机

简散语

能工巧匠公输般（鲁班），为楚国制造云梯，准备攻打宋国。宋国

---
① 荆就是楚。
② 车夫只看表面，使臣看得深透。

人墨翟（墨子）闻知，步行三千里，去见公输般，对公输般说，我想借您的力量去杀宋王。公输般说，我讲道义，不杀人。墨翟说宋国无罪，你帮助楚国制造云梯，准备攻宋，这是不杀少数人。公输般非常服气。墨翟问楚王，说有人家有好车、好衣、好粮、肥肉，却要偷别人的破车、破衣、糠皮，这是什么人？楚王说这是得了贼病的人。墨翟说，楚国富足，宋国贫乏，楚国攻宋国，楚国就像得了偷窃病的人一样。于是，楚国撤销了攻宋的计划。

感思语

墨家爱和平，吃苦又讲理。
富贼患偷病，侵略是窃贼。
墨子讲故事，战祸没有起。
文艺力量大，内寓圣哲理。

475. 犀首伐黄

简散语

公元前355年，魏将公孙衍（犀首）率军攻打宋国的黄城。经过卫国时，派人对卫成侯说，我军路过大国郊外，大国不来慰问，太没礼貌了，并威胁说，攻下黄城后，将兵临大国城下。卫成侯惊恐，忙用成束的好丝帛三百捆，黄金三百镒，欲让使者带去。卫大夫南文子阻止说，他如果攻下黄城，立了大功，得了美名，朝臣忌妒，会谗毁他。他再愚蠢，也不会待在卫国等谤议，必然迅速回朝。他如果攻不下黄城，惊恐败逃，还怕受处分，哪还敢攻卫，加重战败之罪。所以，他胜负都不会再来扰卫。果然，犀首攻下黄城后，率师匆匆回国。

感思语

犀首想敲诈，成侯很害怕。

> 文子思析透，建议别理他。
> 得胜不肯来，败逃更无暇。
> 胜利匆匆去，未再扰卫家。

476. 梁王伐邯郸

简散语

公元前354年，魏惠王（梁王）进攻赵都邯郸。魏命令宋国也出兵攻赵。宋在魏、赵、宋三国中最弱小，不敢违抗魏国的命令，也不敢惹赵国，便向赵国请教，两国共商，宋国出兵虚围赵国一座边城，应付魏国。宋照策行事，便有恩于两国，魏、赵都高兴，宋获好名。

感思语

> 赵魏宋三国，宋国最弱小。
> 赵魏翻了脸，魏令宋打赵。
> 宋王很无奈，便向赵求教。
> 赵宋共订策，宋国假打赵。
> 宋兵瞎热闹，魏王认为好。
> 赵国未受害，赵王也不恼。

477. 谓大尹

简散语

宋国的执政卿称大尹（相当宰相）。宋康王即位时年幼，由太后听政，太后倚大尹。有人给大尹出主意，请楚国祝贺宋君的孝行。这样，宋君不收太后的权。宋君晚亲政，太后听政的时间长，大尹操实权的时间就长。

感思语

宋君年岁小，国政太后操，
太后靠大尹，大尹地位高。
少主年岁长，亲政将来到。
幕僚教宰相，大赞君主孝。①
孝子晚亲政，实权宰相操。
表面颂主孝，为把权多剽。

478. 宋与楚为兄弟

简散语

宋国与楚国结为兄弟之邦。公元前286年，齐攻宋，楚国答应救宋。这时，宋国要与齐国讲和，齐不答应。苏秦劝齐答应，借以激怒楚国。楚国闻知宋与齐讲和，大怒，与宋断交。之后，齐、楚和好。宋国弱小孤立，难以存活。

感思语

楚国、宋国结盟邦，齐攻楚救很正常。
宋竟张扬与齐和，惹得楚国反了腔。
楚宋断交楚齐和，宋国孤立无人帮。
弱小又无真朋友，灭亡容易如反掌。

---

① 一个朝代，往往是权在上，智能在下。帝王掌权，宰相操持，幕僚出主意。君会用下智者胜，否则会败。君主最会用下智者是刘邦，善用三杰（萧何、韩信、张良）。周文王用吕尚、刘备用孔明、朱元璋用刘伯温等等，也很出色。不会用下智的也很多，如吴王杀了伍子胥，亡国，袁绍不会用谋士，自己逞强，惨败。用下智是能力和指挥艺术的集中表现之一。

阅策四语

479. 魏太子自将

简散语

公元前341年，魏太子申亲自率军攻打齐国的莒邑。路过宋国的外黄城时，外黄城的徐子对太子申说，太子亲率大军攻齐，获全胜不过得人小城莒邑。这对太子拥有的魏国，贵称魏王相比，微乎其微。如果战败，将失去魏国王位，太不合算了。太子申说，我立刻收兵回国。徐子说晚了，回不去了。想利用战争得到好处的人很多，他们不愿意回去。太子上车要回国。车夫说刚出师便回，与战败一样，不如前进。于是继续前进，交战失败，太子战死。太子搭上性命，万事皆空。

感思语

未雨绸缪预则立，大小行动先思虑。
行事最重在开头，万端关键数这里。
太子进退听车夫，储君见识逊于徐。
经营必须计成本，赔赚都应先算细。
最好结果想到顶，最差结局料到底。
兴师动众进攻齐，胜得莒邑蝇头利。
未知战败丢性命，太子本钱全成灰。
行动之前思未透，糊里糊涂成了鬼。
勤学善思手脚轻，脑懒体沉难挪动。
深思熟虑良策来，善思慎践事能成。①

---

① 善思者，良策多、精、周，勤学慎践者，事易成，懒者必笨，万事难。

480.宋康王之时

简散语

公元前286年,有人对宋康王说,有一只雀在城墙角孵出一只鹯(大猛禽),康王让太史占卜。太史说以小生大,吉,是成就霸业的预兆。康王听了非常高兴,热血上脑,出兵灭了滕国,攻伐薛地,夺取淮北,射天笞地,砍了土神、谷神的牌位烧掉,自称威力可以降伏神鬼,骂劝阻的老臣,劈驼背者的后背,砍断早晨蹚水过河者的小腿骨,疯狂作恶,以恶应祥,国人恐慌。齐国趁机来攻,兵民逃散,无人守城。康王逃到倪侯家中,被齐兵搜出杀死。宋康王以残暴害己、伤民、误国结束。

感思语

小雀孵鹯不可能,康王信卜灭了滕。①
进攻薛地夺淮北,自信可霸加快行。
射天笞地混账凶,砍土谷神扔到坑。
自称威可降鬼神,老臣劝谏骂声应。
帽不遮颜称绝勇,剖伛锲胫国人恐。
齐国趁机来进攻,兵民逃散不守城。
佛家导善讲报应,祸因恶积福善庆。
并非鬼神能显灵,作恶多端人不容。
占卜吉祥康王疯,杀死康王是齐兵。②
称霸不成身先死,吉兆不灵恶报灵。

---

① 有人见凶兆能吓傻,宋康王是见吉兆喜过了头,乐极生悲,高兴疯了。
② 鬼神无灵,吉凶兆不准,事皆人为。康王不是鬼神作法抄魂没,而是被齐兵杀死。

481. 智伯欲伐卫

简散语

智伯想攻打卫国，为了麻痹卫国，就送给卫君四匹良马，一块白璧。卫君高兴，群臣祝贺，南文子却面露忧色。卫君问故，南文子说，小国给大国送礼正常，大国给小国送礼反常，应谨慎。卫君把文子的话告诉了边境官兵，叫他们加强戒备。智伯起兵欲袭卫，见卫国有准备，立即撤退，说卫有贤能，已预知我谋。

感思语

智伯谋划进攻卫，送礼给卫欲麻痹。
卫国君臣瞎欢喜，只有文子显愁眉。
文子道出心中疑，哪有原由白送礼。
恐怕此中有玄虚，卫君醒悟抓战备。
智兵到境即撤退，因见卫国有防备。
智说卫贤知我谋，我军只好全撤回。

482. 智伯欲袭卫

简散语

智伯想偷袭卫国，让太子颜出逃，投奔卫国。南文子说，太子颜是很受智伯宠爱的儿子，无罪出逃，事有蹊跷，于是，派人到边境迎接太子，并告诉边境官兵说，来车超过五辆，绝对不许其入境。智伯知道卫国已觉察其谋，停止了偷袭计划。

感思语

智伯总想攻取卫，指使太子假逃离。

假装有难投奔卫，此举引起文子疑。
太子颜是智宠儿，怎么忽然就逃离。
文子派人迎太子，车过五辆挡回去。
智伯本想搞突袭，又被文子顶回去。

483.秦攻卫之蒲

简散语

秦将樗里疾率军攻打卫国的蒲邑。卫人胡衍对樗里疾说，您攻蒲邑对秦国不利，反而对魏国有好处。自从秦国夺取了魏国的河西地之后，因魏国弱小，一直没有能力收回。您夺取蒲邑，卫国必然投向魏国，魏、卫合一，魏国就强大了，就有力量收回河西了。秦王见您的行动损秦益魏，必然怨恨您，对您没有任何好处，您不如放弃蒲邑，我去对蒲邑守备说已经休战。这样，卫君也会感谢您。樗里疾采纳。胡衍对蒲邑守备说，已经说服秦将撤军。蒲邑守备闻言，连连向胡衍叩谢，并献三百镒金币，还说要报告卫君，给重赏。樗里疾得了三百镒金币，同时，受到卫君的感激。

感思语

养兵为国安，保土固疆域。
胡衍樗里疾，轻公重私利。
免一场战祸，对民很有益。

484.卫使客侍魏

简散语

卫国派一名客卿到魏国侍奉魏王，魏王三年未接见。客卿请梧下先生帮助引见，并许给梧下先生百金酬谢。梧下先生答应后，便去见魏王。梧下先生对魏王说，听说秦国要出兵，不知秦兵所指。请大王专侍秦王，不要有其他打算。魏王说好。梧下先生便快步走出去，走到廊门又返回来说，恐怕侍秦已经晚了。魏王说，何以见得？梧下先生说，要求别人服侍自己，都很急，要去服侍别人多缓慢。大王对卫国来服侍自己的人，三年都未接见，要去服侍他国，一定会更慢了。魏王听了，立刻传令接见卫客。

感思语

> 梧下说魏王，先讲秦动兵。
> 语兵警开路，触魏王神经。
> 卫使三年冷，梧下开口通。
> 说话讲技艺，善思抓髓精。

485.卫嗣君病

简散语

公元前283年，卫嗣君病重，卫臣富术对同事殷顺且（jū）说，你按我的话一字不改地劝谏嗣君，嗣君必定会对你很好。嗣君过去崇尚华丽，人多投其所好，没有人谈治国。人临终心情不一样。你可以对嗣君说，您以前作为荒唐，信用非人，这样下去，卫国的祖先公孙氏的祭祀将断绝。卫嗣君听了说好，当即把相印交给了他，并嘱咐说，我死后你控制国家，辅佐新君。嗣君逝，其子即位，根据先君遗命，殷顺且任相，辅君治国。

感思语

> 富术善思虑智深，言如珍珠字似金。
> 嗣君闻言像得宝，富术懂君临终心。

殷对富术极听信，一字不动说与君。
嗣君临终闻善言，当即委殷宰相任。

486.卫嗣君时

简散语

卫嗣君当政时，卫国有一个叫胥靡的罪犯逃到魏国。卫国想用百金将这个罪犯赎回来审判。魏国不同意。卫君想用左氏城邑换这个罪犯。大臣都说不值得。可是，卫君认为法治事大，如果民无廉耻，不遵法，有十座城也没有用。卫嗣君当政四十二年，功过相当，政绩很一般，但是，重法观念很清楚，临终时将相印授给殷顺且，说明他政治上不糊涂。

感思语

罪犯逃到魏，不惜百金赎。
魏国不同意，城邑换罪徒。
嗣君重法治，足使众官服。

487.卫人迎新妇

简散语

卫国有人迎娶新妇。新妇上车就问骖马是谁家的。车夫说是借的。新妇说打骖马，别打服（辕）马。新娘到婆家刚下车，就对伴娘说，快去灭掉灶膛的火，以免发生火灾。新娘进屋，看见地上有块石臼，就说把它搬到窗外去，在这里影响走路。婆家人听了都笑她。其实，这三件事，除了打骖马显着太自私、很露骨外，灭火、移臼都很必要，只是语出稍早，提醒人凡事都应恰如其分。

感思语

鞭笞骖马太露骨,应该灭火与移臼。

正确主意贵适时,美食必定讲火候。

第三十三章 中山策

488. 魏文侯欲残中山

简散语

魏文侯想灭掉中山国。这时，赵臣常庄谈对赵襄子说，魏国吞并了中山，赵国就会随之灭亡。为了生存，可请魏文侯的女儿公子倾做赵国王后，并把王后的食邑封在中山。这样，中山就能继续存在，赵国也就安全了。

感思语

> 魏欲吞中山，赵国亦危险。
> 庄谈出对策，赵后魏倾占。①
> 联姻如成功，食邑在中山。
> 中山保住了，赵国必安全。

489. 犀首立五王

简散语

公元前323年，魏将犀首拥立齐、赵、魏、燕、中山五国国君为王。齐王认为，与中山君并称为王是耻辱，欲联合赵、魏伐中山，废其

---

① 魏倾：魏文侯的女儿公子倾。

阅策四语

王号。中山君闻信很害怕,把齐王欲为告诉了大臣张登,请张登设法解救。张登驱多车,带厚礼,拜见齐相田婴。张登对田婴说,齐国欲伐中山的想法很错误。这样,中山会自动废王号,归顺赵、魏,这等于把肥羊赶给赵、魏吃,对齐国没有好处。张登建议田婴召见中山君会面,并允许他称王,中山君会高兴,再让中山与赵、魏断交。从而激怒赵、魏,使赵、魏攻中山。中山告急,会侍奉齐国。这比白为赵、魏赶羊好得多。田婴称善,但是,齐国大臣张丑反对。张丑说同欲相憎,同忧相亲。这样,齐国得到好处,中山高兴,其他国家会心寒意冷,得罪他们;张登善用小计谋帮助中山君,他的话不可信。田婴把张丑的话当耳旁风,不理睬,竟然召见了中山君,许其称王。张登又对赵、魏两国说,齐国要攻取你们的河东地。齐国原来反对中山君称王,现在召见了中山君,许其称王,这是想借用中山的军队。你们可用抢先允许中山君称王的办法,阻止齐与中山联合。赵、魏两国采纳了张登的意见,同意中山君称王,表示非常亲近。中山便与齐断交,归顺了赵、魏。

感思语

犀首拥立五国王,齐觉中山不相当。
联合赵魏伐中山,中山害怕着了慌。
忙请张登出主意,张登大礼拜齐相。
登说齐举不高明,[①]中山将投赵魏王。
得罪中山无利图,白给赵魏送肥羊。
登请齐相召中山,同意中山也称王。
中山高兴绝赵魏,赵魏发怒动刀枪。
中山弱小难抵挡,只好投齐靠齐王。
齐国得利更强盛,不给赵魏白送羊。
齐相田婴欲照行,齐臣张丑不赞成:
"欲望相同互憎恨,忧虑相同相亲近。

[①] 登:指张登。

  张登为了保中山，说的好处不可信。"
  张丑之言很中肯，田婴只当风一阵。
  召见中山许称王，损失超过白送羊。
  张登又说赵与魏，齐国想夺河东地。
  齐与中山拉关系，想让中山出军队。
  建议赵魏联中山，三国联合对付齐。
  田婴也算贤能相，贪礼上了张登当。

490.中山与燕赵为王

简散语

  公元前323年，中山与燕、赵两国准备同时称王。齐王认为自己是万乘之国，中山只有千辆兵车，国小不配称王。于是封锁关隘，不许中山使者通过，并拟割让平邑之地贿赂燕、赵，让他们出兵进攻中山。中山君很忧虑，请大臣张登设法解救。张登说不用忧虑，我去游说燕、赵，让他们协助君主称王，此事便会平息。张登设想了一套游说齐、燕、赵的方案，并与中山君进行了演练。张登设想自己到了齐国，对齐王说，大王为了废掉中山君的王号，准备割地给燕、赵，想让燕、赵出兵，共同伐中山。这样做浪费钱财，而且会出危险。割地给赵、燕是增强敌人的力量，出兵攻中山，是首先挑起战祸，齐国也得不到好处。大王如采用我的策略，不用割地和出兵，便能把中山的王号废掉，办法是派特使告诉中山君，我齐国封锁关隘，是因为中山想与燕、赵称王，中山没有告诉我们，如果中山派人告诉我们，我们也会帮助中山称王。中山君听说齐国也支持自己称王，会瞒着燕、赵，暗暗与齐王会面。燕、赵知道后，一定会气愤中山暗与齐联系，与中山断交。这时，齐国也会趁机与中山断交。中山孤立了，王号怎么能不废除？此办法齐王一定会赞成。中山君问保留王号的办法。张登说，这也是保留王号的策略。君主可把齐王的话传给燕、赵，燕、赵会说，齐国割地给我们，原来不是想去掉中山的王号,而是离间我们和中山的关系,而他们与中山友好。这样,即使齐国割让一百个平邑,我们也不接受。中山君认为此策甚妙。于是,派张登先后分别游说燕、赵、齐,使燕、赵不再与齐国来往,支持中山称王,此事平息。

感思语

齐王心性很不善,割地贵敌挑战乱。
举措理念不成熟,折本营生不应干。①
张登游说准备足,想出方案演练熟。
做事态度极认真,强大跟着弱小走。②

491. 司马憙使赵

简散语

中山国大臣司马憙("憙"同"喜")让赵国为自己谋取相位,被同朝为官的公孙弘得知。一次,公孙弘与司马憙陪同中山君外出时,公孙弘对中山君说,做臣子的借大国声威谋取相位,应如何处置,中山君说,"杀了吃肉"。司马憙闻言,急忙谢罪。中山君说知道了。其实,公孙弘的揭发,因为当着司马憙的面,没有说明事由。司马憙谢罪,也没有说何罪之有。这件事,公孙弘和司马憙都心明意会。中山君嘴里糊答糊应,心里一盆糨糊。过了一段时间,赵国派使来,为司马憙求相国职位。中山君怀疑公孙弘想借他"杀了吃肉"之语,陷害司马憙,为此,把公孙弘逼迫出走。

---

① 折本是赔本的意思。营生是经营生意。全句的意思是赔本的买卖不能干。
② 张登的方略系统实际,落实很认真,齐、燕、赵都比中山强大,均落入其彀中,都按着中山的计划行事。用智不同,强弱在不知不觉中换了位。

感思语

公孙揭发未说清，司马谢罪未道明。
君主糊涂充明白，中山早亡很合情。[①]

492.司马憙三相中山

简散语

司马憙三次出任中山国的宰相。可是，中山君的宠妃阴简很忌恨他。这时，大臣田简对司马憙说，现在赵国的使臣来中山探听情况，您可以把阴简的美貌告诉赵使，赵王一定会索要阴简。国君如果把阴简送给了赵王，就去掉了您的内患。如果国君不肯把阴简送给赵王，您就劝国君立阴简为正妻。阴简感激您的恩德，内患就变成了帮手。于是，司马憙就对中山君说，不给会惹怒赵王，很危险，那么，就把阴简立为正妻，世间没有要人正妻，因得不到而成怒的。中山君采纳。这样，说服了赵国，帮助了阴简，并使阴简与司马憙变为好友。

感思语

司马三次任国相，竟与宠妃结仇肠。
田简因时献妙策，消患弭仇友谊长。

493.阴姬与江姬争为后

简散语

中山君的宠妃阴姬恶宰相司马憙，是司马憙的内患。司马憙很想改善与阴姬的关系。改善关系要有适当的时机和给对方好处。正巧，这时江姬和阴姬争王后之位。司马憙抓住时机，主动对阴姬的父亲说，争

[①] 君主糊涂充明白，是中山国早灭亡的本源之一。谁充明白结果不佳都是必然。

当王后，成功了可以先得封地，统治百姓；如果失败了，可能丢掉性命。我可以帮助阴姬当上王后。阴姬的父亲便向司马憙叩头跪拜。于是，司马憙便向中山君说，我已经知道了削弱赵国，使中山强盛的办法了。中山君说快讲给我听。司马憙说，我应先到赵国考察一番，回来才能报告。中山君就派他去访问赵国。司马憙见到赵武灵王说，我听说赵国出美女，可是我到赵国，走城过邑，从首都到乡村，未见过一个天姿国色。我游各地，从未见过像中山的阴姬那样漂亮的女子。阴姬美过天仙，无语可表。赵王动心，说希望能得到阴姬。司马憙忙说，我说走嘴了，这不是臣下能管的，希望大王不要泄露。

司马憙回到中山，对君主说，赵王不贤明，不喜欢道德仁义，喜美色暴力，还想得到阴姬。中山君闻言，脸色大变，很不高兴。司马憙接着说，赵国强大，赵王要阴姬，大王不给，国家危险。要把阴姬送给赵王，诸侯会耻笑大王，不如快立阴姬为王后，世上没有要人王后的，赵王要，邻国也不答应。这样，就断了赵王索要阴姬的念头。中山君采纳。

司马憙帮助阴姬争到王后位，阴姬全家感谢。原来阴姬是司马憙的内患，现在成了支持司马憙的内线。司马憙为阴姬办事，实际上是为自己铺路，修保护墙。

感思语

宠妃厌恶司马憙，宰相设法改关系。
帮助阴妃当王后，为此借助赵王嘴。
与君说想访赵国，学强中山弱赵技。
君主对此感兴趣，立即派他去学习。
他到赵国没学习，宣扬阴姬如仙女。
溢美之语天花坠，撩得赵王着了迷。
赵武灵王要阴姬，司马急忙改口气。
他说臣下不敢议，方才之语是溜嘴，
大王可别说出去。回到中山报君主，

便把赵王狠贬抑。赵王不贤不好德，
不仁不义喜暴力，听说还想要阴姬。
君主闻此脸色变，司马话语赶得急：
赵是大国尚武力，不送阴姬国将危。
如把阴姬送过去，诸侯必定笑话您。
进退两难又生气，君主不知如何对。
司马立即献妙计，快封阴姬为正妻。
世上不兴夺王后，赵夺邻国也不依。
君主闻言如获宝，马上立阴为正妻。
阴妃占据王后位，全家感激司马憙。
费尽心机出够力，司马究竟为了谁？
转弯抹角玩心机，圈子绕够达目的。
铁座宰相司马憙，忙活就为保相位。

494.主父欲伐中山

简散语

公元前307年至295年，赵武灵王想攻打中山国，派李疵去侦探情况。李疵奏报说，可以进攻中山，如不快用兵，恐怕会落在别国的后面。因为中山君拜访了住在穷街窄巷的读书人达七十家之多。赵王说，这是贤君，怎么可打？李疵说，他只举用读书人，使耕者懒惰，战士怯懦贪生，是亡国之举。

搞管理必须注意平衡，不可单打一。顾此失彼必败。曾国藩的父辈才开始读书。曾国藩的祖父提出耕读之家，是英明之举。

感思语

中山尊重读书人，重虚名利不务本。
君主拜贤七十户，耕者懒惰兵怯败。

阅策四语

> 赵王认为中山好,李疵断定中山坏。
> 只有平衡才会稳,过与不及麻烦来。①

495.中山君飨都士大夫

简散语

中山君设宴款待都城的士大夫,司马子期在被邀请之列。但是,分羊肉羹时,分到司马子期恰恰羊肉羹分完了。没有得到羹的司马子期盛怒出走楚国,并游说楚王攻打中山国。中山君败逃时,有两个人拿着武器,一直跟在中山君后边护卫。中山君问两人何故,两人答道:"臣下老父曾在快饿死时,您拿出壶中之食给他吃,救了老父一命,后来老父临终时说,中山国一旦遭难,你们要以死报国。所以,我们用命护君。"

中山君仰天长叹说:"施恩不在多,应救最困。结仇不在深,而要看是否伤人心。"

在日常生活中,不公之事甚多,公众之物被权人贪占、私亲,群愤在心。物少未分均分周,话也未说到等,引出矛盾,发展激化。

感思语

> 施恩不在大,是否救最困。
> 结怨不在深,是否伤人心。
> 人心不患穷,最怕不均匀。
> 一杯羹乱国,一壶餐得心。

---

① 尊重读书人是尊重知识的重要内容之一。但是,做事必须有全面观念,不能单打一,唯文凭、学历,会给用人带来一些问题。尊重知识,主要是尊重真才实学。凡事都应重视平衡。平衡是稳的根基,稳才能进。做事必须到位,注意把握准确度,不到位不行,过头也不行,过和不及都失衡,过犹不及,失衡则乱,则退。

做事虑不周，好事会变坏。①

真心怜悯人，终能得人心。

496. 乐羊为魏将

简散语

《战国策·卷二十二·魏策一》第三篇，标题也是《乐羊为魏将》。其篇前半部分和本篇内容大致相同，后半篇内容有所异。本篇说中山君把乐羊之子煮成肉羹送给了乐羊，乐羊喝了。古人有称赞："乐羊食子以自信，明害父以求法。"魏文侯对睹师赞说："乐羊为了效忠寡人，竟吃了自己儿子的肉。"睹师赞说："乐羊连他自己儿子的肉都吃，还有谁的肉不肯吃呢！"乐羊凯旋，魏文侯赏其战功，却怀疑其居心。乐羊以后未再重用。

历代对此事认识不同，从来也没有人能说清正负以服人。民国初《厚黑学》的作者李宗吾说，楚、汉之争时，项羽捉住了刘邦之父，对刘邦说，要把刘太公煮成羹。刘邦说，你我是结拜兄弟，我父即你父，煮好羹别忘了给我一碗喝。项羽未煮刘太公。李宗吾说，项羽脸色黑，脸皮薄，最后失败自刎。刘邦心黑脸皮厚，为了夺江山，父亲、老婆、儿女都不顾，最后胜利了。说刘邦是厚黑的典型。刘邦和项羽的脸皮颜色人能看到，心黑不黑谁看到了？脸皮厚薄，也没用卡尺量过，谁知道呢？但是，历史上说刘邦是英主。对于项羽，李清照看中了，死活全肯定，说项羽："生当作人杰，死亦为鬼雄。至今思项羽，不肯过江东。"项羽做人当鬼都是英雄。各种理论都有存在的理由。

感思语

虎毒不食子，乐羊餐儿肉。

---

① 老子讲祸福相邻互变。毛泽东讲,在一定条件下,因果异变。这里讲的一杯羹,一壶餐,一亡国,一得心。哲理思可通,践能精,重在勤学善思。

阅策四语

> 此事各有说，始终未说透。
> 如果感兴趣，尽管说个够。

497.昭王既息民缮兵

简散语

秦昭王问武安君白起，前年国虚民饥，君求增军粮灭赵。今已息民养士，兵强粮足，为何不可出兵？白起说，长平战时，秦胜赵败，秦喜赵惧，秦对死、伤归来者都很优厚。赵国的死者不能收尸，伤者不能治疗，泣涕相哀。现在他们化悲为力，举国同忧，疾耕生财。我军增长一倍，赵国守军增长十倍。早朝晏退，卑辞厚币睦邻，先后与燕、魏、齐、楚结好，专心防秦为务。赵已内实外强，故不可攻。

秦昭王不采纳白起的意见，派五校大夫王陵率军攻赵，惨败。秦王让白起将兵攻赵，白起称病不出。秦王派应侯宰相范雎探望白起，称赞其才高，用兵如神，并传达了秦王的责备，说当年楚地方五千里，雄兵百万，君率数万兵深入楚境，夺邑焚庙，使楚东迁，不敢西向抵抗。韩、魏兴兵甚众，君所领兵，不及韩、魏之半，在伊阙大破二国之兵，取胜如神。现在赵国虚弱，我超过他一倍，请将军率兵灭赵。

白起说，楚国自恃强大，王不恤政，臣互妒功，谄谀用事，良臣斥疏，百姓离心，城池不修，良臣废，无守备，军心散，无斗志。我秦兵以军为家，以将帅为父母，不约而亲，不谋而信，一心同功，奋勇向前。我引军深入，并烧焚木船，以专民心，掠郊野以充军粮，故能胜楚。伊阙之战，韩国依靠魏国，不想先用自己的兵。魏国想让韩国打先锋。我设疑兵与韩对阵，派精兵袭击没有防备的魏兵。魏兵失败，韩兵自溃。这都是根据地形、军情而定，哪有神兵？长平战后，没有趁机灭赵，使赵抓紧生产储备、养孤，幼孤长大，补充了军队。修城浚河，国君屈己亲臣，大臣亲近将士。平原君让妻妾到军中，为将士缝补，臣民一心，上下同力，如同勾践卧薪尝胆。现在攻赵有害无利。

范雎无言以对，惭愧而退，回报秦王。秦王仍不听，增派军队，命王龁接替王陵指挥作战，屡吃败仗。赵王还派小股部队骚扰秦军，秦军多次失利。

白起说，不听我的劝谏，结果如何？秦王闻言大怒，亲自逼白起起床，抱病带兵。

白起再三向秦王申明不可攻赵的理由，最后说，明主爱其国，忠臣爱其名。表示宁愿受诛死，不做辱军之将。秦昭王不言而去。

白起是帅才，很了解敌我情况，善于决策，神在知情。但是，他在秦军接连败北时，对人说，不听我劝谏，招之兵败的话，太刺激，秦王羞怒，白起祸死。

秦昭王比较开明，知民情，善治国。长平战后，白起从用兵的角度考虑，提出乘胜进兵灭赵。秦王从安民治国的理念出发，决定暂时休兵。经过休整，兵多、粮多、国富了。自己前进，别人也在前进。赵国哀愤治国，各方面进步飞快。秦昭王在总体上应属于明君，但是，赐白起剑这件事，有点像袁绍兵败杀谋士。

宰相应侯范雎，是秦国的重要能臣之一。他提出的远交近攻，作为秦国扫六合、统中原的总策略，行连横，破合纵，功超张仪。然而，他代表秦王说白起，用"神"字恭维，不科学，被白起驳倒，羞惭而退。赐白起剑，替秦王逼白起自杀，不悦人。

感思语

> 白起确实会打仗，善思决策很妥当。
> 不用人海皆胜算，关键在于明情况。
> 应侯范雎很聪慧，远交近攻是他提。
> 推行连横破合纵，兴秦之功超张仪。

阅后语

战国时期,由于历史发展的需要,纵横家中的勤学善思之士应运而生。合纵派以苏秦为首,曾一度统领山东六国。继之以连横派的张仪为首,控制了秦及亲秦国家。范雎虽然不是连横派的创始人,虽然当过秦国的宰相,但是,他不是连横派的首领。可是,他提出的远交近攻策略,对于连横派的发展、壮大和秦国横扫六合,统一中原,都起到了非常重要的作用。用四句话表述就是:战国策略近半千,金光四射烁霞灿。远交近攻统寰宇,勤学善思是关键。

《战国策》中的四百九十七条谋略、战策,每一条都是能人总结创制,领军人物征战实践,历史积累,刘向筛选,诸名家琢磨,精心锤炼加工的结果,是胜利者成功经验的结晶,其中最重要的经验之一,就是纵横家们勤学善思。这是很值得认真研究的。

(一)勤学善思,立志为先

志气是理想、信念所希望达到的目的。有目标才能方向明,不知道开到哪个港口的船,四面八方都是逆风。因此,古今中外都非常重视立志。《尚书·周官》中说:"功崇惟志。"伟大的革命导师马克思说:"生活就像海洋,只有意志坚强的人才能到达彼岸。"革命先驱孙中山说:"我志所向,一往无前,愈挫愈奋,再接再厉。"德国诗人、剧作家、思想家歌德说:"意志坚强的人能把世界放在手中,像揉泥块一样任意揉捏。"伟大的教育家陶行知鼓舞人们:"立大志,做大事,探讨大学问。"俄国批判现实主义作家列夫·托尔斯泰说:"信仰是人生的动力","理想是指路明灯"。俄国生理学家巴甫洛夫说:"不停顿地走向一个目标,这就是成功的秘诀。"古希腊米南德说:"谁有历经千辛万苦的意志,谁就能达到任何目标。"郑板桥说:"咬定青山不放松,立根原在破岩中;千磨万击还坚劲,任尔东西南北风。"山是非常坚定的,风吹雨打不移动,酷暑严寒不躲避。水的目标非常明确,任凭你如何阻挡,

阅策四语

千折百回终向东,归海之志永不变。干革命必须志如山水,心如铁石,牢记使命,不忘初心。

乡间有谚语说:"从小看大,三岁至老。"新中国成立初期,冀南农村演的地方小戏河北梆子《辕门斩子》中,杨六郎有一段脍炙人口的唱词是:

> 三国有个周公瑾,七岁学艺九用兵,
> 十二挂了都督印,率领江东十万兵,
> 有志不在年高迈,无志空活一百冬。

《战国策·秦策五·文信侯(吕不韦)欲攻赵》中说,甘罗十二岁主动请缨,替秦相吕不韦劝说张唐去燕国当宰相;同时,甘罗亲率团队出使赵国,两项使命,完成得都非常出色;还提到项橐七岁为孔子师。

大清皇帝爱新觉罗·玄烨(康熙帝)八岁继承皇位,十四岁亲政,在位六十一年。他自幼苦读,好学不倦,一生勤奋,是中国历史上一位杰出的封建君主。

康熙皇帝有奖罚分明的用人制度。皇子打了败仗,回来不敢进德胜门,照样要蹲在城外,听候处罚。他的这套办法既能调动部下的积极性,奋勇向前,义无反顾,又能组织起一支有严明纪律的队伍,所向披靡。他不光有雄才大略,而且勤奋好学。他会几种民族语言,还会好几种外语,包括希腊文。他既是军事家、政治家,又是大文人,精通诗词歌赋,会琴棋书画。

康熙皇帝是最早懂得向西方学习资本主义先进知识的开明君主。他喜欢研究自然科学。对数学、天文、地理、医学、生物学、解剖学、农艺学和工程技术有浓厚兴趣,还亲自主持编科技书籍。[①]

唐朝的李泌(722年—789年)历仕玄宗、肃宗、代宗、德宗四朝,德宗时官至宰相,封邺县侯,世称李邺侯。李泌七岁便有"神童"

[①] 刘修铁编著《毛泽东妙评帝王将相鉴赏》,新疆人民出版社,2002年9月第1版,第185—186页。

之称。大唐开元十六年（728年），唐玄宗设宴，小神童李泌也被请进宫。当时玄宗正与燕公张说下棋。玄宗让张说试李泌的才学。张说随口吟了一首示范诗：

> 方如棋盘，圆如棋子；
> 动如棋生，静如棋死。

张说要李泌也吟一首，诗中不得有棋字。
李泌立即吟道：

> 方若行义，圆若用智；
> 动若骋材，静若遂意。

玄宗听了甚悦，谓之"真国器也"。

唐肃宗在东宫当太子时，曾经受李林甫"数构潜"，一直怀恨在心。肃宗曾与李泌说，攻克长安后，要挖李林甫的坟，焚骨扬灰。李泌劝肃宗说，天下才定，尸骨无知，与死者为仇，只能显示陛下仁德不够宏大。现在跟随安禄山造反的，都是陛下的仇敌。他们听到此事，恐怕会影响他们悔过自新的决心。李泌的话使肃宗茅塞顿开。肃宗说，这是上天教先生来告诫我的，感激异常。李泌胸怀大志，以德报怨，以心战促敌分化，也避免了旧事重提，有利于宫廷团结。

中国少年有志、有为、才高、名大者很多；老年智能超群者也不可胜数。战国后期，魏国和秦国结盟，实际上魏国已是秦国的藩国。这时，齐国和楚国欲联合攻魏。魏国派大量使臣向秦国求救。可是秦国就是不出兵。魏王焦灼窘迫之时，魏国九十多岁的老臣唐雎主动请缨，去秦国搬兵成功。立志有为，不分年岁大小，古之廉颇、黄忠，众所周知。当代的杨绛等，百岁高齿，还创造精神财富，写作品，出版著作。

(二) 勤学善思，以勤为贵

唐朝的古文学家韩愈说："业精于勤荒于嬉，行成于思毁于随。"数学家华罗庚认为："天才在于积累，聪敏在于勤奋"，"勤能补拙"。美国的爱迪生说："天才是百分之一的灵感，百分之九十九的血汗。"英国的批判现实主义作家狄更斯说："精神的浩瀚，想象力的活跃，心灵的勤奋就是天才。"俗话说行行出状元，这个状元就是指在各个岗位上辛勤劳动并有异常突出成绩的人。因此，种田人说，人勤地不懒，要想有好收成，必须勤奋辛劳耕耘。写文章的人说：笔勤的人手快，动脑的人心灵。我们认为，懒是笨之根，勤是灵之祖。德国科学家爱因斯坦认为：勤奋"几乎是世界上一切成就的催产婆"。印度的瓦鲁瓦尔说："勤奋使人致富，怠惰使人变穷。"德国诗人、剧作家席勒说："怠惰是贫穷的制造厂。"现代杰出的文学家茅盾认为："人的天职，即为奋斗，无奋斗力者，百事无成。"法国批判现实主义作家巴尔扎克说："任何财富都是时间与行动化合之后的成果……"美国的比彻说："在日常生活中，靠天才能做到的事，靠勤奋同样能做到；靠天才不能做到的事，靠勤奋也能做到。"苏联伟大的无产阶级作家高尔基说："懒于思索，不愿钻研和深入理解，自满或满足于微不足道的知识，都是智力贫乏的原因。这种贫乏通常用一个词来称呼，这就是'愚蠢'。"因此，我们认为勤奋是胜利前进的同义语，欲成事，必须勤奋。

(三) 勤学善思，重在苦学

这是勤学善思的主体行为。所以，古今学者、明哲、圣贤都非常重视学习，论述颇多。孔子说："学而时习之，不亦说乎？""学而不厌，诲人不倦"，"敏而好学，不耻下问"。董仲舒说："君子不隐其短，不知则问，不能则学。"他们都是以学为乐。梁启超说："人生百年，立于幼学。"美国第十六任总统林肯说："好学的人必成大器。"伟大的革命导师毛泽东说："学习的敌人是自己的满足，要认真学习一点东西，必须从不自满开始。"明代的唯心主义哲学家王守仁说："凡人之学，不日进者必日退。"夏衍先生说："任何一个人的任何一点成就，都是从勤学、勤思、勤问中得来的。"美国批判现实主义作家马克·吐温认为："不学习永远不会做任何事情。"康有为说："才能学则贵。"高尔基说："学习——永远不晚。"华罗庚认为："发愤早好，苟晚不嫌迟，忌不努力，一生都无知。"

很多圣贤都主张多读书。俄国诗人普希金认为："读书是最好的学习。"宋朝的文学家、书法家苏轼发誓说："发愤识遍天下字，立志读尽人间书。"明代伟大的戏曲家汤显祖说："不尽读天下之书，不能相天下之士。"清朝的钱泳提出："读万卷书，行万里路。"宋朝的欧阳修说："强学博览，足以通古今。"法国作家、社会活动家罗曼·罗兰说："多读书，多学习，就是前途的保险。"郭沫若同志说："韬略终须建新国，奋飞还得读良书。"杜甫说："读书破万卷，下笔如有神"，"富贵必从勤苦得，男儿须读五车书"。英国大哲学家弗兰西斯·培根说："读书使人头脑充实，讨论使人明辨是非，作笔记则能使知识精确。"俄国文学批评家别林斯基说："书是我们时代的生命。"法国启蒙思想家、唯物主义哲学家狄德罗说："不读书的人，思想就会停止。"法国启蒙思想家、作家、哲学家伏尔泰说："读书使人心明眼亮。"美国的发明家爱迪生说："运动使人健壮，读书使人贤达。"俄国的巴甫连柯说："不读书的家庭，就是精神上残缺的家庭。"傅抱石先生说："心愈用愈灵，学愈研愈精。"现代文学家冰心先生说："我读书奉行九个字，'读书好，好读书，读好书'。"古罗马的西塞罗说："没有书籍的房子，就像没有灵魂的躯体。"英国的约翰逊说："一个家中，没有书籍，等于一间房没有窗户。"北齐的颜之推说："积财千万，无过读书。"北宋的政治家、文学家王安石说："人之才，成于专而毁于杂。"梁实秋说："读书，永远不恨其晚。晚比永远不读好。"歌德说："书籍是最好的朋友"，"读一本好书，就是和许多高人的谈话"。刘向说："善读书可以医愚。"美国实用主义哲学家、教育家杜威说："一个人应能利用别人的经验，以弥补个人直接经验的狭隘性。"俄国的鲁巴金说："读书是在别人思想的帮助下，建立自己的思想。"

我国有学者说,学习就是把别的东西拿过来,为己所用。这话通俗直白,学书画尤其如此。学书法开始多临摹,从笔画到字形等,都是照搬。不过,我们阅读《战国策》,虽然也属于古为今用,但并不是为了搬略套策,意在宽识、导学、引思。因为古今情况都在不停地变化,驾驭新情况,用旧策略是不行的,就是王猛处理邓羌的问题,也没有套用孔明斩马谡的办法。医学上有同病异治、异病同治的理论,主张辨症施治,治病的办法要个体化。毛泽东非常讲究具体情况具体分析,反对教条主义和经验主义。赫拉克里特说:"一切皆流,物无常住","人不能两次踏进同一条河流"。(见《毛泽东瞩目的世界名流·第二个伟大的哲学家——赫拉克里特》)也有人说世上没有完全相同的两片树叶。万物都在不停地变化。光亮明静的桌面上进行着积分;平静的水面上进行着微分。同是置之死地而后生的战术原则,韩信用之大胜,马谡用之惨败。看书如同听高人讲课,思考是无声的讨论。看书是学,践行是深学,思考是透彻地学。勤学善思是学习的入门本事和必须之路,是长进之道。不学不知,不思不践不会。世上无重复出现的事,处理问题用的都是根据现实情况想出的新办法。

有不少名家认为,模仿是很好的学习方法之一。伟大的文学家、革命家鲁迅先生说:"会模仿,绝不是劣点。"沈雁冰同志说:"模仿是最初的学习。"现代学者胡适说:"凡富于创造性的人必敏于模仿,凡不善于模仿的人决不能创造","创造只是模仿到十足时的一点点花样"。王彬彬说:"正确的仿效非但不与创新有冲突,非但不排斥创新,而且往往是创新的酵母,是创新的前提条件。"美国的里根说:"在所有与孩子发展有关的因素中,都包含着一种角色的模仿,而影响角色模仿最大的,便是为人父母者。"法国伏尔泰说:"所谓独创的能力,就是经过深思的模仿。"

世人对于学习、读书的重要性、关心度和努力度,从来都是很高的,秦始皇嬴政也如此。嬴政认为读书可以长能增智,得政权,有了政权就有了一切。为了独霸读书之利,他采用的手段也是最绝最毒的。他用"焚书坑儒"的办法，欲使世人皆暗己独明，使秦氏一宗成半宙承袭——宇宙，宇是空间，空间无边无际；宙是时间，时间无始无终——秦始皇幻想秦家是皇帝之始，此后为宙的后半部分，由秦氏独霸，后半宙的皇帝都归秦氏占有，世代相传，有始无终，始是秦始皇，无终，后续皇帝，秦氏永世不绝，结果不是无终，而是二世而终。虽然秦始皇对社会历史的发展有作用，但是，因为他想愚所有世人，所以落了骂名无终。

世人就总体而言，是非常惜书重学的，但是，也有厌学不喜欢读书的，认为读书无用。相传，有位青年，上过学，而且识文能诗，然而，后来变得厌学烦书了。他父母把一些书给他放在书案上，该青年很快就把书收起来了，并编写了四句顺口溜：

春季不是读书天，夏季南风正好眠；
秋季蚊虫冬日冷，一心收书待明年。

当年四季都排满了，没有读书时间了，只好等明年了。明年能逃过四季吗？对读书的情况，古人有的也误判，如唐朝浙江杭州诗人章孝标之子章碣。《全唐诗》录章碣诗一卷，其诗多为七律，颇有愤激之音。他写的七言绝句《焚书坑》，原文是：

竹帛烟销帝业虚，关河空锁祖龙居。
坑灰未冷山东乱，刘项原来不读书。

这里的竹帛是竹简和白绢，指书；祖是始的意思，龙是天子、皇帝，指秦始皇；山东是指崤山和函谷关以东。说刘项不读书属于误判，不准确。刘邦是亭长，读书识字。刘邦的《大风歌》，不仅气魄宏伟，文辞也好。刘邦入关，进咸阳后，颁布的约法三章——杀人者死，伤人及盗抵罪，余悉除秦法，及其总结楚汉之争，战胜项羽的经验时，说王陵知其一，不知其二，既肯定了王陵所知，又提出萧何、张良、韩信三杰，补充了王陵的不足。这些皆言简意赅，非常全面经典。刘邦读文字书可能不多，但是从他从谏如流看，读无字之书，天下第一。项羽读书不多，对文意也不求甚解，但这不是不读书。这些《史记》《汉书》中有答案。

（四）勤学善思，深思熟虑

古人说心之官则思，学而不思则罔，思而不学则殆，思则得之。思近则精，虑远必周。思，虽然有再一、再二、再三之说，实际上，思是不能用初等数学一、二、三、四的次数、个数及八减去五得三、三加四等于七、七乘以三等于二十一来计算的。大脑是思之源，思，有始无终。思路一开，便如不竭之源，涌涌之流，源源不断。人们说兵来将挡，水来土掩。可是，思，将挡不了，土掩不住，斧不能截，连续涌流，昼夜不停。一般说来，成功的秘诀奇术，就是深思熟虑所得的良策及其审慎实践的结合。在第二次世界大战时，德国法西斯侵略者疯狂进攻苏联，其势汹汹难挡。在斯大林格勒战役之前，苏军前线统帅、苏联元帅、军事家朱可夫经过深思熟虑，决定用人海战术阻挡、截击，粉碎了德国法西斯的进攻。这一战，苏联红军歼敌一百二十余万。之后，苏联红军如同不可截流的、高山直下的飞天瀑布之势，冲垮了德国法西斯的重重防线，攻克了柏林，彻底打垮了希特勒，赢得了欧洲战场的彻底胜利。在东方战场上，八路军、新四军的游击战粘住了日本侵略者；苏联红军出兵中国东北，消灭了日本的关东军；美国在日本的广岛和长崎投下了两个原子弹。这些使日本法西斯侵略者战无力，退无路，逃不了，无条件投降。在我国的解放战争中，在西北战场上，在党中央、中央军委毛泽东、周恩来的统一指挥下，彭德怀同志深思熟虑，神机妙算，善运筹，巧调动，英明指挥，以少胜多，使胡宗南的三十万匪军处处被动挨打。彭老总多战多捷，消灭了蒋匪，保卫了党中央，赢得了西北战场的彻底胜利。

思不厌多，孔子提出九思。他说："君子有九思：视思明，听思聪，色思温，貌思恭，言思忠，事思敬，疑思问，忿思难，见得思义。"深思熟虑也是学习进步的途径。爱因斯坦说："学习知识要善于思考、思考、再思考，我就是靠这个方法成为科学家的"，"发展独立思考和独立判断的一般能力，应当始终放在首位"。深思熟虑能出精神成果，孙武、孙膑、克劳塞维茨能有兵书传世；范仲淹一生未到过岳阳，他写的《岳阳楼记》传诵华夏。这些，都是深思熟虑、勤奋悟透之功。

（五）勤学善思，容短用长

世上人际关系变化很快，原因很多，必须随时了解、掌握情况，把握时机，及时调整策略，用恰当的方法、措施引导，使好事不变坏，进而变得更好；坏事不恶化，进而变好，在历史上，此类事甚多。东晋十六国时期，前秦的政治家、军事家王猛处理邓羌的问题，曾为后人称道。

东晋太和五年（370年）六月，苻坚派王猛率六万兵征讨前燕国。前燕国主慕容暐闻报，便于八月下令，命太傅上庸王慕容评领精兵三十万迎拒前秦。同年十月，王猛的六万兵与慕容评的三十万大军在潞川（今山西潞城东北）相持。决战前夕，王猛派将军徐成去侦察前燕的军情，规定徐成在日中返回大营报告。徐成却违背军令，"及昏而返"。王猛非常生气，准备按军法处死徐成。这时，猛将邓羌来为徐成求情。邓羌说现在敌众我寡，马上就要开战了。徐成是位良将，应当赦免他的性命。王猛断然拒绝，说不杀徐成，军法不立。邓羌坚持请求说，徐成是我的部将，虽然失律当斩，但是我愿与他一起效力死战，以赎其罪。王猛认为，军令不是儿戏，元帅不能出尔反尔，决不宽宥徐成。王猛的冷峻执法激怒了邓羌。邓羌便匆匆返回自己的营地，严鼓勒兵，准备攻打王猛。王猛闻知，询问邓羌。邓羌怒答："受诏讨远贼，今有近贼，自相杀，欲先除之。"王猛觉着，邓羌既讲朋友信义，又有敢作敢为的勇气，是可用之才。杀徐成，除邓羌，确实与战不利。为了笼络安抚，劝解了邓羌，赦免了徐成。邓羌觉着自己的做法属于以下犯上，过于放肆，便向王猛道了歉。两军即将开战时，王猛想用邓羌冲阵。邓羌却要王猛给他当大官司隶校尉。王猛没有答应。邓羌悻悻而退，居然回到自己的营帐中，蒙头大睡。大战开始了，王猛召邓羌，邓羌不应。王猛不得已，亲自到邓羌的军帐中，当面答应了他索官的要求。邓羌这才率领兵将，冲入前燕军中，搴旗斩将，如入无人之境，杀伤甚众，打得前燕溃不成军。王猛乘机指挥主力全线出击，大破前燕军。前燕军仅主帅慕容评一人身免，单骑逃回邺。潞川决战，王猛全胜。王猛容人之短，用人之长，胸怀全局，立了大功。爱人多容，可以得众。

（六）勤学善思，神交心灵

《庄子》中讲的很多故事，如诗如画，很引人入胜。这里借引几则，以启迪心怀。

1. 庖丁解牛，熟能生巧。庖丁宰牛，动似舞，音如乐。文惠君看了说："好啊，技术如此精湛。"庖丁停下，对文惠君说："我爱好的是道，比技术高深一等。我刚学宰牛的时候，看到的是整个的牛。三年以后，看到的都是一块一块的肉。现在我心领神会而不用眼看，感观停运，心灵活动。顺着天然构造，在筋肉间隙劈割，在骨节空隙处行刀，刀刃不碰筋腱。高明的厨师一年换一把刀，因为他用刀割肉；普通的厨师一月换一把刀，因为他用刀砍骨头。现在我这把刀用了十九年，杀了几千头牛，刀刃还像刚磨过的。筋肉骨节有间隙，刀刃却没有厚度，用没有厚度的刀刃，进入那些间隙，游刃有余，所以，十九年了，刀刃还像刚磨过的。虽然如此，每当碰到筋骨盘结，不易下手时，我便高度警惕，眼珠定，手慢举，刀轻割，呼啦一下解开，好像一堆泥土落地。我提刀站起来，四下张望，踌躇满志，把刀擦净收起来。"庖丁所言，理在熟能生巧。

2. 盯住重点，凝神聚气。孔子去楚国，经过一片树林，看见一位驼背老人在粘蝉，就像拾取一样容易。

孔子问老人缘故。老人回答说："我有道。经过五六个月的训练……我心安神静,犹如木桩;我手臂执竿,如同枯枝;虽然天地广大,万物众多,我只盯着蝉翼。我心无二念,不因为万物而分散我对蝉翼的注意,这样,怎么会得不到呢?"

孔子对弟子们说:"专心致志,聚精会神,不就是指这位驼背老人吗?"

3. 梓庆为鐻,心无旁骛。有个名叫梓庆的木匠,制作一个鐻(有的说鐻是挂钟磬的架子,有的说鐻是一种钟,我们采用前一种说法),做成之后,见到的人都非常惊奇,以为是鬼斧神工。

鲁侯问梓庆:"你是用什么道术做成的?"

梓庆回答说:"我是一个木匠,不懂道术,也没有妙法。但也有一点不同于众。我要做这个钟架子的时候,不敢枉费精神,心定实行斋戒,使心灵安静。斋戒三天,不敢怀邀功之想;斋戒五天,不敢有毁誉之念;斋戒七天,就忘了四肢形体。到了这个时候,心中连官家朝廷都不复存在了。神思专一,干扰全消。然后进入山林,观察树木质性,看见形态极适宜的,一个成形的钟架就呈现在眼前了,然后才动手加工制作。这样,以我的自然神态融树木的自然形状,钟架就被疑为神鬼所成。"

4. 神会意通,得心应手。齐桓公在堂上读书,轮扁(做车轮子的木匠)在堂下制造车轮。轮扁放下锤凿,问桓公:"请问您读的是什么书?"

桓公说:"是圣人的书。"

轮扁问:"圣人还活着吗?"

桓公答:"已经死了。"

轮扁说:"那么您读的是古人的糟粕!"

桓公说:"我读书,你怎么敢随便议论!说出道理饶恕你,说不出就处死你!"

轮扁说:"我是从我做的事来看的。制轮孔时,孔松轴容易放进去,但是不牢固;孔紧就滞涩难放进去。要使轮孔不松不紧,必须得心应手,而这种技巧不能言传。我无法传授给我的儿子,我儿子也无法继承。所以，我七十岁了，还在制造车轮。古今无法传授的东西，因人死而消失了，那么您读的岂不是古人的糟粕？"

齐桓公和轮扁说的，不是同一种东西。桓公通过看书，知道的是知识。知识是从社会实践和科学实验得来的对事物的认识。知识可以言传、记录、积累，是静态的。

轮扁说的是智能，是运用知识，认识解决问题的能力。智力、智能、能耐是办事的本事，本领，是动态的，不能言传，言传的只是粗知其法，不能精细掌握。掌握智能要靠个人的悟性。悟性是人对事物的分析、理解、领会、认识深刻度的能力。英国弗兰西斯·培根提出："知识就是力量"，"人有多少知识，就有多少力量，他的知识和他的力量是相等的"。可是知识不使用，不能发挥作用，只有智者用智力使用知识，知识的力量才能发挥作用。知识越多，作用越大。悟性起着无法代替的关键作用。同在一个班里学习，考试成绩不同，努力程度不同是主要原因，同时，也不可忽视悟性。悟性是灵性。

（七）勤学善思，力戒骄傲

《尚书·大禹谟》中说："满招损，谦受益。"明朝的吕坤讲："气忌盛，心忌满，才忌露。"英国戏剧家、诗人莎士比亚说："一个骄傲的人，结果总是在骄傲里毁灭了自己。"人民艺术家、小说家、戏剧家老舍说："骄傲自满，是自己亲手给自己挖掘陷阱。"伟大的革命导师毛泽东教导说："虚心使人进步，骄傲使人落后。我们应当永远记住这个真理。"现在中国人对伟大导师的谆谆教导，几乎人人耳熟能详。然而，骄傲的思想和行为，自古至今，从来没有断绝，总是有些人，一个跟着一个，掉进自己掘的陷阱里，毁灭。

1. 才华横溢，目空一切。 西汉的贾谊（前201年—前168年），洛阳人，人称贾生、贾长沙。师从河南太守吴公（吴公是李斯的弟子，贾谊是李斯的徒孙），学识渊博。汉文帝刘恒喜才，召贾谊入朝，立为博士。当时贾谊年仅二十岁，是朝中最年轻的博士。他才思敏捷超群，少年得志，自视很高，鄙视绛灌（周勃、灌婴）等开国重臣，对文帝也时有轻慢之词。可是，贾谊居安思危，一心为国，汉文帝对他极为赏识，想超迁其为公卿。因为贾谊太骄傲，锋芒毕露，盛气凌人不自知，人气很差，遭到一班重臣的激烈反对，对同朝之臣来说，这是忠臣反对忠臣。文帝只好对贾谊的升擢罢议，派贾谊去当长沙王的太傅。汉文帝在位时期，本来属于西汉王朝的太平盛世。但是，贾谊到长沙后，心绪不佳，用消极的目光看形势，说自己生不逢时。后来，文帝又拜贾谊为自己最喜欢的幼子梁怀王刘揖的太傅，想重新起用他。可是，天不助贾，梁怀王不幸坠马身亡。贾谊十分伤心，年余抑郁而死，年仅三十三岁。贾谊的聪明被骄傲压垮了。英年早逝，一切皆成灰土。

2. **德薄心乖，才高运舛。**王勃（650年—676年）绛州龙门（今山西河津）人，初唐四杰之首。毛泽东曾引用杜甫的诗："王杨卢骆当时体，轻薄为文哂未休。尔曹身与名俱灭，不废江河万古流。"初唐四杰是指王勃、杨炯、卢照邻、骆宾王。他们致力于改变齐梁以来，浮华绮丽的形式主义文风，对唐朝的文学发展起到了承上启下的推动作用，毛泽东特别指出了王勃虽然"为文尚骈"，但是，其是"新骈"，与六朝的"旧骈、死骈相差十万八千里"。高度评价了王勃等四人对初唐文学的贡献。

王勃的祖父王通是隋代著名的学者和教育家，死后谥为"文中子"。叔祖父王绩，在隋末唐初做过小官，才高位下，后来隐居故乡，为诗多田园情趣，是隋末唐初的著名诗人。王勃之父曾为太常博士、州司勋参军、长史、县令等。王勃生长在有文化修养的家庭，为其成为著名作家，提供了有利条件。他自幼聪慧，六岁就能写文章，构思无滞，词情英迈，能独立思考，有非凡的敏悟天才。右丞相刘祥道曾称王勃为"神童"，上表推荐。王勃十五岁应幽素科举，对策及第，拜为朝散郎。王勃善属文（写文章），著述颇丰，据闻一多《唐诗杂论》统计，王勃著有《舟中纂序》五卷、《周易发挥》五卷、《次论语》十卷、《汉书指瑕》十卷、《大唐千岁历》若干卷、《黄帝八十一难经注》若干卷、《合论》十卷、《续文中子书序诗序》若干卷、《玄经传》若干卷、《文集》

三十卷等，内容涉及哲学、医学、历史、训诂、历法、诗文诸多方面，以诗文成就最高。王勃的《滕王阁序》，是震撼古今的名篇，其中的"落霞与孤鹜齐飞，秋水共长天一色"及其匠心独运的《送杜少府之任蜀州》诗中的"海内存知己，天涯若比邻"，都是传诵千古的名句。

王勃才华出众，为文光昌流丽，可是，在他二十岁的一个春夏之交，唐诸王子斗鸡游嬉，他写了一篇《檄英王鸡文》，假托沛王鸡声讨英王鸡。唐高宗看了这篇檄文后，大为震怒，认为这是挑拨诸王子，立即把他赶出沛王府。后来，他到虢州治所的弘农（今河南灵宝市），补虢州参军。由于他恃才骄慢，轻人无礼，为同僚妒忌，又遇上当时一个叫曹达的官奴犯了罪，逃到他家中，王勃把曹达隐藏起来。后来，王勃又怕事泄连累自己，私下杀了曹达。最终事泄，王勃被判死罪，幸遇大赦免死，但是被开除了公职，其父受牵累，贬为交趾令。上元三年（676年），王勃去交趾看望父亲，渡南海时遇险溺水而死，年仅二十七岁。王勃有才智，怀壮志，轻傲乖舛，毛泽东说他"一生倒霉"，"到处受惩"。寿短著作多，就知识才智而言，可算是中国年轻的亚里士多德。

3. **恃才自傲，骄锐敏负。**王弼（226年—249年），字辅嗣，今山东金乡人，生于著名的山阳王氏家族，其祖父王凯是荆州刘表的女婿，王粲的族兄，其父王业是刘表的外孙，官至谒者仆射。蔡邕喜欢王粲之才，将自己的万卷书送给了王粲。王粲死后，其书尽归王业。这是王弼获得知识的先天财富，后天成功的文化基础。后来王弼注《周易》，用典之时信手拈来，并能融会贯通。王弼才思锐敏，有非凡的抽象思维能力，是一位具有独立思考精神的大哲学家、玄学家、辩论大师，热衷于清谈和著述。

汉代以来，理论界曾一直是"儒道互黜"的思想格局，思维水平层次较低。经学笺注繁琐；神学关于"天人感应"的目的论，论证粗俗；风靡朝野的谶语迷信等，都显示出其致命的缺陷。王弼十八岁时就认识到，玄学的关键是儒道思想结合。他认为儒家圣人以"无"为自己人格的内在本体，但是，"无"又不可能用语言去解释，所以，不多说它。老子没有达到儒家圣人的本体"无"的高度，仍以"有"为自己的人格的内在本体，又总是议论自己不足的东西"无"。王弼以清谈幽远的思辨风格，提出了有无、体用、本末、一多、言意、动静等范畴，建立了以"无"为本的哲学本体论体系。他以《老子》注《周易》，又以儒经注《老子》，改变了汉代以来"儒道互黜"的思想格局，形成了"儒道兼综"的"三玄之学"。将儒道融为一体，既维护了圣人的地位，又提高了道家的经典，为玄学思想的理论大厦奠定了坚实的基础。儒道的结合，使中国传统思想体系具有更大的弹性和强劲的应变力。

王弼少年英发，在学术上一帆风顺。但是，他心胸狭窄，喜欢以己之长讥笑他人，人际关系恶劣，仕途坎坷，心情郁悒，二十四岁便因病去世，给人留下了一座壮丽玄妙的玄学迷宫。

贾谊、王勃、王弼等人，年轻，聪敏，才高，智多，本应成为大有作为的人，可是，由于历史的原因，他们不明白时间无始终，空间无边际，未注意到高山巅上有天，深涧底下流水，极无境。盲目自满，无为离世。一个人再聪明，其知、智、能也是有限的。人认识宇宙不容易，认识自己，比认识宇宙还难。现代的各种科学仪器只是在人的自然结构上，认识的深度逐步在增加，而在精神领域，还是不断变化，甚至瞬息万变的无限之海。

（八）勤学善思，亲脉因果

自从伟大的革命导师毛泽东讲了"失败者成功之母"后，这条格言在革命队伍里，几乎无人不知。后来又见到美国人载埃说："失败是成功之母。"载埃讲的比毛泽东讲的少了一个"者"字，多了一个"是"字，基本意思相同。美国的维柯讲，"思索是谨慎之母"，莎士比亚说"谨慎是安全之母"，还说"困苦永远是坚强之母"。德国人亨利希·曼讲，"力量是胜利之母"。邹韬奋先生讲："自尊心是进步之母"，"自觉心是进步之母"。冯玉祥将军讲："知识是进步之母。"西班牙作家塞万提斯说："勤奋是好运之母。"印度的普列姆昌德说："希望是热情之母。"英国人丁尼生说："真正的谦虚是最崇高的美德，是美德之母。"西班牙的加尔多斯说："一种美德的幼芽、蓓蕾，这是最宝贵的美德，是一切道德之母，这就是谦逊。"简言之谦逊是一切道德之母。西班牙画家、浪漫主义先驱戈雅说："与智能结合的幻想是艺术之母和奇迹之源。"法国的拉布吕耶尔说："如果说贫穷是罪恶之母，那么愚蠢便是罪恶之父。"茅盾先生说："迟疑是失败之母。"观上所列述，现在的"之母之说"，已经不再是一两条格言了，而发展成为有血脉因果关系及定向关系的"之母语言系列群"了，在这个群中，最重要的是"失败是成功之母"。因为在人类社会中，不论是军事、政治、经济、文化、生产、工作、学习等，一切活动，最终结果，说到底，只有两个：成功或失败，两者必居其一。毛泽东非常高明，说问题总是一言中的，出手就能抓住最主要、最关键、最根本、最要害的问题。他善于使用望远镜、显微镜、透视仪，慧眼见底，一眼便看出成功和失败这对矛盾，原来是有血脉至亲关系的，单方向的母子关系，其他的矛盾可能互为因果，但是，在母子关系，不能互为，母可生子，子不可能生母，是单方向的，不能互为。这种关系只能处好，不能改变。怎样才能处好，引起世人的关注，人们怀着成人之美的心情，帮助分析情况，想办法，献良策。革命导师列宁说："不要怕失败，要从失败的经验中进行学习。"英国的海厄特说："失败后，要诚实地对待自己，这是最关键的。只有坦率地处理好为什么失败这个问题，才能使失败成为成功之母。"英国人哥尔斯密说："我们最大的光荣，不在于一次也不失败，而在于每次倒下来都能够站起来。"歌德说："善于工作的人，能把失败转向成功。"英国的莎士比亚说："明智的人决不坐下来为失败而哀号，他们一定乐观地寻找办法来加以补救。"还说："不要听信那些'成败在天，而不可强求'一类的胡说。"法国居里夫人说："我的最高原则：不论遇到什么困难，都决不屈服。"爱尔兰的萧伯纳说："有信心的人，可以化渺小为伟大，化平庸为神奇。"坦桑尼亚人夏巴尼·罗伯特说："失败就是财富，错误使人领悟。它意味着磨炼真正的人格和禀赋，直至我们德行高尚，不随世俗。"西班牙的塞万提斯说："今天的失败孕育着明天的成功。"瑞士人希尔泰说："傲慢一现，谋事必败。"日本人西乡隆盛说："最困难的时候,也就是我们离成功不远了的时候。"钱学森说:"正确的结果,是从大量错误中得出来的;没有大量错误做台阶,也就登不上最后正确结果的高座。"黎巴嫩的纪伯伦说:"一个羞赧的失败,比一个骄傲的成功还高贵。"蒋子龙说:"失败并不可怕,可怕的是失败后不吸取教训,不总结经验,一错再错。"鲁迅先生说:"轻敌最容易失败。"吴玉章说:"人生在世,事业为先,一息尚存,绝不松劲。"余心言说:"真正的英雄,正是善于从失败中取得经验,使失败转化为胜利的人。"陈毅同志说:"莫道浮云终蔽日,严冬过尽绽春蕾。"

日本作家五木宽之在他的随笔集《不安的力量》中提出:"不安是安心之母。"他认为人们在失去平衡(包括生病、失业等)的状态中,拼命地想找回平衡(包括治疗、学习等),活着正是如此。不安无所畏惧,而且妙不可言。他还说"不安是生命之母"。人是伴随着不安而生,与不安为友,一起成长。不安是人身内拥有的优秀的警报系统,是自我防卫的本能。五木宽之用相反相成和平衡理论,分析不安和安心,也是讲失败和成功。讲矛盾的普遍性、特殊性,讲矛盾在一定条件下的转化。这就是一分为二,这就是辩证法,这就是对立统一。五木先生用日常生活中人们熟悉的事,深入浅出地讲解大道理,是高见、高招、高水平。这是智力、能力、本事。还有的提到土地是财富之母。土地和财富的关系,是老关系,也是宇宙间最根本的关系之一。我国古代的"五行"理论认为,宇宙是由金、木、水、火、土五种物质组成的,这就是唯物论。讲"五行相生""五行相胜"。"胜"在这里是"克"的意思。"五行相生"是金生水、水生木、木生火、火生土、土生金。"五行相胜"就是金克木、木克土、土克水、水克火、火克金。这就是五行在一定条件下的转化,就是变,这就是辩证法。古代这叫"五行生克论"。其实,土不光生金,土什么都生,万物皆由土中生。谚语说,"点石成金","三人一条心,黄土变成金"。点是劳动,是实干苦干加巧干。一条心就是团结一致,齐心合力。习近平同志说:"空谈误国,实干兴邦。"改革开放四十年,我国成为世界上第二大经济实体,是全党、全军、全国人民在党的领导下,团结一致,实干、苦干加巧干的结果。今后，我们一定要继续团结在以习近平同志为核心的党中央周围，和全国人民一起拼搏，一起奋斗，为建设更加繁荣美好的祖国而奋斗不懈。

（九）勤学善思，语史说人

曾国藩在学习方面，有自己的特点。他提出学习"三忌"，即"天道忌巧，天道忌盈，天道忌贰"。曾国藩身体力行。他一辈子喜欢下笨功夫。如，他渴盼有学问，每天读书。他希望书法好，天天写字。他认为喜欢投机取巧的人，永远成不了大气候，因为他们没有耐力培养自己的操守和才华。曾国藩认为盈则亏，满招损，主张春风得意时要低调，不要显摆，要"惜福"；钱不可用尽，势不可使尽。他生活俭朴，对亲友却很大方。他做事专注，不三心二意，其中读书、写字、记日记等好习惯，坚持了几十年，一直到生命结束。

"三忌"是曾国藩结合切身体会，对历史经验教训的科学、深刻的总结。他出身普通农家，智商也不超群，考秀才考了三次，前两次名落孙山，第三次才考中。考进士是三甲，殿试得了同进士出身。可是，他能一生严格要求自己，能取人之长，补己之短，坚持不懈，持之以恒。因此，他在文才武功及策略的成就方面，是历代将相之魁；在处世水平上，曾国藩也远远超过了那些有某些特长甚至特别聪明过人的人。

（十）勤学善思，尊重人才

经济基础决定上层建筑，古代经济发展及其发达程度上不及现在，所以，属于上层建筑领域里的东西，从总体上衡量，古不及今。人在不同时代的社会中，有不同的认识和行为。李白写的"抽刀断水"和塞万提斯笔下的"堂吉诃德战风车"，都是作者在其所处的历史条件局限下的艺术创见，是当时的人对社会认识的有限的完美和完整。现代人不再说黄河之水是来自天上；去印度留学、作学者访问或旅游等，也不会再说是上西天取经了。现在的人们，自有现在对社会的客观、恰当、相对准确的认识与描述，这是社会历史发展进步的结果。

当代伟大的科学家钱学森在美国加州理工学院读博士时，有一次，他写了一篇文章，给他崇敬的导师冯·卡门看了，导师认为他的观点是错的。钱学森就和冯·卡门辩论起来，争得很激烈。辩论到后来，冯·卡门大发雷霆，把钱学森的文稿扔到地上，拂袖而去。然而，第二天凌晨，钱家的门铃骤然响起。钱学森感到奇怪，谁这么早登门？开门一看，是冯·卡门。只见冯·卡门的脸涨得通红，迫不及待地声明："我想了一夜，终于搞明白了，昨天你是正确的，而我错了。"说罢，给钱学森深深地鞠了一躬。这一躬，使人们知道钱学森了不起，也让人们领略到大科学家冯·卡门的气度。冯·卡门从怒气冲冲，拂袖而去，到凌晨登门，鞠躬道歉，这转变使人惊服、敬佩。冯·卡门是给谁鞠躬？给自己的学生钱学森鞠躬，因为他知识高深，是人才。这就是尊重知识，尊重人才。有知识者伟大，1931年钱学森荣获双博士学位。

（十一）勤学善思，审慎防愚

《诗经》上说："庶人之愚，亦职维疾。哲人之愚，亦维斯戾。"（见《诗经·大雅·抑》）庶人是指普通人；哲人是指智多、智深、位高、权重、能大、势众者。这两种人的聪明或糊涂，其后果大大不同。习近平同志强调，用人要德才兼备，以德为先，重视政治品德，职业道德，社会公德，家庭美德，这四德中，最重要的政治品德，用人必须把好政治关，把忠于党和人民，"四个意识"强，"四个自信"坚定，维护党的权威和集中统一领导，贯彻执行党的理论和路线、方针政策，作为衡量干部的第一标准，注重德、能、勤、绩。要公正用人，做到善则赏之，过则匡之，要把敢扛事，愿做事，能干事，敢负责，勇于担当，善于作为，实绩突出，作为选拔干部的重要依据。认真贯彻中央八项规定，对于有问题者，要依法纪严肃、认真、恰当合理惩处。

（十二）勤学善思，均衡稳进

18世纪杰出的思想家、世界文化史上的伟人、亚里士多德的虔诚崇拜者和忠实信徒、黑格尔的老师、德国古典唯心主义辩证法哲学的创始人、主观唯心主义先验论和不可知论者康德认为：太阳系是原始云雾状的微粒物质（"原始星云"）互相吸引，不断凝聚，互相排斥，发生旋转运动，逐渐向一个平面集中，最后形成的有规则运转的、较为稳定的天体系统。这是天体演进的唯物辩证法。

讲唯物论应该知道德谟克利特。他是原子唯物论的鼻祖，是他将早期希腊各学派哲学和科学知识进行了综合，并加以系统化，建立了西方哲学史上第一个较为严整、完备的自然哲学体系，把古希腊唯物主义推向一个崭新的阶段。他的原子论认为，世界是原子和空虚构成的，第一次用唯物主义观点解释了世界的起源。毛泽东称他的"最大功绩，是他的原子论物质观"。

讲辩证法应了解赫拉克利特。他是古希腊辩证法的奠基人。毛泽东称他是第二个伟大的哲学家。他是唯物论者，主张宇宙是水、火、气、土四种原素构成的，火是基本原素。这是他的唯物一元论。他发现了万物不断变化，他说土灭生火，火灭生气，气灭生水，水灭生土。宇宙是永久之火。我国古老的"五行生克论"认为，世界是由金、木、水、火、土五种原素组成的，"五行生克"构成的依规律的变化，是最早的唯物辩证法认识论理论之一。康德的"原始星云"说，虽然是假说，但是，在宇宙形成和发展理论方面，至今还没有人能超过其高度。因此，我们说，稳中求进，是对宇宙演进正确认识的结晶。保证进的根本条件是稳，稳的根本保证是平，平衡是宇宙运动前进的总要求。在任何一个领域，只要平衡就能稳进，如果失衡，就会混乱。无方向，没有前后左右，是无法前进的。如，在自然界，雨量失衡，旱涝发生；温度失衡，或热或冻……

随着科学的进步和发展，人类已经能够越来越多地掌控平衡。如一碗水端平，水不倾洒；空调、加湿器，使温度、湿度平衡等。在社会领域，制定贯彻实行各种法规、条例、条令、政策、规定，以及建立各种组织机构，规范人们的利益和行为，使社会保持均衡和稳定。在经济领域，政治经济学认为，首先是生产，其次才是分配。没有产品，就不用分配了。有了产品，分配就是非常重要的环节，就是第一位的关键性环节。正确合理的分配，能刺激生产积极性，促进生产的发展，否则，会阻碍甚至破坏生产。在分配形式上，现代多采用证券式（货币）分配。在古代采用实物分配的方式相对比较多。证券分配方式是科学进步、社会发展的表现，优点多多。实物分配贴近生活，对人的直接影响深刻，所以，陈平分肉，传诵千古。

阅后语